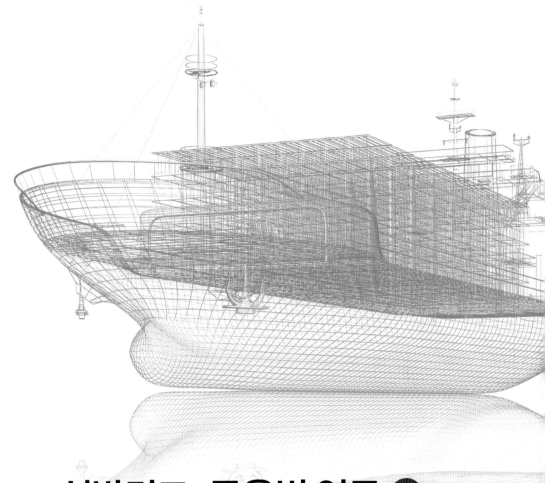

선박건조·금융법 연구 Ⅱ

SHIPBUILDING & SHIP FINANCE LAW Ⅱ

편집대표 김 인 현

法 文 社

서 문

2009년 고려대학교에 상법교수로 부임했다. 전공이 해상법이라서 자연스럽게 조선업과 선박금융업에도 관심을 가지게 되었다. 그야말로 불모지대였다. 영국, 홍콩, 혹은 싱가포르에서 영국계 변호사들이 우리나라에 와서 이들 분야의 법률 문제를 처리했다. 나는 대학원에 과목을 개설하여 공부하기로 했다. 수업을 마친 다음 연구회를 결성했다. 2011년 1월 첫 연구회를 열었다. 어언 10년의 세월이 흘렀다. 연구회는 2022. 11. 8. 제48회 연구회를 부산에서 가졌다. 연평균 4회씩의 연구회를 연 셈이다.

그냥 발표자를 구하고 강의만 듣고 만다면 지식이 축적되지 않는다. 나는 이를 책자로 만들기로 했고 20회까지를 모아서 『선박건조·금융법 연구 I』을 발간했다. 그리고 5년 정도 세월이 흘렀다. 다시 제2권의 발간을 시도했다. 발표자들은 5년도 더 지난 파일을 찾아서 우리에게 넘겨주었다. 선박금융, 조선 그리고 중간허리역할을 하는 선주업, 이렇게 세 분야로 나누어서 논문 16편을 편집했다. 필자들의 면면도 화려하다. 누가 봐도 선박금융과 조선업 법률 정책분야의 전문가들이다. 제1권과 비교를 해보니 제2권은 제1권에 비하여 내용과 질에서 크게 향상되었다. 우리나라 선박건조·금융법 정책분야의 수준도 그만큼 향상되었음을 말하는 것이다. 책임자로서 큰 보람을 느낀다.

10년이라는 세월 동안 많은 분들이 관심과 애정을 이 모임에 보여주었다. 김영민 대표(마샬아일랜드 등록처), 임종식 소장(인도선급 한국), 전작 전 전무(한중카페리), 신용경 고문(신성해운), 정우영 변호사(광장), 유병세 전 전무(조선해양플랜트협회), 이동해 박사(고려대 해상법연구센터 부소장), 강동화 부장(Korea P&I), 신장현 차장(해양진흥공사)과 같은 분들이다.

우리나라 조선업은 5%만 내수이고 95%가 수출용이었다. 최근 15%까지 내수가 늘어났다. 국내 선주들이 중요하게 된 것이다. 또한 본 연구회를 통하여 해운과 조선이 서로를 이해하게 되면서 해운과 조선이 함께 해야 된다는 점, 법률과 정책이 조선업을 뒷받침해야 한다는 공감대도 형성중이다. 조선과 해운의 연결고리로서 선박금융이 있다. 이와 같은 발전적 현상에 힘입어 업계의 중진들이 본 연구회에 많이 참석하게 되었다. 안광헌 현대중공업대표, 안호균 전무(대우조선해양), 이동해 박사(전 산업은행 해양금융본부장), 최재홍 박사, 장세호 실장(산업은행)과 같은 분들이 대표적이다.

본서의 논문 모집과 편집은 이동해 박사가 맡아주었다. 노고에 감사드린다. 출판을 허락해주신 법문사 사장님과 편집부 김제원 이사님 그리고 영업부 정해찬 과장께 감사드린다. 본서가 불모지인 우리나라 선박건조 및 선박금융의 법과 정책에 대한 좋은 지침서가 되길 바란다. 글을 내어주신 필자들에게 감사의 뜻을 전한다.

2022. 12. 10.

연구회 회장 김인현 드림

이번 『선박건조·금융법 연구』 제2권의 출간을 진심으로 축하합니다.

사실 지난 수년간 조선 해운을 포함한 세계경제는 격랑의 파도를 헤쳐 나와, COVID-19 팬데믹으로 인한 혹독한 외부 충격 속에서 벗어나고 있습니다. 또한 세계 주요 국가들은 황급히 금리인상을 통해 인플레이션에 대한 글로벌 경제 Risk에 신속한 대응전략을 추진하고 있고, 우리 경제 역시 세계경제 상황과 동조현상을 보이면서 고물가, 고금리, 경상수지 악화 등의 복합적인 위협에 직면하여 전략적 대응 방안을 모색하는 중입니다.

최근 글로벌 조선, 해운, 물류시장의 화두는 단연 미래시대 시장환경 경쟁력 확보를 위한 신기술개발과 국제 환경 기후 변화, 온실가스 감축, 친환경규제, 탈탄소대응, 스마트 선박, 자율운항 선박, 전기 추진선박의 출현과 제4차 산업혁명 이후 인공지능(AI), ICT기반 Digital Transformation 변화가 조선·해운·물류시장에서 미치는 영향으로, '우리는 어떻게 어떤 전략으로 대응해 나갈 것인가'입니다. 제4차 산업혁명에 해당하는 디지털, 스마트 산업화와 더불어, 최근 전 세계에 나타나는 기상이변 원인으로 지목되는 지구온난화 문제는 조선, 해운분야를 넘나드는 모든 산업분야에서 선도적인 기술개발로 대응하지 않으면 안 될 정도로 우리는 대변혁과 대전환의 시대에 이미 들어와 있습니다. 이에 세계 최고의 조선, 해운선사들은 미래에 직면한 다양한 도전에 대하여 탈탄소화(Decarbonization), 전동화(Electrification), 디지털화(Digitalization)의 기술전략으로 혁신적 기술과 제품을 조선, 해양분야 고객에게 선도적으로 제공해 오고 있습니다.

제4차 산업혁명 이후 미래의 선도자가 되기 위해서는 친환경 선박기술 확보와 최첨단 선형의 선박개발, 자율운항 선박 및 플랫폼 개발, 스마트 쉽야드(Smart Shipyard) 구축으로 초연결과 초융합의 산업화가 이루어져야 합니다. 이를 미래

조선해양산업 발전의 대명제로 인식하고 적극 추진해야 할 것입니다.

이러한 격랑의 시대에 선박건조금융법 연구회는 굳건하게 우리가 직면한 도전과 변화를 분석하고 바다를 비추는 등대처럼 항해의 길을 밝히고 있습니다. 특히 이번 출간된 제2권에서는 선주업에 대한 일본, 그리스, 중국의 사례를 연구하였고 선주업의 국내 도입을 위한 다양한 방안을 제시하고 있습니다. 해운, 운송과 선박관리를 기초로 한 선주업은 그간 금융기관에 국한된 선박금융을 해운업계 상호간 선박대여로 확장한 것으로, 향후 우리나라 선대확장, 일자리 확충은 물론 관련 산업인 조선과 철강 산업에도 선순환효과를 가질 것으로 기대됩니다.

선박건조 분야에서 그간 우리 조선은 기술력으로 초일류를 지향하여 성과를 내었습니다. 해양플랜트와 선박건조 계약서의 내용이나 탈탄소 관련 법적 쟁점이 많음에도 연구의 부족으로 미흡함에 늘 아쉬움이 있었습니다. 고려대학교 해상법 연구센터가 후원하는 선박건조금융법 연구회에서는 10년 이상 조선산업과 선박 금융에 대한 법적 쟁점을 연구하고 발표하면서 그 연구결과를 책으로 담아내는 작업을 해 왔습니다.

어느 연구회나 모임을 가지고 발표내용을 정리하고 있지만 이렇게 책으로 지식을 축적하는 것은 해상법연구센터와 이를 이끄는 김인현 교수님의 해양에 대한 열정과 탁월한 리더십 덕분이 아닐까 생각합니다. 앞으로도 선박건조금융법 연구회와 해상법연구센터, 그리고 김인현 교수님의 지속적인 연구와 해양 리더십을 응원합니다. 본서의 편집에 주력하신 이동해 해상법연구센터 부소장의 노고에도 감사드립니다.

제2권의 필자들도 조선업, 해운업, 선박금융업에 저명한 분들입니다. 저자들의 출간을 위한 열정과 노고에 감사드립니다. 아무쪼록 본서가 조선업과 선박금융 실무에 큰 도움이 되길 빕니다. 다시 한번 더 본서 출간을 축하드립니다.

2022. 12. 12.

현대중공업㈜, 한국조선해양㈜

사장 안광헌

겨울의 초입인데 길거리에서는 여전히 젊은 반소매 차림을 심심치 않게 본다. 코로나 팬데믹으로 갇혀 있던 시절에 대한 보상인 듯 명동 거리가 다시 북적거린다. 생기가 돈다. 각종 해운·조선 포럼, 세미나도 여기저기서 활발하다.

깜짝 실적을 보이는 해운업도 따뜻한 겨울을 즐기는 듯하다. 그러면서도 기쁜 내색보다는 엔데믹 이후를 걱정하는 듯 실적을 자랑하지 않으려는 모습이 역력하다. 2000년대 해운의 황금기에 이은 2008년부터 겪은 해운의 극심한 침체기를 아직 잊지 못한 연유이리라.

사실, 해운업이 살아났다는 기사가 범람하는 중에도, 불행 끝 행복 시작이라는 생각보다는 다시 침체기가 다가오지나 않을지 걱정하고 다시 온다면 이번에는 어떻게 대응할지 하는 우려를 떨쳐 버릴 수가 없다.

미국의 인플레이션에 의한 소비감소와 그에 따른 국제 물류의 감소 추세, 운임 상승을 주도했던 항만 적체의 완화, Giant Step으로 오르는 금리 등 해운 위축의 단초로 보일만한 시그널들이 여기저기서 이미 나오고 있기 때문이 아닐지.

이러한 해운 경기 변동의 변곡점에 귀한 책이 출간되었다. 지난 5년간 – 해운 침체기의 끝자락부터 호황기의 전 기간 – 해운과 조선 분야의 Key Issue들에 대하여 각 전문가들이 연구·발표한 것을 다듬어 모은 책이다.

이 책은 해운과 조선의 과거 어려울 때의 문제점을 돌아보고, 미래에 다시 어려워질 때를 대비하기 위해 해야 할 일들을 예견하고 있다. 해운기업의 회생제도를 살핀 것이 전자라면 선주업에 대한 여러 발표는 후자에 해당할 것이다. 조선의 경우도 마찬가지이다. 우리 조선업 재무구조 악화를 가져온 직접적인 원인이 되었던 해양 구조물 계약에 대한 검토에서 근자에 조선업의 주력 사업인 LNG value chain에 대한 검토까지를 포함하고 있다. 학문적으로 뿐만 아니라 실무적으로도 아주 귀한 자료들이다.

사실 이 책은 시리즈물이다. 10여 년 전 선박건조·금융법 학회가 만들어진 이후 5년의 연구를 담은 『선박건조·금융법 연구』 제1권이 2016년에 발간되었고, 그 이후 5년의 연구 결실을 이번 책자에 담고 있다.

바쁜 일상 중에 정성스럽게 발표 자료를 준비하고 제출한 모든 저자분들, 편집과 교정을 모두 도맡아 수고하신 이동해 고려대학교 해상법연구센터 부소장님, 그리고 선박건조금융법 연구회의 회장으로 긴 기간 동안 연구가 끊어지지 않게 하시고 이러한 귀한 책을 우리에게 또다시 안겨 주신 김인현 교수님의 노고에 다시 한번 깊은 감사를 드린다.

이 책을 읽으면서 왠지 위안과 용기가 솟는다.

우리나라에 대한민국 해운업과 조선업에 깊은 애정을 갖고 연구하고 논쟁하고 또 제도화에 앞장서는 분들이 계시는 한, 우리 해운업과 조선업은 발전할 수밖에 없다는 믿음 때문이다.

2022년 12월 15일
변호사 정우영

차 례

제1부
선박건조

제2부

선 주 업

제3부
선박금융

제**1**부

선박건조

제 1 장

조선소의 불법행위책임과 보호수단*

김인현 고려대학교 법학전문대학원 교수

Ⅰ. 문제의 제기

조선소는 선박을 건조하는 회사이다. 선박을 건조하는 중에 다양한 법률관계를 선주 혹은 제3자와 맺게 된다. 선주와는 선박건조계약에 따라 법률관계가 처리된다. 계약서의 내용에 따라 인도지연에 대한 손해를 조선소가 발주자인 선주에게 부담하게 된다. 그런데, 제3자에게 조선소가 손해를 가하는 경우도 있다. 예를 들면 수리를 위하여 도크에 매달았던 선박이 풀려서 떠내려가서 제3의 선박을 충격해서 손해가 발생했다면 그 손해를 조선소가 배상해야 할 것이다.

Ⅱ. 조선소의 불법행위능력과 사용자책임

조선소는 법인이면서 회사이다. 회사는 불법행위능력을 가진다.[1] 민법에서 정한 불법행위요건을 갖추면 조선소는 피해자에게 손해배상책임을 부담하게 된다. 조선소의 불법행위의 대표적인 예는 선박충돌이다. 시운전중 선거장은 건조중인 선박을 지휘한다. 충돌이 발생한 경우 선거장의 과실로 인하여 불법행위가 발생한다.

민법 제750조에 의하면 (i) 고의 혹은 과실로 (ii) 위법하게 (iii) 손해가 발생하고 (iv) 고의 혹은 과실로 인한 행위와 손해 사이에 인과관계가 있다면 불법행

---

* 이 글은 제28회 선박건조금융법연구회가 2018. 7. 6. 대한조선(전남 해남소재)에 견학을 가서 필자가 발표한 내용을 수정·보완한 것이다.
1) 이철송, 회사법강의(박영사, 2020), 84면.

위가 성립하고, 피해자는 가해자에게 손해를 배상해야 한다. 즉, 피해자는 가해자에 대한 손해배상청구권을 갖는다.

조선소는 선거장, 근로자, 회사의 경영진에 대한 사용자의 지위에 있다. 조선소는 이들을 채용하여 봉급을 지급하고, 교육을 시키고 감독한다. 조선소는 사용자, 선거장은 피용자의 지위에 있다. 민법 제756조는 피용자의 선임관리감독에 주의의무를 다하지 못한 사용자는 손해배상책임을 부담한다고 정한다. 이 규정에 대하여 우리 대법원은 면책을 인정하지 않는 입장을 보인다.[2] 무과실책임처럼 운영되고 있다. 그래서 위 예에서 선거장의 과실이 인정된다면 조선소의 사용자책임은 그대로 인정된다.

Ⅲ. 구체적인 사례

1. 시운전중 선박충돌

조선소는 건조중인 선박을 시운전해야 할 의무가 있다. 시운전중에 충돌사고가 발생하여 상대선박이 피해를 보는 사고가 왕왕 발생한다. 건조중인 선박을 시운전할 시에는 도선사가 승선하는 것이 아니라 선거장이 승선하여 선박의 운항을 지휘한다. 그렇기 때문에 선거장의 과실로 인한 충돌이기 때문에 선거장은 민법 제750조에 의한 손해배상책임을 부담한다. 사용자가 누구인가 문제된다. 아직 선박이 발주자인 선주에게 인도되지 않고 여전히 조선소의 점유하에 있기 때문에 조선소가 선거장(船渠長; dock master)의 사용자로서 책임을 부담한다고 보아야 한다.[3] 우리 대법원도 이와 같은 입장을 취했다.[4]

수리중인 선박의 경우 조금 복잡하다. 수리중인 선박을 시운전하는 경우에는 선교에 선장과 조선소의 선거장이 같이 승선하여 있는 경우가 있다. 명백하게 선장이 조선을 하는 경우가 아니라면 수리중인 선박은 조선소의 점유하에 있다고 보아야 한다. 따라서 불법행위책임을 부담하는 자는 조선소가 될 것이다.[5]

---

2) 김준호, 민법강의(법문사, 2000), 1211면.
3) 선거장에 대한 자세한 내용은 김인현, 해상법(2020, 법문사), 154면이 있다.
4) 대법원 1992. 10. 27. 선고 91다37140 판결.
5) 선장도 선박의 조종에 관여했다면 공동불법행위가 될 것이다.

2. 조선소 안벽에 접안중이던 선박이 풀려서 접촉사고가 난 경우

조선소는 수리중인 선박을 안벽에 붙여둔다. 큰 바람이 불어서 선박이 밀려서 옆에 정박중인 다른 선박을 부딪친 사고가 발생한 적이 있다.

안벽 접안중인 선박을 조선소는 풀리지 않게 잘 묶어 두었어야 하는바, 그렇지 못하여 충돌사고가 발생했다면, 조선소의 관리책임자의 과실이다. 그의 과실은 조선소의 사용자책임을 낳게 된다.

안벽 접안중인 선박은 공작물로 볼 수 있다.[6] 공작물의 점유자는 과실책임을 부담한다. 민법 제758조 제1항은 "공작물의 설치 또는 보존의 하자로 인하여 타인에게 손해를 가한 때에는 공작물점유자가 손해를 배상할 책임이 있다. 그러나 점유자가 손해의 방지에 필요한 주의를 해태하지 아니한 때에는 그 소유자가 손해를 배상할 책임이 있다"고 정한다. 접안중인 선박을 잡아주던 홋줄 등의 문제는 공작물의 설치 또는 보존의 하자로 인한 것으로 볼 수 있다.[7] 제758조는 점유자가 책임을 지지 않으면 소유자가 무과실책임을 부담하는 이중구조로 되어 있다. 조선소는 건조중인 선박의 소유자로 볼 수 있기 때문에 조선소는 자신이 점유자로서 주의의무를 다했음을 입증해도 무과실의 책임을 부담하게 된다.

부산지방법원 2014. 5. 15. 선고 2013가합47173 판결에서 조선소(갑)의 안벽에 붙어서 건조중인 선박이 시운전을 마치지 못하여 여전히 조선소의 점유하에 있던 중 떠내려가서 다른 조선소(을)의 안벽에 손해를 입혔다. 이에 다른 을 조선소는 손해배상책임을 갑 조선소에게 물었다.[8]

> 법원은 "피고 갑 조선소는 이 사건 선박을 건조하여 보관하는 자로서 자신의 시설내인 안벽에 계류중인 선박을 안전하게 보관할 주의의무가 있음에도 이를 게을리하여 이 사건 선박이 안벽에서 벗어나 떠내려가도록 한 과실이 있다. 피고 갑 조선소는 원고 을 조선소에게 입은 손해를 배상할 책임이 있다"고 판시하였다.

---

6) 공작물은 인공적 작업에 의하여 만들어진 물건을 말한다. 토지의 공작물인 건물, 탑, 교량, 제방 등이나 건물내의 설비인 계단, 엘리베이터도 포함된다. 도로, 지하철, 지하도도 포함된다. 자동차나 항공기와 같은 기업설비도 판례는 긍정적으로 본다. 김준호, 민법강의(법문사, 2000), 1214면.

7) 설치 또는 보존의 하자란 공작물이 그 용도에 따라 갖추어야 할 안전성을 갖추지 못한 상태에 있는 것을 말한다. 김준호, 상게서, 1214면.

8) 고려대 해상법연구센터, 해상법 중요판례집 Ⅰ(법문사, 2018), 68면 이하를 참고바람.

법원은 "공작물의 소유자는 점유자가 손해의 방지에 필요한 주의를 해태하지 아니한 때에 한하여 손해를 배상할 책임이 있는바, 피고 조선소는 이 사건 선박을 건조하여 점유보관하는 자로서 자신의 시설내인 안벽에 계류중인 선박을 안전하게 보관할 주의의무가 있음에도 이를 게을리하여 이 사건 선박이 안벽에서 벗어나 떠내려가도록 한 과실이 있다. 따라서 점유자가 책임이 있는 이상, 선박의 소유자인 피고 선주가 손해를 배상할 책임이 없다"고 판시했다. 조선소의 공작물의 점유자로서 책임을 인정한 것이다.

3. 화재사고

건조중인 선박에 화재가 발생하면 조선소는 선주에 대하여 인도할 선박을 재건조해야 한다. 수리중인 선박이라면 조선소는 채무불이행책임 혹은 불법행위에 기한 손해배상을 해주어야 한다.

조선소의 근로자의 실화로 인한 책임의 경우 과거에는 중과실이 아니면 면책이 되었지만, 실화에 관한 책임제도가 변경이 되면서, 경과실로 인한 경우 면책되지 않고 법원이 감액할 수 있을 뿐이다.

조선소에서 건조중인 선박으로부터 발생한 불이 다른 선박에 옮겨붙은 경우도 마찬가지로 조선소는 피해선박에 불법행위책임을 부담한다. 해상법에 있는 화재면책은 이런 경우에는 적용이 없다. 상법 제795조에서 인정한 화재면책은 운송계약관계에 있는 운송인이 화주에 대하여 주장할 수 있는 것이다.

4. 근로자의 사망사고 등

조선소에서는 근로자가 낙하물에 의하여 다치거나 넘어져서 사망에 이르거나 상해를 입는 경우도 많다. 동료근로자의 과실로 인한 사고도 있다.

이러한 사고는 조선소가 공작물의 점유자 혹은 소유자로서 민법 제758조의 책임을 부담하거나, 민법 제756조의 사용자책임을 부담하게 된다. 동료근로자의 과실로 다른 근로자가 사망하게 되면 동료근로자는 민법 제750조의 불법행위책임을, 조선소는 민법 제756조의 사용자책임을 부담하게 된다.

5. 선박운항자로서의 책임

대부분의 조선소는 정관에 의하면 해상운송업을 할 수 있다고 정한다. 조선

공법이 확대되면서 외지에서 제작한 블록을 이동하는 경우가 많다. 블록의 이동은 바지위에 블록을 싣고 예인선이 이를 끌고 온다. 외주를 주지 않고 직접 운송을 하는 경우가 있다. 또한 대형크레인을 이동시키는 경우도 있다.

이와 같이 조선소가 소유하는 대형크레인을 실은 바지선 혹은 블록을 실은 바지선을 조선소가 운항하는 예인선을 활용하는 경우라면 조선소는 완전히 선박운항자의 지위에 놓이게 된다. 2007년 12월에 발생한 허베이 스피리트호 오염사고와 같이 조선소가 크레인을 이동시키던 중 발생한 사고가 대표적인 예이다. 조선소인 삼성중공업은 오염으로 인한 손해를 배상해야 했다.[9]

해상법상의 선박소유자로서의 책임과 권리가 있다. 조선소가 운항하던 예인선이 충돌사고를 일으키면 조선소는 상법상의 선박충돌 불법행위책임을 부담하게 된다.

Ⅳ. 조선소의 보호수단

1. 선박소유자책임제한

선박운항자의 지위에 있는 조선소는 상법 제769조가 허용한 선박소유자책임제한제도를 이용하여 자신의 책임을 일정하게 제한할 수 있다. 조선소는 상법 제774조의 선박운항자에 해당한다. 선박의 톤수에 따라 책임이 제한된다.[10]

2. 보험제도

이러한 책임을 조선소가 부담하게 되면 손해를 배상하게 된다. 그 손해는 보험에서 전보받아야 조선소는 피해를 보지 않는다. 조선소의 불법행위책임은 조선소가 소유하는 재물에 대한 손해가 아니라, 제3자에 대한 책임이다. 이런 보험은 책임보험에서 처리된다.

조선소는 선박건조와 관련하여 선박보험과 선주책임보험이 결합된 선박건조보험에 가입하고 있다. 협회건조자위험 보험약관(Institute Clauses for Builders' Risks Insurance(1/6/1988))이 활용된다.

---

9) 자세한 내용은 김인현, 전게 해상법, 101면 이하를 참고바람.
10) 삼성중공업의 책임은 약 50억원으로 제한되었다(서울고등법원 2010. 1. 20. 자 2009마222 결정). 김인현, 전게 해상법, 102면.

선박충돌의 경우 제17조의 충돌배상책임에 의하여 조선소는 손해를 전보받을 수 있다. 다만, 피해선박의 난파물제거비는 보상되지 않는다. 제19조 선주배상책임에서 조선소의 불법행위책임이 광범위하게 보상된다. 제17조에서 보상되지 않는 선박충돌이 아닌 경우, 예를 들면 부두와 접촉하여 부두에 가한 손해, 사람의 사망으로 인한 손해, 전염병발생으로 추가로 발생한 비용 등이다.[11]

---

11) 자세한 내용은 김인현·권오정, 해상보험법(법문사, 2020), 213면을 참고바람.

선박건조 SAJ 계약서와 플랜트건설 FIDIC 계약서 비교를 통한 조선해양플랜트계약 고찰*

권도중 법무법인 정률 파트너 변호사

I. 서 론

한국의 조선산업이 해양플랜트 진출로 큰 손실을 보았다. 현대중공업, 대우조선해양, 삼성중공업 등 Big3는 2015년 약 8조원의 적자를 낸 가운데 해양플랜트 손실만 7조원에 달하는 것으로 추정됐다.[1] 큰 손실을 입은 한국의 Big3는 해양플랜트 시장에서 손을 떼다시피 하였지만, 해양플랜트 산업에서 경쟁국가로 꼽히고 있는 싱가포르의 경우에는 오히려 해양플랜트 산업점유율이 증가하고 있는 추세이다.

싱가포르 양대 Offshore 조선소로는 Keppel(1위)과 Sembcorp(2위)가 있다. 양사 모두 싱가포르 국부펀드 Tamasek가 대주주로 있어 국영기업 지위(Keppel 지분 20.43%, Sembcorp 지분 49.5%)를 가지고 있다. Offshore가 활황일 당시, 동 2개사와 한국의 Big3가 해양플랜트 시장을 양분하였다. 큰 손실을 입고 주춤하고 있는 한국의 Big3를 뒤로하고, 2018년 Sembcorp는 유가상승 및 시황 개선기미가 보이자 대형프로젝트를 선점하는 움직임을 보였다. 이미 2018년 초에는 Johan Castberg 2단계 및 VITO 대형프로젝트 2건 수주로 일감을 확보하였다. 특히 VITO[2]의 경우 Shell이 한국의 3개사에 분할 발주하려 했으나 원청의 당초 의도와는 달리 Sembcorp가 모두 수주하는 기염을 토했다.

Sembcorp는 1963년 설립된 해양부문 전통강자이다. 한국보다 약 40년은 빠

---

* 이 논문 제19회 선박건조금융법연구회(2016. 10. 7.)에서 발표한 내용을 수정한 것이다.
1) 매일경제, <https://www.mk.co.kr/news/business/view/2016/02/145217/>, 2016년 2월.
2) 멕시코만에 소재한 심해 석유 유전.

른 시장진입을 보였으나, 한국 조선소들과 유사한 초기실패의 과정을 겪은 바 있
다. Sembcorp는 "Sembawang Corporation Ltd. v. Pacific Ocean Shipping
Co." 소송으로 잘 알려진 대로, 이미 1990년대에 Offshore에서 비싼 수업료를
지불한 바 있었다. 장기간의 인도지연으로 인해 발주처는 잔여 작업분을 조선소
로부터 수령하여 건조를 계속할 수 있는 권리인 개입권(Step-in Right)을 행사하
였고, Sembcorp는 인도시점에 선박을 60%가량 건조하였음에도 불구, 본래 계약
선가($145M)의 3배인 $467M을 최종배상액으로 지불한 것이다. 최근의 한국 조
선업계가 겪은 건조지연으로 인한 대규모 손실 경험을 이미 20년 전에 겪은 것
이다.

　이러한 손실 이후, 싱가포르 조선업계는 해양플랜트 시장에서 손실을 방지하
기 위한 법리적인 이해와 상업적인 준비를 이행함으로써 시장을 선도하는 주도세
력이 되었다. 이 연구에서는 조선, 건설, 해양플랜트 계약조항을 비교함으로써 계
약조항이 시공자에게 미치는 영향을 고찰해보고, 한국조선업계가 나아가야 할 방
향을 제언해보려 한다.

II. 계약서 양식과 소유권의 인도

1. 해양플랜트 손실 원인에 대한 이해

　한국의 조선업계가 손해를 입은 제1원인으로는 건조지연을 꼽는다. 그리고 해
양플랜트 건조지연의 원인으로는 ① 맞춤형 건조에 따른 많은 변수와, ② 이에
대항할 수 있는 설계역량의 부족, ③ 시공자에게 불리한 계약방식, 그리고 그에
따른 ④ 인도지연 및 건조비용손실 증가를 언급할 수 있다.

　해양프로젝트에서 맞춤형 건조에 따른 많은 변수의 발생은 불가결한 것이다.
해양프로젝트는 FEED[3]가 이루어져 초기설계와 시공일정의 윤곽이 잡힌 후 이사
회의 승인을 거쳐 FID(Final Investment Decision, 최종승인)가 이루어지게 된다.
시추부터 석유생산시설의 건조와 실생산까지 수년의 기간이 소요되기에, 생산 및
판매까지의 소요기간을 축소하기 위해서 시추와 동시에 해양시설물의 건조에 착
수하게 된다. 해저토양마다 생산되는 원유제품의 성질이 다르므로, 시추를 하면

---

3) FEED [front end engineering design]: 프로젝트 확정 전 프로젝트기간, 비용, 기술사와 사업주의
　요구사항을 설계에 반영하는 단계.

서 확인되는 제품의 성질에 맞추어 생산시설의 설계를 변경하게 된다.

여기서 FEED가 의미하는 바를 이해하기 위해서는 해양프로젝트의 설계 단계를 이해할 필요가 있다. 해양플랜트는 개념설계 및 타당성 검토 이후에 기본설계로 이어지며, 이후 상세설계와 생산설계의 단계를 통해 건조되게 된다. 일반적으로 FEED란 개념설계 및 타당성 검토 이후 단계인 기본설계를 의미한다. 이 단계는 EPC(Engineering, Procurement and Construction)가 시작되기 이전에 단계로, 다양한 기술적 상업적 이슈의 검토와 함께 개괄적인 생산일정과 소요비용이 산정된다. 일반적으로 해양프로젝트 시작단계에서는 개념설계 및 타당성검토, FEED까지 이어지는 "FEED패키지" 용역계약에 대한 입찰이 이루어진다. 이후 FID가 이루어지면, 실제 EPC 계약에 대해 다시 입찰이 이루어진다.[4]

FEED에 따라 의도된 기능을 구현하기 위해서는 설계변경에 따른 엔지니어링 대응능력이 중요하다. 단순히 표면적인 문제에 대한 설계만 구현하는 것이 아니라, 설계변경에 따른 여파, 실제 건조시의 영향 등을 예상하는 엔지니어링을 구사하여야 한다. 그러나 기본설계는 국제적인 엔지니어링사가 주도하고 있으며, FEED를 이 메이저 엔지니어링사가 완료하는 경우가 잦다. 그리고 실제로 건조를 수행하는 건조자는 기본설계에서 오류를 발견하더라도 설계를 고치기가 어렵기 때문에, 높은 수준의 엔지니어링 역량이 요구된다. 그러나 한국의 조선사는 기본설계를 해외회사에 의존하는 상황이었다.

이런 상황에서 한국조선사가 설계와 자재조달, 시공까지 일괄수행하는 EPC방식으로 해양플랜트를 수주하면서 모든 책임을 떠안은 것이 한국 조선업계의 해양플랜트 손실의 원인으로 꼽힌다. 한국조선사가 계약한 방식은 시공자에게 불리하다는 평을 받고 있다.

2. 조선 및 건설에서 주로 채용되는 계약서에 대한 이해

전통적인 선박건조계약은 SAJ(일본조선소협회) 표준서식이 주로 사용된다. 일본조선협회에서 작성한 만큼 공급자인 조선소에 유리하다 평가되고 있다. SAJ양식은 준거법을 영국법으로 두고 있고, 전통적으로 영국법원은 선박건조계약을 매매계약으로 보고 있다. 이에 건조중인 선박은 건조자가 소유권을 가지고 있는 것으로 해석된다.

---

4) Chiyoda Corporation, < https://www.chiyodacorp.com/en/service/ple/feed/ >, 2019년.

건설공사의 경우, 대부분 표준화된 계약조항을 채용한 계약에 의하여 규율된다. 여기에서는 건설계약상의 당사자의 권리와 의무, 그 중에서도 국제엔지니어링 컨설팅연맹(Fédération Internationale Des Ingénieurs-Conseils, The International Federation of Consulting Engineers. FIDIC)이 작성한 표준계약조건이 주로 사용된다. FIDIC이 작성한 표준계약서는 4가지가 있다. ① Red Book은 단순시공(Design-Bid-Build), ② Yellow Book은 Plant and Design-Build, ③ Silver Book은 EPC/Turnkey Projects, ④ Gold Book은 Design, Build와 Operation을 위한 것이다.[5] 여기서 Operation을 제외한 순수 건설계약은 Red Book, Yellow Book, Silver Book 3가지로 볼 수 있으며, 이 경우 소유권은 단계별로 이전되거나 Turnkey Base로 이전된다.

국내조선소가 사용하는 해양플랜트 건조계약서는 EPC의 계약형태를 가지고 있는 FIDIC의 Silver Book 계약서를 기초로 해양부문의 특징을 반영 수정하여 사용하고 있으며, 선박의 기능을 보유한 해양플랜트의 경우에는 선박건조계약의 요소 또한 차용하고 있다. 그 중 하나가 소유권으로, 해양플랜트의 인도는 조선소 또는 지정된 현장에서 설치된 후 이루어지며, 이와 같은 인도 및 인도금의 지불 후 소유권이 발주처에 넘어가는 계약방식을 활용함으로써 건설계약과는 다른 방식의 소유권 이전방식을 보인다. 이러한 프로젝트의 예로는 FPSO를 들 수 있으며, 계약의 범위가 설치인 Installation 및 가동인 Commissioning 단계까지 포함하므로 EPIC(Engineering, Procurement, Installation & Commissioning)라고도 지칭한다. 본지에서는 EPIC 계약 또한 EPC의 일종으로 구분하여 논지를 전개해 나가려고 한다.

해양플랜트 시설은 매우 다양하다. 일반적으로 해양플랜트는 해양자원을 개발하거나 이를 이용해 에너지를 생산하는 시설을 지칭하지만, 그 해양플랜트가 이용하는 대상물은 석유, 천연가스, 조력 등 다양한 해양자원을 포함하며 그 구조와 성질이 판이하게 다르다. 이해의 편이를 돕기 위해 해양플랜트의 상세 구분을 설명해 보자면, 해양플랜트는 용도에 따라 시추용 시설과 생산용 시설로 구분할 수 있다. 그리고 그 운영형태에 따라 고정식, 유연식, 부유식으로 구분 가능하다. 고정식에는 파일고정식, 중력식, 갑판 승강식 타입 등이 있으며, 유연식에는 타워

---

5) 신현식 · 정수용 · 최대혁, "국내기업의 FIDIC 이용실태와 유의사항", 「국제거래법연구」 제22권 제1호, 2013, 8면.

형, 스파형, 인장각식 타입 등이 있다. 부유식에는 반잠수식, 바지/선박형, 부유식 석유생산 시스템, 부유식 천연가스 생산 시스템 등이 있다.[6) 각 시설물들은 생산물과 해양의 기후 환경 특성에 따라 각기 다른 방식으로 설계되고 건조되며 설치되고 가동된다.

해양플랜트의 구조물의 기능과 발주처가 다양한 만큼, 해양플랜트계약서는 표준적인 계약서가 있다고 언급하기 어렵다고 평한다. 그러나 해양플랜트를 다수 발주하는 노르웨이에서는 '노르웨이 표준 해양플랜트공사계약서(Norwegian Total Contract: NTK)'를 제작하여 기준을 제시하였다. 실무적으로 노르웨이 발주자들은 국제컨설팅 엔지니어 연맹(FIDIC)에 기초한 해양플랜트공사계약서 대신 Statoil ASA(Statoil), Norsk Hydro ASA(Hydro), Norsk Industry(NI) 등과 같은 다양한 이해관계자들이 오랫동안 논의와 합의를 통해서 개발된 표준해양플랜트공사계약서를 주로 이용하고 있는 것으로 알려졌다.[7)

해양플랜트의 안정적인 완성을 위해, 분쟁해결 및 기타 조항에 대한 실무적인 대안이 반영된 계약서에 대한 필요로 2007 노르웨이 표준해양플랜트공사계약서가 제작되었고, 이후 기술발달 및 심해자원개발, 공정한 계약관리에 대한 사회적 요구 등을 반영하여 2015 노르웨이 해양플랜트공사계약서가 개발되었다. 노르웨이 계약서는 계약목적물에 대한 공사진행률에 따라 비례하여 지급하는 비율정산 방식을 취하고 있음에 따라 고정식, 부유식 해양플랜트의 경우 당사자 간에 별도의 특약이 없는 한 발주자에게 귀속된다.[8) 노르웨이 표준해양플랜트공사계약서를 연구하는 것은 큰 의의가 있겠으나, 본지에서는 한국 조선업에서 주로 사용하는 선박건조계약서 SAJ와 플랜트계약서 FIDIC를 비교하기 위해 노르웨이 표준해양플랜트 계약서는 연구범위에서 제외하기로 한다.

---

6) 거제대학교 사이버조선박물관, <http://cybership.koje.ac.kr/sub06/sub03.asp>, 2019년.
7) 이창희·홍성화, "2015 노르웨이 표준해양플랜트공사계약의 주요 법적 쟁점사항", 「해양플랜트 정보지 Offshore Business」 제37호(2016. 9.), 5면.
8) 이창희·홍성화, "2015 노르웨이 표준해양플랜트공사계약의 주요 법적 쟁점사항", 「해양플랜트 정보지 Offshore Business」 제37호(2016. 9.), 8면.

Ⅲ. 인도 필요조건과 제3자 감리

1. 선박건조계약에서의 제3자 감리

선박건조계약에서는 제3자의 감리가 인도 필요조건을 구성한다. 영국에서는 선박건조 계약을 전통적으로 매매계약으로 보아왔다.[9] 선박과 그에 속한 모든 속구는 인도되기 전까지 매도인의 위험부담이며, 선박매매계약의 준거법인 1979년 영국 물품매매법 제14조 제2항[10]에 따라 매도인은 '만족스러운 품질(satisfactory quality)'의 물품을 제공해야 한다. 이러한 매도인의 의무에 대해 실무적으로는 선급의 선박검사가 주된 역할을 차지한다. 영국 항소법원의 The Union Power호 사건은 영국 준거법상 묵시적인 의무는 선급 검사에 한정되지 않는다고 판시하였으나, 이에 대해 실무적으로 혼란을 야기한다는 비판이 많았으며, 선박의 매매계약에서 준거법의 묵시적 의무를 제외하는 것을 명문화함으로써 선급검사를 '만족스러운 품질(satisfactory quality)'의 기준으로 삼을 수 있다.

또한 국제선급연합(IACS)를 필두로 세계에서 통용되는 선급의 기준이 제공되어 발주자와 건조자간의 분쟁을 막을 수 있는 뚜렷한 기준이 체계적으로 구성되어 있다. 이에 조선소는 Full spec, 계약조항, Requirements, 선급, 선적국 및 그 외 규제기관의 조건을 충족함으로써 선박인도의 조건을 완성한다.

2. 건설계약서 FIDIC에서의 제3자 감리

건설표준계약인 FIDIC에서는 감리자는 원칙적으로 발주자에 속하나, 감리자로서의 성실한 의무수행을 기대한다. 기본적인 건설계약 형태로 Design-Bid-Build 계약인 Red Book의 경우에는 설계에 대한 책임과 변경에 대한 책임이 발주자에게 귀속되고, 계약관리는 감리자인 엔지니어에게 귀속되며, 그 보상은 검측과 평가를 활용하여 단계적으로 시공자에게 제공되기 때문에 시공자에게 가장

---

9) 김인현, "선박건조 표준계약서(SAJ)에 대한 연구", 「한국해법학회지」제34권 제2호, 2012, 154면; Simon Curtis, *The Law of Shipbuilding Contracts*, LLP 2002, 1면; McDougall v. Aeromarine of Emsworth Ltd.(1958) [1958] 2 Lloyd's Rep. 345.

10) 1979년 영국물품매매법 제14조 제2항은 "Where the seller sells goods in the course of a business, there is an implied term that the goods supplied under the contract are of satisfactory quality."라고 규정한다. (김찬영, "국제 선박매매계약에 관한 연구", 「국제거래법연구」제26권 제1호, 2017, 166면), Dalmare SpA v. Union Maritime Limited and Valor Shipping Limited (the Union Power) [2012] EWHC 3537.

부담이 적은 계약형태이다. 한편, Design-Build 계약인 Yellow Book의 경우 설계와 그 변경에 대한 책임이 시공자에게 있고, 계약관리 권한은 엔지니어에게 있으며, 보상은 총액보상을 하게 되어 시공자에게 부담이 된다. EPC라는 표현은 사용하지 않았지만, 총액보상을 규정하고 있고 설계에 대한 책임이 시공자에게 있다는 점에서 사실상 EPC 계약이라고 볼 수 있다.[11]

FIDIC Red Book과 FIDIC Yellow Book은 영국에 기원을 두고 있는 엔지니어 제도를 채택하고 있다. 여기서 엔지니어는 발주자의 대리인이기는 하나 발주자와 시공자 사이에서 독립적이고 중립적인 조정자 역할을 겸한다. 신판이 아닌 구판 FIDIC Red Book과 Yellow Book에서는 엔지니어가 결정 또는 승인을 하거나 공사 가치평가 등 임무 수행 시 계약조건 내에서 한 측에 치우치지 않고 공평하게 재량행사를 할 것을 기술한다. 이에 엔지니어는 제3자 감리로서의 역할 수행을 병행한다. 발주자에 의해 보수 지급을 받는 발주자의 대리인이 어떻게 공평할 수 있는지에 대한 비판이 제기된 것은 사실이나, FIDIC는 여전히 엔지니어에게 이러한 제3자 감리 역할 수행을 기대하고 있다.

반면, FIDIC Silver Book은 제3자 감리기능이 현저히 부족하다. Turnkey/EPC 계약이라 명시된 Silver Book은 설계와 그 변경에 대한 책임이 시공자에게 있고, 계약관리 권한은 발주자에게 있으며 이 계약관리 권한은 간섭이 배제된다. 그 보상은 총액으로 이루어진다. 그동안 FIDIC계약조건들의 경우 시공자와 발주자간의 이익균형을 잘 유지했다고 평가되나, Silver Book의 경우 발주자의 이익에 상당히 편향된 계약양식이라 평가된다. 세계적으로 증가하고 있는 프로젝트 파이낸싱의 수요를 고려한 계약양식이기 때문에 이와 같은 편향된 계약의 성질을 가지도록 디자인 된 계약서이다. 이는 FIDIC Silver Book 서문에서도 명시하고 있는 내용이다.[12] 서문에서는 프로젝트 파이낸싱의 여신제공자들은 전통적인 FIDIC 계약유형의 위험배분에 의해 허용되는 것보다 더 큰 사업의 확실성을 요구하고, 이를 위해 기존 Red Book이나 Yellow Book에서 발주자에게 부담했던 위험을 시공자에게 전가시키는 요구가 있다는 사실을 Silver Book 계약을 활용하는 모든 당사자가 인지하는 것이 바람직하다 기술하였다. 시공자는 자신이 부담해야 하는 증가된 위험을 완전히 인식할 수 있으며, 이러한 추가 위험 부담에

---

11) 김승현, "FIDIC 국제건설 표준계약조건 연구", 2014, 38면.
12) 김승현, "FIDIC 국제건설 표준계약조건 연구", 2014, 383면.

대해 그 입찰 금액을 상승시킬 것이 분명하다 기술하였다. 또한 서문에서는 시공자가 설계, 위험 평가 및 예측을 하거나 발주사의 요구조건서에 검토하고 세밀히 조사할 시간이 부족하거나 정보가 부족한 경우 Silver Book 계약형태가 적합하지 않음을 밝히고 있다. 또한 발주자가 공사 수행을 세밀히 감독 및 통제하기를 원하거나 대부분의 시공도면을 검토하기를 원하는 경우 적합하지 않다 밝혔다.

그러나 실무적으로는 Silver Book이 광범위하게 국제 계약에 적용되게 되었다. 프로젝트 금융에 적합하기 위해서는 의도적으로 많은 위험이 시공자에게 전가되어야 하기 때문에 금융 측면에서의 수요가 건설계약형태에 영향을 주었다. 이론적으로는 Silver Book은 대신 경쟁입찰보다는 수의계약을 염두에 두고 있어 시공자가 많은 위험을 부담하는 대가로 더 높은 이윤을 얻을 수 있어야 할 것이나, 실제적으로는 Silver Book은 경쟁입찰에도 사용되고 있으며, 수주경쟁이 치열한 때에 의도적으로 시공자에게 전가된 위험이 높은 이윤으로 반영되지도 못했다. 그리하여 Silver Book의 이러한 편향성에 대해 비판이 제기되어 왔다.

한국조선업계가 체결한 해양플랜트 계약서는 FIDIC Silver Book보다 더 많이 주문자에게 유리하게 편향되어 있다고 평한다. Silver Book의 발주자에 대한 편향성뿐만 아니라, 플랜트라는 제품으로 인한 주문품이라는 점에서 더욱 시공자에게 어려움이 가중된다고 볼 수 있다. 이에 Silver Book이 시공자에게 가혹한 점을 살펴보고, 이를 해양플랜트 계약에 적용할 경우 발생할 어려움에 대해서 고찰할 필요가 있다.

Ⅳ. FIDIC Silver Book 계약서에서의 발주자 편향성

1. 시공자의 설계책임: 의도된 목적적합성 보장의무

FIDIC 계약조건 제4.1조는 "완공된 공사목적물은 계약에 정의된 바대로 공사목적물의 의도된 목적에 적합해야 한다(When completed, the Works shall be fit for the purposes for which the Works are intended as defined in the Contract)"고 규정한다. 영미법에서는 이러한 시공자의 의도된 목적적합성(fitness for the intended purpose) 보장 의무는 무과실책임으로 이해하여야 하고, 합리적인 전문가의 기술 및 주의의무(reasonable professional skill and care)보다 더 강한 책임이라고 볼 수 있다. 이는 실무적으로 발주자가 시공자의 과실을 입증할 필요 없이 프로젝트가 의도된 목적에 적합하지 않다는 것만 입증하면 되므로 시공자에게 가혹한 책임이 부과된다. 이러한 가혹한 설계책임 부과는 프로젝트 금융의 수요에 부응하기 위한 것으로 파악된다.

Silver Book의 경우에는 시공자에게 계약 체결 전부터 충분한 정보를 습득할 것을 요구한다. Yellow Book의 경우에는 현실적으로 시간과 비용이 허락하는 범위 내에서 정보를 입수한 후 입찰에 참가하고, 계약이 체결된 후에 발주자 요구서류를 세밀히 검토할 시간이 시공자에게 주어지고, 입찰 전에 발견할 수 없었던 오류나 하자가 발생했을 경우 계약변경을 요구할 수 있는 권리가 발생한다. 한편, Silver Book의 경우에는 5.1조 'General Design Obligations'에 따라 계약 금액에 영향을 미칠 수 있는 모든 문제는 계약 체결 전에 검토될 것을 요구하며, 아래와 같은 조항을 명문화한다.

> **[FIDIC 5.1]** The Employer shall not be responsible for any error, inaccuracy or omission of any kind in the Employer's Requirements as originally included in the Contract and shall not be deemed to have given any representation of accuracy or completeness of any data or information except as stated below.

발주자는 계약 전 요구조건서의 정확성, 충분성, 완전성에 대한 책임을 지지 않는 반면, 시공자는 설계 및 필요한 모든 정보와 자료를 수집하고 요구조건서를 검토하여야 한다.[13]

설계책임을 시공자에게 가혹하게 부과하는 Silver Book의 계약조건이 해양플랜트에 적용될 경우 더욱 가혹한 결과를 낳는다. 당초 선박계약의 경우에는 계약 당시 작성된 시방서 변경은 계약 금액 및 그 외 수반되는 변경사항에 대한 합의가 있어야 가능하며 발주자가 일방적으로 변경을 요구하는 것이 불가능하다. 건설계약의 경우에는 실무적으로 발주자가 사양수정 및 변경으로 인해 추가되는 작업량에 대한 시간과 비용을 측정하여 그에 대한 승인이 요청가능 하도록 하는 옵션 조항의 삽입이 가능하다. 그리고 수정 및 변경 가능한 범위는 한정된다. 그러나 해양플랜트의 경우에는 변경의 범위, 시기 및 횟수에 제한 없이 작업량과

---

13) Gordon Smith, "The FIDIC EPC Conditions of Contract (the 'Silver Book') - the Criticisms", *Singapore Construction Law Society First International Conference*, 15 October 2006, 5면.

범위를 변경할 수 있는 권리가 발주처에게 주어진다. 앞서 기술한 바와 같이, 유전 및 가스전에서 시추되는 제품의 성질에 따라 해양플랜트의 시설이 달라져야 하기 때문에 이러한 계약 조항이 추가된다. 이러한 계약조건으로 인해 실무적으로는 발주자의 잦은 설계변경으로 공기지연이 발생했다는 유책사유를 주장하기 어렵다.

비교를 위해 상세히 보자면, SAJ 선박건조계약의 경우에는 5조 "Modifications, Changes and Extras"에 따라 목적적합성이 아닌 Specification이 디자인 구현의 기준이 된다. 아래와 같은 조항의 삽입으로, 사전 합의된 Specification의 변경은 계약금액 및 그 외 수반되는 변경사항에 대한 합의가 있어야 가능토록 규정하며, 이는 선박 관련 규제의 변화 등에도 동일하게 적용된다. 이는 외부요인의 변화에도 불구하고 발주처가 일반적으로 Specification의 변경을 지시하기 어려운 기반이 된다.

> **[SAJ Article 5]** Any modification or change requested by the BUYER which does not affect the frame-work of the SPECIFICATIONS shall be agreed to by the BUILDER

앞서 FEED는 일반적으로 기본설계를 의미한다고 언급했으나, 실무적으로는 해양플랜트 프로젝트에 따라 FEED가 기본설계의 전체를 포함하는지에 대한 여부가 제각기 다르다. 앞서 해양플랜트를 용도에 따라 시추설비와 생산설비로 구분하였는데, 시추설비의 경우에는 FEED가 기본설계의 대부분을 차지하는 편이며, 후속계약인 EPC계약을 맺은 조선소는 상세설계 단계시에 기본설계의 마지막 단계부분을 담당한다. 한편, 생산설비의 경우에는 FEED가 개념설계의 후반부를 담당하는 대신, 기본설계의 전반부만을 담당하는 경향을 보인다.

이후 EPC 계약을 맺은 조선소가 기본설계의 후반부 및 상세설계를 담당한다. 그래서 차후 디자인 결함이 발생될 경우 책임 소재를 따지는 분쟁이 발생할 가능성이 있다. 그리하여 계약 전 디자인 단계에서 책임소재를 분명히 해야 할 필요성이 발생한다. 예를 들면 개념설계는 발주처에게 책임소재를 두고, 상세 및 생산설계는 조선소의 책임으로 두는 방식이다.[14] 그러나 FEED 완료 후 FEED를 이용하여 조선소가 상세 및 생산설계를 할 시, 개념설계를 검증해야 하므로 설계

---

14) Stephenson Harwood, "Energy Construction Conference", 2014.

책임에서 자유로울 수 없다. FIDIC 5.8조 "Design Error"에서 규정한 바와 같이, 실무적으로는 FEED의 정확성을 발주처가 보증하지 않는다.[15]

반면 SAJ에서는 미리 정의된 Specification에 따라 건조됨을 명문화한다는 점에서 출발점이 다르다. FIDIC에서는 Design Error가 목적적합성과 외부요인에 따라 발생될 수 있으며, 이미 작성된 기본설계의 검증까지 포함한다. 그러나 SAJ에서는 Specification이 이미 발주처와 건조자 사이에 합의됨을 명문화하고 있으며, 선박건조계약에 연결된 것임을 명문화하고 있다. 개념설계 및 기본설계부터 조선소에서 모두 진행한다는 점에서, 디자인 결함의 발생 여지를 줄일 수 있는 자유도가 높다. 이를 위해 SAJ 계약서 1조 Description에서는 아래와 같이 규정한다.

> **[SAJ Article 1]** The VESSEL shall have The BUILDER's Hull No. [ ] and shall be designed, constructed, equipped and completed in accordance with the BUILDER's standard practice current as of the date of this CONTRACT and the specifications No. [ ] dated [ ] and the general arrangement plan No. [ ] dated [ ] along with the Attachments, endorsed on [ ] :

위와 같이 언급하며 선박의 호선, 그와 연관된 시방서의 번호, 기본계획서 등을 직접 기재하며 건조의 근거가 이미 합의된 사양에 근거되어 있음을 명확히 밝히고 있다. 더불어 상기에서 언급된 시방서들은 선형에 따라 구체적인 검사계획, 도장사양, 사양협의 교신내용, 기자재업체 리스트 등과 구체적으로 연계되어 기술된다. 이에 하기와 같은 계약조항이 상기에 이어 등장하게 된다.

(a) Owners inspection scheme [ ] (b) Coating specification for cargo and slop tank for [ ] (c) Builders reply to Owner's comments for [ ]. (d) Makers list

---

15) FIDIC 5.8조에서는 "If errors, omissions, ambiguities, inconsistencies, inadequacies or other defects are found in the Contractor's Documents, they and the Works shall be corrected at the Contractor's cost, notwithstanding any consent or approval under this Clause."라 규정한다.

2. 성능검사와 지연

성능검사(Performance Test)는 EPC 턴키 계약에서 핵심적인 부분이다. FIDIC 계약조건은 완공 검사에서 최소 성능보증기준을 통과할 경우 인도조건(또는 완공조건)을 충족시켰다 보며, 최대 또는 계약된 성능 미달로 인한 손해배상액 부과 여부를 결정한다. 이에 대해 FIDIC 양식은 손해배상액의 예정(Liquidated Damages)과 유사하게 계약 단계에서 손해배상액을 규정하도록 하고 있다. 만약 최대 성능보증기준을 충족시키지 못한 경우, 인도전에 시공자는 수차례 성능검사를 기도할 기회를 가질 수 있으며, 이로 인한 지연은 시공자의 책임이 된다.

턴키 방식의 계약은 설계, 제작, 설치, 성능까지 모두 책임지는 계약이므로, 일의 완성은 성능검사의 통과로 이루어진다. 이는 선박건조, 건설, 해양플랜트 계약에서 모두 동일하게 적용된다. 선박의 경우 시운전을 통해서 각종 성능 부합여부를 검증하고, 성능 부족에 따라 조선소는 손해약정액을 배상하거나 발주처에서 인도를 거부할 수 있다. 건조중 단계별로 선급의 승인이 필요하나, 실질적인 성능시험 및 인도여부의 결정은 시운전에서 이루어진다. 한편, 건설계약의 경우 단계별로 Commissioning이 이루어지며 이에 따라 수용여부가 결정된다. 그러나 건설 중에 성능시험 단계를 통과하지 못한 부분이 있다면 시설이 완전 가동되기 전 또는 하자보증기간 동안 추가 Commissioning이 가능하다. 한편, 해양플랜트의 경우에는 아래 8.2조 Time for Completion와 같이, 인도 이전에 연속적인 Acceptance Test가 발생하며 이를 모두 통과하여야 인도를 할 수 있게 된다.

> **[FIDIC 8.2]** The Contractor shall complete the whole of the Works and each Section (if any), within the Time for Completion for the Works or Section (as the case may be), including: achieving the passing of the Tests on Completion, and

성능뿐만 아니라 일정 시기의 검사일정까지 계약된 경우에는 시공자에게 더 큰 부담으로 작용한다. 이에 실무적으로는 계약체결 시 계약서에 공사 일정표를 삽입한다든가 하는 행위는 바람직하지 않은 것으로 평가된다. 그러나 조선업계에 해양플랜트 및 해양지원선 건조 열풍이 일었을 때, 일부 조선소에서 계약서에 공사 일정표 등을 삽입하는 등 조선소의 책임을 더욱 가중시키는 방식으로 계약체결한 바 있는 것으로 알려졌다. 이로 인해 정상적인 건조 단계를 밟는 것이 아니라, 지정되어 있는 Test를 통과하기 위해 무리하게 후속공정을 앞으로 당겼다가 다시 원복 방식으로 진행하며 피해가 발생되었다. 계약서에 기재된 빈번한 검사 일정은 공정의 왜곡을 불러와 결국 조선소의 피해를 더 키우는 원인이 되었다.

반면, SAJ를 바탕으로 한 선박건조 계약은 사전에 합의된 시운전의 결과에 따라 선박인도가 결정된다. 시운전은 조선소가 독립적으로 시행하는 사전 시운전이 있으며, 선급과 선주의 입회하에 실행되는 본 시운전이 있다. 본 시운전은 구내 안벽에 계류하여 시행되는 계류 시운전과, 해상에서 시행하는 해상 시운전 등이 있다.

계류 시운전은 ① 전력부하시험, ② Ballast test, ③ Fire Fighting test, ④ 하역장치 시험, ⑤ 경사시험, ⑥ 각종 경보장치 시험, ⑦ 각종 보기류 시험, ⑧ 보일러 점화시험, ⑨ 각종 정보통신 설비 작동시험 등이 있다. 해상 시운전에는 ① 속력시험(Speed Test), ② 선회시험(Turning Circle Test), ③ 정지 및 후진시험(Crash Stop Astern and Ahead Test), ④ 타력시험(Inertia Stopping Test), ⑤ 최저 속력시험(Dead Slow Test), ⑥ 투양묘 시험(Windlass Test), ⑦ 조타시험 비상조타시험, ⑧ 'Z'(Zig-Zag Maneuvering Test)자 항해시험, ⑨ 침로유지 시험(Course Keeping Test), ⑩ 연료소비량 계측시험, ⑪ 추진축 비틀림 계측시험, ⑫ 각종기기 장비 작동시험 등으로 구성된다. 이러한 시운전은 건조계약에 따른 인도조건 충족의 근거가 된다.[16] 이를 명문화한 규정이 제6조 5항 Acceptance or Rejection에 아래와 같이 기재되어 있다.

> **[SAJ Articel 6]** acceptance or rejection of the VESSEL on the basis of its conformity with the requirements of this CONTRACT and the SPECIFICATIONS.

3. 사정변경과 의무불이행

조선, 건설, 해양플랜트 계약 모두 수년간의 건조기간을 필요로 하므로 불가항력과 사정변경이 발생할 수 있다. 불가항력이란 계약 당시 예측하지 못한 사유로 계약이행이 불가능해진 상황을 뜻하며, 사정변경이란 계약 이행은 가능하나 이행

---

16) 권재관, "조선자료집", 2010, 236면.

시 일방 당사자에게 심히 불공평한 결과를 초래하는 상황을 뜻한다. FIDIC 계약서는 불가항력은 수용하나 사정변경은 제한적으로 인정하는 자세를 취한다.[17)]

Silver Book은 사정변경에 대해 매우 제한적인 입장을 취한다. 제4.11조 Sufficiency of Contract Price에서는 낙찰계약금액의 정확성과 충분성은 예비비 하에서의 의무도 포함하여 모든 시공자의 의무를 다 포함한다고 규정하고 있다. 그리고 제4.12조 Unforeseeable Difficulties에서는 예견할 수 없는 어려움을 규정하면서, 건조자는 모든 필요한 정보를 획득했다고 간주되며 모든 어려움에 대해 예측해야 하는 전적인 책임을 수락한다고 기술한다. 그리고 계약금액은 어떤 예상치 못한 어려움이나 비용 때문에 조정되지 아니한다고 기술한다. 이러한 조문들은 거의 모든 위험을 시공자에게 전가하는 효과를 발생시켜, 건조 리스크 측면에서 발주자에게 유리한 편향성을 가진다.

> **[FIDIC 4.11]** The Contractor shall be deemed to have satisfied himself as to the correctness and sufficiency of the Contract Price. Unless otherwise stated in the Contract, the Contract Price covers all the obligations under the Contract (including those under Provisional Sums, if any) and all things necessary for the proper design, execution and completion of the Works and the remedying of any defects.

> **[FIDIC 4.12]** the Contractor shall be deemed to have obtained all necessary information as to the risks, contingencies and other circumstances which may influence or affect the Works.

또한 쌍방 의무불이행 측면에서도 실무상 발주처에게 유리하다. 건조자 의무불이행 측면에서 본다면, 조선건조계약에서는 조선소가 건조의무를 불이행시 선수금 환급보증을 통한 원금회수와 그에 따른 이자를 회수 가능하나 그 이상의 Claim 제기 권리는 배제된다. 그러나 건설계약의 경우에는 계약파기 후 건조중인 시설물을 인수하여 다른 시공자에게 잔여 공정을 맡기고 이에 따른 손해배상을 원 건조자에 청구할 수 있다. 해양플랜트 또한 약정된 손해배상을 수령하고, 개입권을 활용해 시설을 인수한 후, 추가적인 손해배상을 건조자에게 청구할 수 있

---

17) 김승현, "FIDIC 국제건설 표준계약조건 연구", 서울대학교, 2014, 388면.

다. 이러한 방식으로 발주처는 모든 손해를 회수받을 수 있다. 한편, 발주자 의무 불이행이 발생할 경우 조선, 건설, 해양플랜트 모두 선수금의 몰수 및 건조 시설 인수가 가능하나, 실무적으로는 조선소는 원상회복이 어렵다는 것을 임상적으로 알 수 있다. 발주처가 시설 인도를 거부하는 경우는 시황 악화가 주된 배경이며, 이 경우 시설물을 인수하여 재매각 한다 하더라도 제값을 받기는 어려워 실질적으로 손실 회복이 어렵다. 이 경우 시차를 두어 시황회복 및 자산가치가 회복된 시점에서 시설을 매각하기 위해서는 운영역량이 필요하며, 보다 장기적인 안목으로 수익확보의 노력을 기하여야 한다.

한편, SAJ 선박건조계약서에서는 제2조에서 계약가격이 Specification에 따른 모든 비용을 포함하지만 설계 변경 등이 발생할 경우 가격이 변동하여야 함을 명문화하고 있다.

> **[SAJ Article 2]** The contract price of the VESSEL delivered to the BUYER at the SHIPYARD shall be [ ] which shall be paid plus any increases or less any decreases due to adjustment or modifications, if any, as set forth in this CONTRACT.

Ⅴ. 조선사의 발주자 의무 불이행에 대한 대응 전략

1. Silver Book의 채택 배경: 위험절연과 위험배분의 필요성

해양플랜트 금융은 선박금융과 비교하여 프로젝트 파이낸싱(Project Finance: PF) 성격을 가진다. 단일선체보다는 관련설비와 부대설비가 복합적으로 프로젝트를 구성한다.[18] 선박의 경우 용선계약 없이 투기발주를 하는 사례가 종종 발생하나, 해양플랜트의 경우에는 선박보다 더욱 더 장기용선계약을 확보하여 수요 리스크를 완화할 필요가 높다. 해양플랜트 운영 사업주의 신용도는 일반 선박에 비해 더욱 중요하며, 대규모 자금이 소유됨에 따라 파이낸싱 역량이 중요하게 되는데, 이때 사업주가 차주가 되어 자금조달을 하는 기업금융과는 달리, 사업주가 프로젝트를 위해 설립한 특별법인(SPC)를 차주로 하여 프로젝트에 필요한 자금을

---

18) 안요한, "해양플랜트 서비스 산업 금융지원 방안에 대한 소고", 「계간 해양수산」 제3권 제4호, 한국해양수산개발원, 112면.

조달하는 방법을 활용한다. 이는 선박금융에서 SPC 설립을 적극적으로 활용하고 그 효용을 누리는 점과 같다. SPC는 (1) 위험을 절연시키는 효용이 있고, (2) 집합투자기구로서 유용하게 활용된다는 효용이 있으며, (3) 조세회피수단으로 활용 가능하다는 효용이 있다. 이는 해양플랜트에서도 동일하게 적용된다.

또한 고가임에도 불구하고 해양플랜트의 범용성이 낮음에 따라 담보가치 인정이 어렵다. 일반 선박과 비교하여 볼 때, 해양플랜트는 상대적으로 더욱 특정된 특수목적을 위하여 개별 현장에 부합하도록 제작되므로 담보를 위한 시장가치 평가가 어렵다. 일반선박과는 달리 중고 매매 시장 또한 발달하기 어려워 담보매각이 어렵다. 그리고 해양플랜트는 선박에 비해 이동성이 부족함에 따라 매각 및 운송에 대한 제한도 높아, 수요자를 찾기 어렵고 매각에 애로가 많은 특성을 가지고 있다.

반면 해양플랜트의 사업성, 기술성, 보험 검토의 중요성은 선박에 비해 높다. 해양플랜트는 규모가 크고 해상 광구의 매장가능성 및 사업별로 큰 차이가 난다. 이에 사업성 검토의 중요성이 높다. 그리고 첨단기술을 도입을 위해서는 기술적 제작가능성과 품질확보문제 등을 분석하기 위한 기술적 검토의 중요성이 높다. 해상에 설치된 플랜트의 안정성을 담보하기 위한 적절한 보험가입 또한 매우 필수적이다.

이러한 해양플랜트의 속성을 고려할 때, 파이낸싱을 위해서는 (1) 위험절연과 (2) 안정적인 수익성확보가 불가결함을 알 수 있다. 안정적인 수익성 확보는 양호한 용선계약 또는 리스계약을 확보함으로써 성취 가능한 반면, 위험절연은 다양한 차원의 강구가 필요하다. 이러한 위험절연의 필요성으로 인해 Silver Book의 발주자 편향성은 그 광범위한 채택의 배경이 되었다.

다시 말하여, Silver Book과 같이 건조자에게 위험을 전가시키는 계약형태는, 용선계약 또는 리스계약을 수반한 파이낸싱 확보에 적합한 계약 방식이라는 것이다. 여신을 제공하는 기관들은 프로젝트의 사업성과 예상 현금흐름의 범위 내로 한정 또는 확약한 범위 내에서만 제한적으로 책임을 부담하면서 해당 프로젝트의 시공 및 운영에 드는 자금을 조달하기 원하기 때문이다. 완전소구권이 제공되는 일반 기업금융과는 달리, 대주단의 소구권 행사가 제한되거나 소구권이 없고, 프로젝트는 기존의 회사의 채무와 분리되는 프로젝트 파이낸싱의 특성을 고려할 때 당연하다고 할 수 있다.

대주단으로 참여하는 금융기관의 입장에서 해양프로젝트에 내재된 위험요인을 열거하면 다음과 같다. 첫째는 건조위험으로, 조선소의 건조경험과 재무역량에 따라 선박건조 실패 또는 요구 기술사양 충족 또는 기존기술과의 호환 실패 리스크가 있다. 둘째는 건조지연으로, 조선소의 파업 및 선박의 결함 건조관리 실패 부품업체 납품지연 등으로 발생한다. 셋째는 건조비용 초과로, 설계변경으로 인한 건조비용 상승 등 예상치 못한 비용의 발생이다. 넷째는 운영수입 미달로, 용선사의 용선료 미지급 등으로 인한 현금흐름 변동 및 이에 따른 원리금 상환 미달 등을 예로 들 수 있다. 다섯째는 운영위험으로, 출자자의 해양프로젝트 업력에 따른 운영성 미달 및 운영비용 증가 리스크 등이 있다. 여섯째는 운영기간 중 전손 또는 부분파손이 발생할 수 있다. 일곱째는 재무적 위험으로, 출자자 및 사업주의 지급불능, R/G발급기관의 의무이행 거절, 보험회사의 의무이행 태만, 대주단의 확보유지 실패 및 인출지연 등을 들 수 있다.[19]

이러한 다양한 리스크를 고려할 때, 이해당사자 간에 비재무적 계약을 체결하여 합리적으로 위험을 배분하는 것은 매우 중요하다. 해당 사업의 미래 수익을 담보로 대규모 금융 조달이 가능하다는 프로젝트 파이낸싱의 장점은 위험절연과 합리적인 위험배분, 그리고 예측가능한 미래수익이라는 기둥 위에 존속될 수 있는 것이다.

이러한 연유로 건조자에게 지급되는 비용은 철저하게 통제되어야 한다. 건조기한이 특정되고, 조선사의 Performance Guarantee가 요구되며, 시공자에게 지급되는 총액은 고정액이며 더 이상의 변경여지가 없어야 한다. 손해배상의 경우 미리 약정되어야 하며, 이자 및 환율변동은 헷징되어야 한다. 건조보험, 예상이익 상실보험, 사용자배상책임보험 등에 가입하여야 한다.

미래운영수익 또한 통제되어야 한다. 장기구매계약인 offtake agreement(생산량의 일정량을 무조건적으로 구매하는 계약) 또는 최소운영수입보장계약을 확보하고, 운영비용 및 관리비용에 대한 하청계약 또한 비용을 철저히 통제하며, 완성공사물보험, 영업배상책임보험, 기업휴지보험 등으로 운영리스크를 제한하는 것이 필요하다. 그리고 대주단의 철저한 현금흐름 통제가 수반된다. 이를 위해 정보제공 및 재무약정(부채비율 유지 등)이 주어지며, 미래수익에 영향을 주는 신규

---

19) 정우영·현용석·이승철, "해양금융의 이해와 실무", 한국금융연구원, 2017, 441면 내지 452면.

사업 및 자본적지출, 차입, 투자, 담보제공, 지분변경, 계약체결의 제한 등이 주어진다.

2. 조선사의 권리확보 (1): 지급보증확보

우리나라 조선업계의 경우, 리스크 제한을 위한 노력은 시공자의 책임제한 장치를 확보하는 것에 그치는 경우가 많다. 해양플랜트의 경우 선박건조보다 더 다양한 변수가 발생할 수 있음에도 불구하고, '건조자'라는 정체성에 기반하여 건조 측면에서 손실을 제한하려는 노력만 기울일 뿐이다. 그러나 선박건조계약과는 다른 성질의 해양플랜트 계약의 경우 조선업계의 공격적인 리스크 대응이 필요하다.

일반적인 선박건조계약의 경우에는 발주자의 모회사로부터 지급보증을 획득하고 발주자가 다량의 선대를 유지하는 선사일 때, 선박저당권 및 선박유치권 등을 활용하여 건조자의 권리 확보가 가능하다. 마찬가지로 해양플랜트 건조계약에서는 건조자인 조선사가 발주처 모회사의 지급보증 등을 확보한다면 발주처 모회사의 용선/리스계약을 체결하여 활용 중인 여타 시설물을 통한 생산물유치권을 행사하는 방식으로 협상에서 우위를 점할 수 있다. 그러나 대주단뿐만 아니라 발주처 또한 SPC를 통한 도산절연을 추구한다는 점을 고려할 때, 만약 계약시점에서 조선소의 협상력이 상당한 우위를 차지하지 않는다면 이는 실행하기 어려운 측면이 있으므로, 조선소는 협상력을 강화시킬 수 있는 상업적인 대안이 필요하다.

3. 조선사의 권리확보 (2): 대주단 또는 에너지사로부터 인허가권 확보 및 사업지분 확보

파이낸싱을 제공하는 대주단으로서는, 시행사(발주처) 측에서 채무불이행 또는 불이행이 예상되는 부도, 파산신청, 화의신청, 회사정리신청 또는 이에 준하는 사태가 발생할 경우 시행권이나 시공권을 제3자에게 양도할 수 있도록 하는 규정이 필요하다. 한편, 건조자인 조선사의 입장으로서는 발주처의 재무상황 악화로 인해 건조 이후 인도대금 수령이 어려워지고 헐값에 시설을 매각하여야 하는 상황에 빠지는 것을 피해야 할 필요가 있다. 이에 당초에 발주처가 기 체결한 용선/리스계약을 인수할 수 있는 옵션을 확보하는 것도 방안이 될 수 있다.

단, 발주처가 파산 등으로 인해 이행이 불가능한 경우 인허가권의 양도가 용이 할 수 있으나, 발주처가 사업의 시행을 전제로 하는 기업회생 절차에 들어갈 경우 사업이행 가능성이 높아짐에 따라 인허가권 양도가 어려울 수 있는 점을 감안할 필요가 있다. 이에 대해서는 발주처의 경영지분 인수 등 우회적인 방법을 고려할 필요가 있다.

해양프로젝트의 사업자로 참여하거나 사업의 지분을 확보하는 것은 상업적으로, 그리고 근본적으로 매우 바람직한 해결책이다. 해양프로젝트가 구조적으로 건조자에게 많은 위험을 배분하기 때문에, 조선소로서는 프로젝트의 하류에만 머무는 것이 아니라 상류로 진출하여 위험을 분산시키고 의사결정에 참여하는 것이 좋다. 또한 단순히 건조자로 머무는 것이 아니라 해양 프로젝트 운영자 및 생산자 등으로 진출해 나감으로써 부가가치가 높은 시장으로 진출 가능하다는 장점이 있다.

국부펀드 Temasek의 지원을 받고 있는 싱가포르의 Semcorp는 사업 참여에 활발한 건조자의 모범사례이다. Sembcorp는 조선업을 시작으로 현재는 IPP (Independent Power Producer) 사업, 도시 개발업과 함께 3개 사업군으로 구성된 다각화 기업이 되었다.[20] 엔지니어 역량뿐만 아니라, 에너지 개발 프로젝트에 대한 활발한 사업참여로 우수한 사업개발경험을 보유하고 있다. 게다가 내부 자원의 효율성을 극대화하기 위해 그룹사가 보유한 네트워크와 역량 등을 최대한 활용하고 있어 국부펀드의 지원을 기반한 해외국가 인프라 진출에 능하다. 또한 M&A, 신규 IPP 개발 사업, JV 등 다양한 전략을 자유롭게 활용할 수 있는 '전략적 유연성'을 보유하여 수익성 확보와 고성장에 기여하고 있다. 우리나라 또한 강력한 조선업 보유국가이자 주요 에너지 소비국이라는 점, 특히 한국은 일본에 이어 세계 2위의 LNG 수입국이고, 차후 천연가스 및 LNG를 중심으로 에너지 시장과 플랜트 시장이 발전하고 있다는 점에서, 싱가포르의 우수사례를 벤치마킹할 필요가 있다.

VI. 결   론

현재 해양플랜트에서 활용되고 있는 발주처 편향적인 계약형태는 파이낸싱의 필요, 그에 따른 프로젝트 구조 고도화에 의해 발생되었다. 파이낸싱 측면에서

---

20) 한강수, "IPP 업계의 다윗, Sembcorp의 성공 비결", 「POSRI 이슈리포트」, 포스코경영연구원, 2018, 2면.

요구되는 위험절연과 배분, 안정적 미래수익의 확보라는 목적으로 인해, 조선사
에는 가혹한 조건의 계약이 주어지며, 용선/리스계약에서는 운영비용 헷징 및 통
제강화가 이루어진다.

파이낸싱을 위한 합리적인 위험절연과 배분이라는 전체가 주어진 상황에서,
조선업계에 주어지는 과제는 자신들이 계약 하에서 어떠한 권리를 가지고, 의무
를 부담하는지 계약체결 당시에 확실히 인지하는 것이 첫번째 단계가 될 것이다.
조선업뿐만 아니라 한국 건설업계에서도 문제가 발생하고 분쟁 단계에 이르러서
야 비로소 자신이 어떤 계약을 체결했는지 알게 되는 경우가 많다는 비판이 제
기된다.

또한 건조자로서의 계약에 대한 이해뿐만이 아니라, 고도화된 해양 프로젝트
구조 중 한 구성원으로서 더 적극적인 개입 및 영향력 확보의 노력이 필요하다.
한국 조선업계가 추구하는 고부가가치 산업으로서의 성장, EPC/턴키 사업자로서
의 성장을 위해서는, 단순한 설계적인 기술향상뿐만이 아닌 상업적인 성장이 필
수적이다. 싱가포르 또한 단순히 건조자가 아닌 국제적 건설자 및 운영자로서의
운영을 겸하고 있어 국제적인 다양한 변수에 적극적인 대응이 가능하였으며, 이
를 통해 현재와 같은 입지를 구축할 수 있었다. 또한 참여지분을 확보할 경우 의
사결정에 개입할 수 있다는 점에서, 건조자에게 부당하게 일방적으로 위함이 배
분되는 것을 방지할 수 있는 장점이 있다.

프로젝트 전반의 계약 구조의 법리에 대한 이해가 필요하다. 국제계약조건들
에 대한 이해를 위해서는 필연적으로 비교법적인 시각과 연구를 요함을 고려할
때, 법리적인 연구 또한 필요불가결하다.

이로써 국제적인 해양프로젝트 사업구조에 대한 상업적인 이해, 파이낸싱을
포함한 재무회계적 이해, 해당 프로젝트의 기술적인 난이도와 설계대응능력을 가
늠할 수 있는 기술적인 이해, 그리고 전반적인 계약구조의 법리 이해 및 Cross-
border 협상 역량을 신장시키는 것이 요구되며, 이를 통해 조선기술역량을 해외
M&A와 JV, 사업개발로 확장시킬 수 있는 인재양성과 사업포트폴리오 강화가 병
행되어야 할 것이다.

제 3 장

최근 한중여객선 건조 현황*

전작(田柞) 국제해사기구 자문위원

Ⅰ. 최근 한중 카페리항로 운항 선박 개황

한중 카페리항로는 한중 합작선사인 위동항운유한공사가 1990년 9월 15일, 인천항과 중국 산동성 위해항 간에 일본에서 건조한 중고선인 선명 'Golden Bridge'호(1975년 건조, GT 8,387)를 도입하여 최초로 운항을 시작하였다. 최근 2018년 2월 기준 하여 운항중인 항로의 선박에 대한 건조 현황을 선사, 항로, 선명, 선종, 총톤수, 여객 및 화물 적재능력, 건조일, 건조국가 및 조선소 등을 중심으로 소개하려 한다.

한중 양국 정부는 최초 항로 개설 이후 최근까지 선령 등 안전기준에 대하여 '해상에서의 인명 안전을 위한 국제협약(SOLAS)'을 적용해 왔으나 2014년 4월 '세월호' 및 2015년 6월 중국의 양자강에서 발생한 '동방지성호'의 대형 해난사고 발생 후 한중 카페리항로의 투입 선박에 대한 선령 등 안전기준을 대폭 강화하였다.

대부분 국가는 SOLAS를 적용하여 선급이 국제여객선안전증서를 발급한 경우 사실상 선령 제한을 하지 않고 운항을 허용하고 있으나 최근 한중 양국 정부는 고선령 선박에 대한 검사 기준을 강화하고 선령 30년에 도달한 선박은 운항을 불허하는 등 안전기준을 대폭 강화하였다.

그리고 최근 국제해사기구(IMO)에서 황산화물(SOx) 및 질소산화물(NOx) 등 유해 물질 배출 규제를 시행함에 따라 현재 운항 중인 대부분의 한중 카페리선은 유해물질 배출 저감 설비가 미비되어 고가의 저유황유 사용 및 노후선에 대

---

* 본고는 필자가 선박건조금융법연구 제26회(2018. 2. 10.)에서 발표한 내용을 정리한 것임.

한 안전 검사의 강화 등으로 운항비가 증가하여 경제성이 떨어지고 있다.

또한 최근 한중 카페리항로의 여객 및 화물의 수급 여건과 항만시설이 항만 및 항로별로 변화하고 있어 선사들은 항만 및 항로의 여건에 맞는 최적화된 선박의 필요성이 생기게 되었다.

이러한 최근의 한중 카페리항로의 운항 및 시장 환경 변화로 선사들은 오랫동안 중고선을 매입 또는 용선하여 운항해 왔으나 퇴출 선령에 도달한 기존 선박을 교체 투입하기 위하여 신조선을 건조하려는 추세에 있다.

II. 기존선 현황

현재 14개 선사가 16개 항로에서 16척의 선박을 운항하고 있으며 선종은 RoRo(Roll-on Roll-off)선 11척, LoLo(Lift-on Lift-off)선 4척 및 RoRo/LoLo 겸용선 1척이며, 선박 크기는 총톤수(Gross Tonnage) 기준 최소 12,304톤, 최대 29,554톤, 평균 20,061톤이다. 적재능력은 여객은 최소 376명, 최대 1,000명, 평균 625명이며 화물은 최소 145Teu, 최대 360Teu, 평균 251Teu이다.

선박의 건조국가별로는 일본 10척, 독일 2척, 이탈리아 2척, 네덜란드 2척이며 건조한 조선소별로는 일본의 칸다조선이 5척으로 가장 많으며 미쯔비시가 2척이고 오노미치, 이마바리, 이시가와에서 각 1척을 건조하였다. 유럽은 독일의 MTW S.G.가 2척, 네덜란드의 메르베데가 2척이고 이탈리아의 Cantiere N.V. 및 Nouvi Cantieri A.에서 각 1척을 건조하였다.

선사명	항로	선명	선종	총톤수	여객(명)	화물(teu)	건조일	건조국가	조선소
화동해운	인천/석도	Hwadong Pearl 6	RoRo	19,534	1,000	252	1988.04	일본	칸다
연태훼리	평택/연태	Stena Egeria	RoRo	24,418	642	280	2001.09	이탈리아	Cantiere N.V,
연운항훼리	인천/연운항	CK Star	RoRo	14,991	668	192	1988.06	일본	오노미치
석도국제훼리	군산/석도	Shidao	RoRo	17,022	750	203	1989.04	일본	이마바리
위동항운	인천/위해	New Golden Bridge 2	RoRo	26,463	731	295	1989.12	일본	칸다
평택교동훼리	평택/위해	Grand Peace	RoRo	24,112	750	214	1991.03	일본	칸다

한중훼리	인천/연태	Xiang Xue Lan	LoLo	16,071	392	293	1996.03	독일	MTW S.G.
영성대룡해운	평택/용안	Yong Xia	RoRo	25,201	720	267	1989.03	일본	이시가와지마하리마
진천항운	인천/천진	Tian Ren	RoRo	26,463	800	274	1990.03	일본	칸다
단동항운	인천/단동	Oriental Pearl 6	RoRo	16,537	800	160	1995.04	일본	칸다
연운항훼리	평택/연운항	Zi Yu Ran	LoLo	16,071	392	293	1995.08	독일	MTW S.G.
진인해운	인천/진황도	Xin Yu Jin Xiang	LoLo	12,304	376	228	1995.11	네델란드	메르베데
대인훼리	인천/대련	Biryong	RoRo	14,614	510	145	1996.01	일본	미쯔비시 시모노세키
범영훼리	인천/영구	Arafura Lily	LoLo	12,304	394	228	1996.05	네델란드	메르베데
위동항운	인천/청도	New Golden Bridge 5	RoRo	29,554	660	325	1996.10	일본	미쯔비시 시모노세키
일조국훼리	평택/일조	Rizhao Orient	RoRoLoLo	25,318	420	360	2007.09	이탈리아	Nuovi Cantieri A.

출처: 한중카페리협회 자료를 바탕으로 작성하였음.

III. 신조선 현황

현재 14개 선사가 16개 항로에서 16척의 선박을 운항하고 있으며, 그 중 신조선은 9척이다. 신조선은 대형화 추세에 있으며 선종 기준으로 RoRo선 7척, RoRo/LoLo 겸용선 2척이며, 선박 크기는 총톤수(Gross Tonnage) 기준 최소 19,480톤, 최대 35,187톤, 평균 27,855톤이다. 적재능력은 여객은 최소 700명, 최대 1,500명, 평균 1,080명이며 화물은 최소 214Teu, 최대 462Teu, 평균 340Teu이다.

신조선은 건조국가별로는 중국 8척, 한국 1척으로 총 9척이며 조선소별로는 중국의 황해조선이 6척, AVIC 위해조선 및 천진 신강선박중공업이 각 1척을 건조했으며 한국은 현대미포조선에서 1척을 건조하였다.

선사명	항로	선명	선종	총톤수	여객(명)	화물(teu)	건조일	건조국가	조선소
화동해운	인천/석도	Hwadong Pearl 8	RoRo	35,092	1,500	376	2016.04	중국	황해조선
연태훼리	평택/연태	Ocean Blue Whale	RoRo	19,480	932	462	2016.12	중국	황해조선
연운항훼리	인천/연운항	Harmony Yun Gang	RoRo	35,187	1,080	376	2016.09	중국	황해조선

석도국제훼리	군산/석도	Gunsan Pearl	RoRo LoLo	19,988	1,200	335	2019.06	중국	황해조선
위동항운	인천/위해	New Golden Bridge 5	RoRo	29,554	660	325	1996.10	일본	미쯔비시 시모노세키
평택교동 훼리	평택/위해	New Grand Peace	RoRo	33,165	880	316	2018.11	중국	AVIC 위해조선
한중훼리	인천/연태	Xin Xiang Xue Lan	RoRo	32,729	700	312	2019.09	중국	천진신강선 박중공업
영성대룡 해운	평택/용안	Oriental Pearl 8	RoRo	24,748	1,500	214	2016.12	중국	황해조선
진천항운	인천/천진	Tian Ren	RoRo	26,463	800	274	1990.03	일본	칸다
단동항운	인천/단동	Oriental Pearl 6	RoRo	16,537	800	160	1995.04	일본	칸다
연운항훼리	평택/연운항	Zi Yu Ran	LoLo	16,071	392	293	1995.08	독일	MTW S.G.
진인해운	인천/진황도	Xin Yu Jin Xiang	LoLo	12,304	376	228	1995.11	네델란드	메르베데
대인훼리	인천/대련	Biryong	RoRo	14,614	510	145	1996.01	일본	미쯔비시 시모노세키
범영훼리	인천/영구	Arafura Lily	LoLo	12,304	394	228	1996.05	네델란드	메르베데
위동항운	인천/청도	New Golden Bridge 7	RoRo	30,322	724	335	2018.09	한국	현대미포 조선
일조국훼리	평택/일조	Rizhao Orient	RoRoLoLo	25,318	420	360	2007.09	이탈리아	Nuovi Cantieri A.
석도국제 훼리	타항로 대선중	New Shidao Pearl	RoRo LoLo	19,988	1,200	335	2018.02	중국	황해조선

출처: 한중카페리협회 자료를 바탕으로 작성하였음. 최근 신조선은 음영으로 표시함.

Ⅳ. 한중 양국의 신조선 선가 및 선박 금융 조건 비교

한중 양국의 신조선 선가 및 선박 금융 조건을 비교할 경우 한국이 중국보다 선가는 미화 약 1천만~2천만불이 비싸고 담보조건도 까다롭고 자기 부담률도 한국이 10%~20% 높아 불리하며 이자율도 중국은 자국의 금리를 유연하게 적용하여 한국보다 유리하며 정부 및 금융권의 지원 측면에서도 한국은 카페리선에 대한 담보를 인정하지 않고 있으며 정책적 지원도 없어 한국이 불리하다.

구분	한국	중국	비고
선가	미화 약 7천만불	미화 약 5천만~6천만불	한국이 미화 약 1천만~2천만불 고가로 불리함
담보조건	선사의 추가 선박 및 현금 자산 담보	선사와 조선소의 연대 담보	한국 불리함
상환조건	10년 원리금	10년 원리금	양국 비슷함
자기 부담률	30%~50%	20%~30%	한국 불리함
이자율	LIBOR+가산금리 3% 적용	자국의 금리 적용	중국 유연하게 적용
정부 및 금융권의 지원	·한국 금융권은 세월호 사고 및 한진해운 사태 이후 선박 특히 카페리선을 위험자산으로 분류하여 담보가치를 인정하지 않음 ·정책금융권은 한중 카페리선의 경우 과거 지원 사례도 없고 지원대상이 아니라는 입장임	·중국 금융권은 중국 조선소와 연계하여 선박 금융을 지원하고 있음 ·중국 정부는 자국의 교통운수부가 노후선을 신조선으로 교체하도록 관련 법령을 강화하고 자국 조선소에 일감을 몰아주고 있음	·정부 및 금융권의 지원 측면에서 한국 불리함

주: GT 3만톤급 RoRo 선형의 카페리선 기준임.

V. 시사점 및 제언

최근 한중 카페리항로의 시장, 선박 운항 및 건조 현황을 종합적으로 분석한 결과 전체항로의 선박 운항 척수는 16척이며 선박의 안전기준 강화와 시장의 여건 변화로 이 중 절반인 8척을 이미 신조선으로 교체하였으며 나머지 8척도 조만간에 신조선으로 교체할 것으로 예상된다.

또한 이미 건조한 신조선 9척 중 1척만 한국 조선소에서 건조하였고 나머지 8척은 중국 조선소에서 건조하여 한국의 해운업, 조선업, 금융업 및 선원·선박·보험 등 부대사업에 손실이 큰 실정이다.

따라서 향후 선사가 신조선을 한국 조선소에서 건조하여 관련 선사, 조선 및 금융업계가 국익 차원에서 이익을 극대화할 수 있도록 상호 협력 방안을 강구해야 한다.

제 4 장

LNG밸류체인*

최병열 프라이스워터하우스쿠퍼스컨설팅 컨설턴트

Ⅰ. LNG선이 나타나기까지

1. 선박 역사와 LNG선의 등장

배는 뗏목에서 통나무 배, 이후 목재 조립선에서 철제 용접선박까지 발전해 왔다. B.C. 3000년경에는 이집트에서 노와 돛을 갖춘 범선을, 13세기 무렵에는 노를 사용하지 않고 바람의 힘을 이용하는 범선이 개발되었다. 이러한 범선은 15~16세기 대항해시대를 여는데 기여하였다. 이후 19세기에는 증기기관을 이용한 선박과 철판을 이용한 선박이 나타났고, 스크루형의 프로펠러가 개발되었다. 벌크선과 탱커선이 등장하였다. 19세기 말부터 20세기 중반까지 군수산업 위주로 터빈 또는 디젤, 중유를 활용한 엔진개발이 이루어졌다.

20세기에는 조선산업의 기술발전과 함께 조선업의 패권이 타 국가로 이전되는 과정이 발생했다. 기존 조선 패권국인 영국은 철판 두 장의 끝을 겹쳐 구멍을 뚫은 뒤 불에 달군 굵은 쇠못을 박는 리벳건조 기술로 세계 조선시장을 주도하고 있었다. 이러한 리벳건조 공법에서 벗어나 용접을 활용하여 블록을 제작하는 혁신적인 공법이 1950년대에 조선산업에 적용되었다. 2차 세계대전 이후부터 국제무역이 활성화되며 조선업과 해운업이 활성화되었는데, 이때 일본은 미군으로부터 학습한 용접기술과 블록공법을 상선에 적용하여 선박 건조 공법 효율성을 향상하고 품질 향상을 이루어냈다. 이후 1975년~1990년간의 조선시장의 불황을

---

* 본고는 필자가 선박건조금융법연구 제34회(2019. 8. 31.)에서 발표한 내용을 정리한 것임.

넘어서고 나서는 선박 대형화와 도크 효율성을 높인 대한민국의 조선업이 세계 조선시장의 패권을 잡았다.

20세기 해운물류를 혁신적으로 바꾼 선박 중 하나로는 컨테이너선이 꼽힌다. 1957년 미국 씨랜드(Sea Land)사가 소형 탱크선을 컨테이너선으로 개조하여 운송한 것이 그 시작으로, 많은 사람에게 알려진 이야기이다. 이후 1966년 대서양을 횡단하는 뉴욕 – 유럽 항로에 컨테이너 전용선을 투입하면서 상업적인 시작을 열었다. 이후의 해운물류는 컨테이너선의 발전과 함께 성장해갔다.

하지만 비슷한 시기에 LNG선이 등장했다는 것을 아는 사람은 상대적으로 적다. 1959년 처음으로 Methane Pioneer 선을 통해 LNG 화물이 미국에서 영국으로 운송되었다. 이후 1966년 알제리에서 영국과 프랑스에 LNG가 운송판매됨으로써 세계 최초의 LNG의 상업적인 수출이 시작되었다.

대한민국 조선산업은 컨테이너선의 대형화에 혁신을 이뤄내며 단위당 해운 물류비 절감에 기여하면서 컨테이너 물류산업의 발전과 동반 성장했으며, LNG선의 건조와 대형화, 효율화를 이루어내며 세계 LNG 시장의 발전과 동반 성장했다.

2. LNG와 상업성

LNG는 한국인에게 친숙한 에너지이다. LNG선은 매일같이 한국에 LNG를 싣고 천연가스를 공급해주고 있다. 한국뿐만 아니라 동아시아 국가인 일본, 대만, 중국은 LNG 주요 수입국 중 하나이다. 이 4개 나라는 세계 LNG 수요의 75% 이상을 차지하고 있는 강력한 소비자이다.

비즈니스 세계에서 소비자에게 친숙하다는 것은, 상업성을 갖췄다는 것을 의미한다. LNG는 상업성을 가진 에너지이다. LNG가 상업성을 가지기까지는 많은 분야에서 혁신이 이루어졌다. LNG라는 에너지원의 시작은 천연가스이다. 천연가스를 찾아내고, 채굴하여, 저장하고, 액화한다. 액화된 LNG는 운송될 수 있다. 운송될 수 있다는 것은 상업성의 시작이다.

LNG의 상업성이 구체화되고 발전될 수 있었던 것은 신뢰할 수 있는 기술이 존재했기 때문이다. 신뢰성 있는 기술을 바탕으로 소비자의 신뢰가 자라났다. 천연가스가 안전하고 효율적으로 액화되고, 운송되고, 다시 기화되는 과정을 통해 LNG 시장은 지속적으로 성장하였다. 세계에 존재하는 약 700척의 LNG선은 큰 안전사고 없이 LNG를 운반해 왔다. 그 700척의 상당수가 한국조선소가 건조한 선박이며, 2022년 현재 LNG선 발주물량의 약 80%는 한국 조선사에 발주될 정도로, 세계의 신뢰를 받고 있다.

LNG의 안전하고 효율적인 운반에 대한민국의 조선기술이 크게 기여했다. 동아시아에서 처음으로 한진중공업이 LNG선을 건조한 이후, 현대중공업, 삼성중공업, 대우조선해양과 같은 우수한 조선소를 주축으로 대한민국 LNG선의 신뢰를 쌓았다. 한국이 LNG선을 건조한 약 30년간 대한민국은 LNG선을 건조하는 주요 국가의 입지를 쌓았고, 지속적이고 안정적으로 좋은 선박을 건조하여 LNG 시장에 공급해주었다.

Ⅱ. 대한민국 조선소와 고품질 LNG선

좋은 선박이란, 안전하고, 경제성이 있고, 성능이 우수하며, 환경보호 측면에서 우수한 성능을 가지고, 사용하기 편리한 선박이라 할 수 있다. 대한민국의 조선소들은 우수한 LNG선을 공급함으로써 LNG 운송 비즈니스의 성장을 조력했다.

1. 안전한 LNG선

대한민국 조선소는 대기압에서 영하 162도의 비등점을 가지는 LNG라는 극저온 제품을 안전하게 운송하는 LNG선을 만들어 왔고, 그 핵심 중 하나는 화물창이다. 대한민국 조선소가 채택한 멤브레인(Membrane) 화물창인 No. 96과 Mark Ⅲ는 세계 LNG선의 대다수가 설치하는 화물창이 되었다. 화물창에서 LNG가 새어 나오거나 화물창이 부서지는 등의 주요 대형사고가 발생하지 않았다. 화물창의 내용물은 액체이기 때문에 배가 흔들리면 화물창 안의 LNG도 흔들리면서 화물창 벽을 때리며 충격을 입힐 수 있고, 이를 슬로싱(Sloshing)이라 한다. 화물창 온도는 영하 162도에 달하기 때문에 상온일 때보다 충격과 진동에 취약함에도 불구하고, 수많은 슬로싱을 견뎌 낼 수 있는 신뢰 가능한 화물창을 만들어 내었다.

LNG선의 외면인 선각의 제작 또한 충분한 선체강도를 갖추도록 건조했다. LNG는 물보다 비중이 낮기 때문에, LNG를 싣고 있는 선박은 흘수(Draft)가 얕은 천흘수 선이 만들어진다. 천흘수 선은 수표면에서 가깝다. 그렇기 때문에 수표면에 의해 다양한 양상의 충격을 입을 수 있다. 파도의 표면이 선박을 때리면 선박은 충격을 입는다. 선박의 앞부분인 선수가 파도에 의해 들렸다가 수표면으로 다시 떨어지면 선저에 큰 충격을 입는데, 이것을 슬래밍(Slamming)이라 한다. 선박은 프로펠러를 돌려 추진하기 때문에 스스로 진동을 유발하는데, 이것이 바다의 움직임에 의해 진동이 가중될 수 있고, 이를 스프링잉(Springing)이라고 한다. 천흘수 선은 자신의 흘수보다 더 깊고 높은 파도를 마주할 수 있게 된다. 자신의 흘수보다 큰 파고 또는 파저를 만나서 배 일부분이 일시적으로 수표면보다 높은 위치에 있게 될 수 있다. 이를 수표면보다 높은 위치가 배의 중간인지, 선미·선수인지에 따라 새깅(Sagging) 또는 호깅(Hogging)이라고 한다. 이 모두를 이겨내는 충분한 강도의 선박을 만들었다. 그리고 세계시장의 신뢰를 얻었다.

2. 경제성이 뛰어난 LNG선

1) 규모의 경제

규모의 경제를 달성하기 위해서 LNG선은 대형화와 최적화 과정을 거치게 되었다. 이에 216K cbm에 달하는 초대형 LNG선까지 LNG선의 크기가 커졌다. 이후 최적 항로 중 하나인 확장된 파나마 운하를 통과할 수 있는 최적선 크기인 174K~180K cbm LNG선이 주된 선형이 되었다. 이로써 같은 양의 LNG당 운송비용을 저감하는 데 성공하였다.

연료효율 또한 증가시켰다. LNG선의 추진에 소비되는 에너지양을 줄이기 위해서도 많은 혁신이 이루어졌다. 먼저는 증발가스(Boil Off Gas, BOG)를 사용하여 LNG선을 움직이는 혁신이 이루어졌다. LNG선의 화물창은 열의 침입을 차단하는 기능을 하며, 액화장치를 추가로 설치하지 않는 이상, 냉장고와 같이 내부에 있는 물질의 온도를 낮추는 기능은 없다. 화물창에 차가운 LNG를 넣고, 그대로 운송한다. 그렇기에 상온의 기온이 점차 화물창에 침투하면서 LNG는 기화하게 된다. 이렇게 낭비되는 증발가스의 발생량을 줄이거나, 효율적으로 활용하는 것이 LNG선의 경제성 향상에 중요한 이슈이다.

LNG는 기화시 공기보다 가볍고, 액화 상태와 기화 상태의 용적비가 600배에 이른다. 기화된 가스가 화물창에 계속 있으면, 화물창의 내의 압력이 커지면서 설계 강도를 초과하며 화물창에 충격을 줄 수 있다. Mark III LNG 화물창의 설계 압력은 1 Bar(약 0.987기압)에 못 미친다. BOG를 화물창에 놔둘 수 없으므로 바깥으로 배출해야 한다. 이에 2차 방벽의 설치가 고려되어야 하며, 멤브레인 화물창의 경우에는 그 설치가 필수적이다.

증발가스는 가연성이기 때문에 화재 및 폭발에 주의하여야 한다. 증발가스를 안전하게 처리하여야 하며 탱크 내에 공기가 들어가지 않도록 설계해야 한다. 소화 및 방폭 설비가 필요하다. LNG의 적재, 하역 및 벙커링 작업 시의 작업절차 관리를 통해 롤오버 방지, 전기적인 격리성 유지 등 안전에 유의하여야 한다.

2) 운송효율

LNG선은 매우 크며, 많은 LNG를 한 번에 운송하기 때문에 증발가스도 많다. 지금은 화물창의 공법개선으로 증발가스양이 줄었고, 일부 화물창은 LNG 추진을 위해 필요한 양보다 더 적은 양의 증발가스를 발생할 정도이다. 하지만 초기 화물창은 증발가스가 많이 발생하였고, 이러한 증발가스는 낭비되었다. 이러한 낭비되는 증발가스를 연료로 사용하기 위한 노력이 이루어졌고, 이내 이를 활용하여 선박을 추진시키는 기술이 나타났다.

증발가스를 효율적으로 사용하기 위한 노력은 추진기관의 발전과 함께 이루어졌다. LNG선의 추진기관으로 주로 꼽히는 엔진은 (1) 증기기관 엔진, (2) 전기모터 엔진, (3) Low Pressure LNG (LP LNG) 엔진이라 볼 수 있다. 일부에서는 증기기관 엔진을 1세대 LNG선, 전기모터를 2세대, LP LNG선을 3세대라 LNG선이라고도 한다.

처음은 증기기관이었다. Steam Turbine LNG Carrier라고도 한다. Steam Turbine은 초창기에 대부분 LNG선의 추진시스템으로 자리 잡았다. 스팀터빈은 일반 2행정 엔진 대비 상대적으로 효율이 낮은 추진시스템이다. 그러나 저급연료를 활용해서도 터빈을 사용할 수 있고 높은 출력을 낼 수 있다는 점에서, 증발가스도 처리하고 선박도 움직일 수 있는 이점이 있어 적극적으로 활용되었다.

증발가스가 발생하는 대로 엔진의 연료로 활용할 수 있으면 좋지만, 선박은 항상 움직이는 게 아니기에 증발가스의 발생량과 그 소비량의 균형을 맞추는 것은 쉬운 일은 아니다. 그리고 증발가스를 재액화하는 시스템 또한 발전되어 LNG선에 설치할 수 있게 되었다. LNG선이 점차 대형화되면서 증발가스를 LNG로 사용하는 것보다 HFO를 사용하는 게 더 경제적이라는 측면도 있었다.

이와 같은 상황에서 LNG선을 움직이는 전기추진 선박이 등장했다. 일반 HFO(Heavy Fuel Oil)를 동시에 사용할 때의 경제적 이점은 분명했고, 이로 인해 전기와 HFO로 전원을 변환할 수 있는 이중연료 엔진인 DFDE(Dual Fuel Diesel Electric) 엔진이 활용되게 되었다. HFO 또는 LNG를 활용하여 전기를 생성하고, 이 전기로 전기모터를 돌려 프로펠러를 회전시키는 방식이다.

그 이후에는 증발가스를 활용하여 내연기관을 구동하고 이를 통해 직접 프로펠러를 돌리는 방식의 엔진이 나타났다. 내연기관 안에서 LNG뿐만 아니라 다른 Oil 연료 또한 구동할 수 있는 엔진으로, 앞서 언급된 전기모터 엔진보다 효율이 더 높았다. Otto 기관 엔진인 Low Pressure 엔진과 Diesel 기관을 활용하여 좀 더 에너지 효율적으로 움직이는 High Pressure 엔진이 등장했다. Low Pressure 엔진의 경우 메탄슬립의 문제는 있지만, 증발가스를 활용하여 엔진을 움직일 수 있고 질소산화물이 많이 발생하지 않아 환경에 유익한 장점이 있다. 반면 High Pressure 엔진의 경우 LNG를 고압(300 barg)으로 공급해주어야 해서 증발가스 그대로 활용할 수 없다. 질소산화물이 많이 발생하기 때문에 별도의 처리시설을 갖춰야 하고, 용량 등을 고려할 때 대형선에서만 경제성이 있다는 단점이 있다. 2022년 현재로서는 질소산화물 규제로 인해 Low Pressure 엔진이 주된 LNG 추진기관의 자리를 차지하고 있다.

3) 건조효율과 투자가치

대한민국 조선소는 공법의 효율을 높이고 토크 회전율을 높이며 선박의 건조 기간을 단축하는 생산성 향상을 이루었고, 이는 LNG 건조비의 절감으로 반영되었다. 도크에서 건조하는 기간을 줄일 경우 고정비 절감의 효과가 있어 건조비가 절감된다. 이로써 경제성이 있는 LNG선을 다수 건조함으로써 LNG라는 고가의 자산을 건조하는 비용을 절감하였다.

LNG선의 건조 기간이 줄어듦에 따라 투자 리스크 또한 줄어들게 되었다. 투입된 자본의 결과물이 과거 증기기관 베이스의 LNG선에는 3~4년 만에 나와 불확실성이 높은 투자였다면, 현재는 2년여에 불과한 건조 기간으로 인해 불확실성을 과거 대비 대폭 축소했다.

건조 기간이 짧다는 것은 그만큼 설계와 생산공정이 안정되었다는 뜻을 의미한다. 현재 LNG선의 설계와 건조는 많은 부분 표준화되어 품질이 안정되었다. LNG선이 양산되는 방식과 유사하게 건조되다 보니 제품 간의 비교 가능성을 향상했고, K-브랜드 LNG선의 가치 또한 신조 및 중고시장에서 둘 다 지속적으로 높은 가치를 인정받음에 따라 투자가치가 부각되었다. 이로써 다수의 투자자와 기업들이 LNG 운송에 관심을 가지고 투자하게 하는 기반을 마련했다.

3. 성능이 뛰어난 LNG선

선박의 6가지 기능을 꼽으라면, 짐을 싣고 물에 뜨는 부양기능, 스스로의 힘으로 이동하는 추진기능, 진동 등 외력에 대항하여 형태를 유지하고 무거운 중량을 받쳐주는 구조기능, 기울어지더라도 다시 원래의 상태로 돌아가는 복원기능, 파도의 움직임에 아랑곳하지 않고 나아가는 내항기능, 원하는 방향으로 움직일 수 있는 조종기능을 꼽는다.

뛰어난 부양기능으로 더 많은 재화중량톤수를 확보하여 더 많은 LNG를 싣도록 했다. LNG와 같은 극저온 연료를 활용하여 선박을 움직이고, 프로펠러를 효율적으로 디자인하여 우수한 추진기능을 구현하였다. 구조적으로 안정적이지만 표면적이 넓어 해풍에 영향을 받고 공간활용에 취약한 Moss형 화물창이 아닌, 구조적으로 슬로싱 등에 취약할 수 있지만 공간활용에 적합한 Membrane형 화물창을 선택했고, 이를 잘 건조하여 공간적으로 효율적이면서 화물을 잘 보관하는 선박을 구현하였다. 다수 선박 건조를 통한 우수한 선체 형상 디자인으로 복원성이 우수하고, 내항기능이 뛰어난 선박을 만들었다. 우수하고 튼튼한 러더 디자인으로 추진기능과 조종기능의 뛰어난 조화를 이루어 냈다.

LNG선은 확장된 파나마 운하를 통과할 수 있는 사이즈 내에 들어가는 것이 중요하다. 이로 인해 LNG선의 크기가 제한되는 효과를 낳는다. 제한된 공간에서 많이 싣는 선박을 건조하기 위해서는 설계에서 혁신이 이루어져야 했다. 구조적인 안전성을 가져가면서도 재화중량을 높이기 위해 노력해야 했다. 선박 설계뿐만 아니라, 설계를 실제로 구현하기 위한 용접 및 생산방법에서도 크고 작은 혁신이 진행되었다.

저항을 줄이는 최적화 설계의 기법과, 물의 흐름을 고려하여 에너지 소비를 줄이는 ESD(Energy Saving Device)의 지속적인 발전으로 선박의 운송 효율성은 지속 향상되었다. ESD는 골프공의 표면에 뚫려 있는 공과 같은 역할을 한다. 골프공은 표면에 구멍이 뚫려 있는 제품이 뚫려 있지 않은 제품보다 더 멀리 나간다. 골프공의 표면에 있는 구멍이 난기류를 형성시키고 이로써 골프공의 뒤에 있는 후류의 폭을 줄인다. 후류는 골프공을 뒤로 잡아당기는 부정적인 역할을 하는

데, 이를 줄여줌으로써 골프공이 멀리 나갈 수 있다.

선박은 바다라는 환경에서 물의 유동에 영향을 받는 제품이다. 공기중에서 움직이는 제품보다 더 복잡하다. ESD, 선미선형, 프로펠러, 러더, 후류의 5가지의 상호작용을 포함하여 디자인하여야 뛰어난 선박이 만들어질 수 있다. 이러한 어려운 설계를 구현해내고 효율을 높여 선박을 만들어 냈다.

성능이 뛰어나고 신뢰할 수 있는 LNG선은 투자의 대상으로 떠올랐고, LNG 운항비즈니스에 참여하는 상업적인 매력도를 더욱 높여 주었다.

4. 환경보호 측면에서 우수한 LNG선

LNG선은 발생하는 BOG를 축소시키고 운송에 필요한 에너지 효율성을 향상시켜왔다. LNG는 황산화물의 배출이 없는 연료이며, Low Pressure 기관 엔진을 활용할 경우 질소산화물의 배출도 미미하다. 이에 LNG는 환경규제가 엄격한 유럽 연안에서 선박연료로 채택되었고, IMO 2020 규제로 알려진 전세계 해역 황산화물 배출 규제 적용 이후에는 선박연료 적용 폭이 더 확대되었다.

LNG로 선박을 운항할 경우 HFO 대비 이산화탄소 발생량이 25% 감소한다. 메탄슬립의 이슈가 있지만 기관 제조사의 자료에 따르면 메탄 슬립에도 약 20%의 온실가스 저감 효과가 있다고 평가한다.

2012년 교토의정서에서 지정된 6가지 온실가스는 이산화탄소(온난화지수 1), 메탄(온난화지수 21), 아산화질소(온난화지수 310), 수소불화탄소(온난화지수 140~11,700), 과불화탄소(온난화지수 6,500~92,000), 육불화황(온난화지수 23,900) 6가지가 꼽힌다. 여기서 온난화지수란, 공기중에서 열을 흡수하는 능력뿐만 아니라 공기중에서 지속하는 시간을 고려한 지수이다. 약 100년 동안 이산화탄소가 공기중에서 열을 흡수하는 능력에 대비하여 표시된 것이다. 메탄의 경우 발생 시에는 이산화탄소보다 100배 이상의 열을 흡수하지만, 시간이 지남에 따라 분해되어 열을 흡수하는 능력을 잃는다. 이에 20년의 주기로 보면 이산화탄소대비 80배의 온실효과를 가진다고 평가하고, 100년의 주기로 보면 이산화탄소대비 약 21~25배의 온실효과를 가진다고 평가한다.

메탄은 시간이 갈수록 분해되지만, 이산화탄소는 공기 중에서 지속되는 시간이 1,000년에 달한다. 이에 종국적으로는 이산화탄소를 배출하지 않는 Net Zero로 가는 것이 중요하지만, LNG가 질소산화물은 90%, 황산화물은 100% 저감한다는 측면에서, Net Zero 이전에 활용할 수 있는 친환경 연료라 볼 수 있다.

Ⅲ. LNG밸류체인의 시작

LNG는 Net Zero(탄소배출량 제로) 연료는 아니다. 하지만 성분 대부분이 메탄임에 따라 완전연소만 이루어진다면 탄소 외의 불순물을 배출하지 않는다. 이에 화석연료 중 가장 친환경성을 가진 연료라 볼 수 있다. 화석연료의 특징 중 하나는, 오랜 기간 사용된 에너지이기에 전 세계적으로 인프라가 풍부하고 공급이 용이하며, 수요 또한 풍부할 뿐만 아니라 연관산업이 고루 발전되어 있다는 특징이 있다. 그리고 LNG는 그러한 장점을 그대로 이어받아, 산업 밸류체인이 고루 갖춰져 있으며 그 각각의 분야에서 공급자와 소비자에게 가치를 제공해주고 있다.

1. LNG와 천연가스의 부가가치

LNG밸류체인은 상류인 천연가스 생산방식의 혁명으로부터 일어났다. LNG는 오일에 가격이 연동된 채로 유가연동제로 계약이 되었다. 천연가스는 원유생산 시에 생성되는 부산물이기 때문에 원유가격이 상승하면 LNG 가격 또한 동반 상승하였다. LNG는 원거리로 수송이 가능하다는 장점과, 셰일가스 혁명 이후로 생산되는 잉여 천연가스의 양이 크게 증가했다는 환경과, 수요 또한 크게 증가했다는 변호로 인해, 현재는 원유와는 구분되는 별도의 Commodity의 입지를 가지게 되었다.

미국에서 수압파쇄공법의 개발로 셰일층에서 가스를 채굴하는 비용이 혁신적으로 낮아지게 되며, 2011년에는 셰일오일과 셰일가스의 공급량이 폭증하게 되었다. 2013년~2014년에는 미국에서 LNG 수입터미널을 수출터미널로 전환하거나 신규수출 프로젝트를 승인하는 것이 가속화되었다. 아직 타국이 셰일혁명을 받아들이지 못한 시점에서 빠르게 시장진입 및 장악을 노리는 움직임이었다. 이에 러시아, 호주, 카타르 등 에너지 대국들이 연이어 LNG 생산 프로젝트를 추진하면서 LNG의 공급량이 증가했다.

이에 중류인 LNG 거래시장 또한 크게 변화했다. 폭발적인 LNG 생산량은 LNG 시장의 계약구조 유연화라는 결과를 낳았다. LNG는 소수의 업체에 의해 장기적이고 대량의 물량이 계약되어 공급되고, 주로 정부 기관 또는 정부 소유기관을 중심으로 거래되었다. 그리고 LNG 수입계약 시 도착처를 지정하여 그곳으로만 물량을 보낼 수 있는 계약이 체결되었다. 셰일혁명 이후에는 LNG의 도착처를 지정하지 않음으로써 자유롭게 거래가 될 수 있게 하였다.

이러한 계약구조 유연화는 시장에 뒤늦게 진입한 미국이 주도했다. 2009년~2011년 약 3년은 카타르가 LNG 액화 설비를 폭발적으로 증설 및 가동하였다. 호주는 2016년~2018년간 액화 시설을 폭발적으로 가동할 수 있었다. 미국의 경우에는 2016년부터 액화시설을 가동하긴 하였으나 본격적으로 설비용량을 증가시킨 기간은 2018년~2019년경으로, 앞 두 국가보다 상대적으로 늦었다고 볼 수 있다. 기존의 시장참여자인 카타르와 호주는 과거의 유가 연동가격제와 도착지 지정제를 선호하였지만, 후발주자인 미국은 LNG의 가격을 유가가 아닌 천연가스 자체의 가격지표에 연동하는 계약구조를 제시하였으며, 도착지를 지정하지 않는 유연한 계약형태를 제시했다. 이는 경제 규모가 커지며 에너지수입량이 늘어나고 에너지 시장에 적극적으로 참여하길 원하는 국가들의 니즈에 부합했다. 이에 생산처, 판매처, 수요처가 다각화되면서 LNG의 여유 물량에 대한 거래인 LNG 트레이딩 및 소형 LNG 수송 등 신시장이 등장하게 되었다. 이에 LNG는 독립적으로 거래가 가능한 제품이 되었다.

LNG 벙커링 기술의 발전과 함께 LNG를 선박연료로 하는 대형선도 등장했다. 소형선박의 경우 항만 등을 통해 LNG를 공급받을 수 있지만, 대형선박의 경우 실질적으로 LNG 벙커링선이 있어야 LNG를 연료로 공급받을 수 있다.

이로써 LNG 시장은 LNG 허브라는 새로운 단계를 넘보게 되었다. 가스 허브는 파이프라인이 지나가는 물리적인 허브를 의미하고, 이 허브를 기반으로 시장으로부터 신뢰받는 거래소를 형성하게 되면 가스거래소를 만들 수 있다. LNG의 벤치마크 가격을 관리하고, LNG에 대한 신뢰받는 거래소를 형성하려는 노력이 이어졌다. 세계의 주요 거점에서는 LNG 가격 벤치마크를 신설하고, 시기와 지역에 따라 가격의 기준을 제시하게 되었다. 벤치마크와 공급 안정성의 신뢰성이 높아질수록 LNG의 거래 가능성과 Commodity로서 가치가 부각되면서, 생산자와 구매자 모두에게 부가가치의 상승을 제공하게 되었다.

2. LNG와 에너지 안보

상류와의 접점인 액화시장, 하류와의 접점인 기화시장 또한 기술의 발전이 있었다. 부유식 LNG 기화시설(Floating Storage and Regasification Unit, FSRU)과 부유식 LNG 액화시설(Floating Liquefied Natural Gas unit, FLNG) 등의 기술발달은 소형화 및 경제성 향상의 결과를 낳았다. 대형 수출터미널과 대형 수입터미널이 주를 이루었던 LNG 운송시장이 좀 더 소형화된 소비자와 공급자를 포함할 수 있도록 기여하며 시장의 진입장벽을 낮추었고, 이로써 시장의 다각화와 시장참여자들의 증가에 기여했다.

이러한 시장참여자의 증가로 인해 에너지 트레이더들은 LNG 시장에서 큰 수익을 누릴 수 있었다. 석탄 등을 중심으로 다수 국가들과 거래를 하며 판매량을 구축해 왔으며, 이를 기반으로 LNG Trading의 거래 수요를 차지하게 되었다. LNG Top Trading 회사로는 Trafigura, Vitol, Glencore, Gunvor가 꼽혔다. 일본과 같은 LNG 재판매자의 경우, Spot 시장 매각 시 파생시장을 통해 헷지 등 성숙한 거래를 수행하길 원했고, 이러한 니즈를 받쳐줄 수 있는 업체는 이들이 이 에너지 트레이더들이었다. 2017년의 경우 이 4개 회사가 거래한 LNG 판매량은 세계 LNG 판매량의 9%에 달했다. 과거 석탄 시장의 붕괴로 피해를 경험해본 에너지 트레이더들은 수입원의 다각화를 원했고, LNG는 새로운 주요 시장이 되었다.

이러한 시장참여자들의 증가와 트레이더들의 적극적인 개입은 각 국가들에 에너지 안보라는 혜택을 제공했다. 이동성이 있는 LNG는 에너지 접근이 어려운 곳에 에너지 안보를 제공하게 되었다. 서유럽의 경우 러시아 천연가스 의존도가 매우 높았고, 이를 고려한 러시아의 에너지 안보 위협은 경제와 정치적인 안정에 크게 영향을 미쳤다. 2014년에 발생한 크림반도의 러시아 편입사건은 이를 부각하는 계기가 되었다. 러시아가 크림반도를 편입하고, 서방이 러시아에 제재를 가하고, 러시아가 유럽에 2차례의 가스공급 중단을 감행하는 사건이 발생했다. 이에 유럽연합의 각국은 LNG 수입터미널을 증설하며 에너지 안보를 강화하는 조치를 가했다. 육상 설치 대비 더 빠르게 도입 가능한 선박을 개조한 부유식 기화터미널은 주요 고려 대상이었다. 북해의 경우 소형 LNG 터미널과 소형 LNG 운송 선박을 건조하여 소규모로 LNG가 필요한 곳에 LNG를 공급하게 되었다. 유럽국가 뿐만 아니라 인프라가 부족했던 동남아시아 도서 지역 또한 부유식 LNG 터미널을 설치하여 에너지를 공급할 수 있게 되었다.

3. LNG와 미래에너지

LNG를 취급하는 기술발전과 인프라 발전은 암모니아 및 수소에너지와 같은 미래 에너지를 다룰 수 있는 기술의 교두보를 마련해 주었다.

수소연료전지는 수중함에 이미 적용된 바 있다. 국내기술로 잠수함인 안창호 함에 적용된 수소연료전지가 좋은 예이다. 안창호 함에 2018년 적용된 수소연료 전지는 저온형 PEMFC 방식으로, 소형화가 용이하고 높은 응답성을 가지고 있다. 고순도의 수소가 필요하기에 수소저장 합금을 활용하여 수소를 함 내에 보관하여 연료로 사용하고 있다. 자동차 또는 트럭과 달리, 수중·수상함의 경우에는 무게 가 증가하더라도 모빌리티 능력에 크게 영향을 받지 않는다는 점에서 수소저장 합금을 활용할 수 있다. 다만 수소저장 합금은 경제성이 낮으므로 상선에 적용하 는 데에는 한계가 있다.

이러한 수소를 생산하기 위해서 주로 사용되는 기술 중 하나가 천연가스를 고 온·고압의 수증기와 반영시켜 발생하는 개질수소이다. 이는 국내 발전용 연료전 지 등에 공급되는 수소를 생산하기 위해 활용되고 있으며, 이산화탄소 포집장치 와 함께 사용될 경우 온실가스 발생 축소에 적합한 기술이다.

수소를 생산하는 방법은 크게 3가지이다. 부생수소 방식은 석유화학 공정에서 부가적으로 생산되는 부산물에서 발생하는 수소를 얻는 방식이다. LNG·LPG 등 메탄이 풍부한 천연가스에서 화학반응을 통해 수소를 얻을 수 있다. 메탄은 탄소 와 수소로 구성되어 있기 때문이다. 화석연료를 활용하여 수소를 만들 때 이산화 탄소를 포집하지 않는다면 그레이수소, 이산화탄소를 별도로 포집한다면 블루수 소라 한다. 그리고 온실가스를 전혀 배출하지 않은 물 또는 암모니아로 수소를 만들 경우 그린수소라 한다. 그린수소를 대량으로 만들어 이를 타국 또는 원거리 에 운반하는 기술생태계는 아직 부족하다. 이에 LNG의 형태로 천연가스를 운반 한 후, 현지에서 천연가스로 기화 후 개질수소를 생산하는 형태로 수소공급망이 이루어지고 있다.

이러한 개질수소에 착안하여 제시되는 수소 선박 기술 중 하나는, 현재의 LNG 연료 운송·저장·공급체계를 그대로 활용하되, 선박에 개질기를 설치하여 LNG 를 수소로 개질하고 이 수소를 활용하여 연료전지를 구동하는 방식이다. 이러한 방식을 채용할 경우 연료전지의 출력이 높지는 않을 수 있으나, 수소연료전지를 구동하는데 LNG를 연료로 사용할 수 있다. LNG의 경우 수송, 저장, 벙커링 등 현존하는 인프라가 있으므로, 현재 인프라에 수소연료전지를 접목하는 데 용이하다는 장점이 있다.

또 한 가지 주목할 것은 LNG와 수소의 혼소 가스터빈이다. 현재 육상 발전목적으로 LNG에 수소를 혼합한 기체를 활용하여 발전하는 기술이 연구되고 있다. 가스터빈은 연료의 다양성을 포함하는 데 적합하다. 수소연료전지의 경우 계통에서 원하는 속도에 못 미칠 수 있고, 재생에너지의 공통적인 약점인 관성을 제공하지 못하는 단점이 존재한다. 석탄발전, 가스발전, 원전 등 회전체동기발전기는 발전에 관성을 제공하여 60Hz와 같은 주파수를 유지할 수 있도록 해준다. 반면 재생에너지와 같이 비동기발전기의 비중이 높은 계통은 발전기 불시정지 등 외란 시 주파수가 급격하게 떨어질 수 있다. 그렇기에 LNG와 수소를 혼합하여 가스터빈을 활용한 회천체동기발전기를 활용할 경우 계통에 필요한 관성을 제공하면서도 탄소배출을 저감할 수 있는 장점이 있다.

Ⅳ. LNG밸류체인의 성장

1. LNG밸류체인과 부유식 인프라

흑해가 러시아 오일의 수출구라면, 우크라이나는 러시아 파이프 가스의 수출구라 볼 수 있다. 유럽으로 향하는 러시아 파이프라인 중 육상에 설치된 중요 가스 파이프가 통과하는 주요국 중 하나가 우크라이나이다. 러시아는 공급자이자 유럽은 소비자로 우크라이나는 그 중간에 있는 국가 중 하나이다. 러시아가 유럽에 가하는 압력수단 중 하나가 가스공급 중단이었고, 러시아 가스는 유럽 개별 국가의 에너지안보와 경제에 큰 영향을 주기에 민감한 사안이었다.

안타깝게도 러시아의 우크라이나 침공이 발생했고, 러시아로부터의 천연가스 공급물량 차질 우려는 더욱 심각해졌다. 유럽국가 중 개별 국가의 러시아 천연가스 의존도는 각기 다르지만, 전체적으로 유럽의 천연가스 사용량의 약 40%는 러시아에서 도입된다. 유럽의 경우 친환경 에너지를 지향하고, 석탄 등 환경의 유해한 에너지의 사용량을 지속 절감하고 있다. 재생에너지의 에너지 생산량은 아직 부족하므로 청정한 화석에너지인 천연가스의 사용량이 많아졌다. 환경정책을 위해서는 천연가스가 중요하지만, 천연가스는 러시아와의 지정학적인 긴장이 있으므로, 이러한 유럽에 해답을 제공하는 것이 LNG 시장이다.

셰일혁명이라는 천연가스 시장 상류에서의 혁신은 하류에 이르기까지 다양한 혁신에 의해 뒷받침되었다. FLNG라는 액화혁신은 기존 육상 액화 터미널의 한계를 벗어나 연안 및 심해에서도 LNG를 생산할 수 있도록 했다. LNG 계약구조와 다양화는 대형 및 소형 LNG선과 LNG 벙커링이라는 중류에서의 변화를 통해 구현되었다. FSRU라는 기화분야에서의 혁신은 육상 기화 터미널의 한계를 넘어서 Small Scale LNG의 경제성을 더해주게 되었다. 큰 규모부터 작은 규모까지 시장이 형성되었고, 이를 위한 부유식 인프라가 갖추어졌다.

대한민국 조선산업과 기술은 부유식 인프라를 성공적으로 공급했다. LNG밸류체인이 성장하는 데 크게 기여했다. LNG 시장의 밸류체인 구성 부분마다 고난이도의 기술구현이 필요했는데, 이를 성실히 구현해냈다. FLNG와 FSRU 분야에서 크게 혁신을 이루고, 장기간 대형 중형 LNG선 및 세계 최초의 벙커링선 건조에도 신뢰 높은 기술로 이전에 없던 선박을 구현해냈다. LNG라는 극저온 물체를 대량으로 운송하는 기술을 구현해내고 오랜 기간 신뢰성 있는 기술 수준을 유지했을 뿐만 아니라, 시장이 필요한 크고 작은 기술혁신을 끊임없이 이루어 냈다. 한국에서 건조한 튼튼한 LNG선은 일반적인 선박 수명인 25년을 넘어서 쓰는 경우도 있고, 퇴역한 LNG선은 FSRU 등으로 개조하여 또 사용하는 등 LNG 시장의 발전에 크게 공헌하였다. 해상이라는 가혹한 환경 위에서 오랜 기간 운영할 수 있는 신뢰성 있는 시설물을 구현해 낸 대한민국의 조선기술이 없었다면, 미국에서 시작된 셰일혁명이 경제적인 부가가치를 내는 데 한계가 있었을 수밖에 없다.

2. 지정학적 위기와 LNG밸류체인

러시아의 우크라이나 침공 이후에 발표된 유럽의 에너지 계획은 LNG밸류체인에 크게 의존한다. EU 집행위는 2022년 5월 18일 EU의 러시아 에너지 의존 중단 및 친환경 전환 가속화를 위한 'REPowerEU' 계획을 발표했다. 동 계획은 화석에너지와 신재생에너지에 대한 계획을 가지고 있다.

화석에너지에서 가장 시급한 것은 LNG이다. 약 40% 달하는 러시아 천연가스 의존도를 2030년까지 0수준으로 달성하도록 목표한다. 그리고 시급히 미국과 카타르, 이집트로부터 LNG를 수입하기로 한다. 아제르바이잔 – 터키로부터 파이프라인 천연가스(PNG) 수입량을 증가하기로 한다. 이를 통해 2022년 말까지 총 60

Bcm(LNG 50 Bcm, PNG 10 Bcm)의 러시아 천연가스를 대체하기로 계획한다. 러시아 천연가스가 연간 수입량이 155 Bcm에 달하는 것을 고려할 때, 매우 빠르고 공격적인 목표를 세웠음을 알 수 있다. 국제에너지기구(IEA)는 유럽에 LNG 천연가스 다변화를 권고하였고, 이론적으로 60 Bcm 규모의, 현실적으로 30 Bcm 규모의 천연가스 수입 다변화가 가능하다 밝혔다. LNG 도착지 제한에 적용되지 않는 물량이 상당히 존재하고, 주요 수입국인 아시아에 도착하기에는 거리가 멀어 운송비도 높으니, 상대적으로 거리가 가까운 이점을 활용하여 LNG 물량을 2022년 말까지 최대한 확보하는 방식으로 현실적인 양인 30 Bcm을 언급했다. 유럽이 60 Bcm을 언급한 이상, 금년 말 겨울 아시아의 LNG 가격 상승은 높아질 수밖에 없다.

세계의 LNG 거래시장은 2010년대 이후로 크게 발전하고 바뀌었다. 2019년 전세계 코로나 팬데믹 이전까지 지속적으로 시장이 성장하였다. 많은 물량이 시장에 유입되었음에도 불구하고 지정학적 불안정성으로 천연가스 가격의 불안전성은 이어지고 있고 LNG 가격은 지속 치솟고 있다. 2022년 3월 아시아 Spot LNG 가격이 $80/mmbtu를 상회한 바 있고, 다가오는 2022년 겨울의 아시아 LNG 가격 $100/mmbtu 상회 가능성이 언급되고 있다. 과거 2010년 고유가 당시 LNG 가격이 높을 때 $20/mmbtu선을 보였던 것을 고려하고, LNG 가격의 선박연료 경제성이 언급되었던 2010년대 중반 $10/mmbtu 초반에 달하던 LNG 가격의 약 10배에 달하는 수준이다.

3. LNG밸류체인의 확대

LNG의 가격 증가에 LNG 액화시장과 운송시장은 성장세를 그리고 있다. 이러한 폭발적인 수요로 2022년 LNG선은 7월 기준으로 100척이 넘게 신조 발주되었고 신조 가격도 크게 오르고 있다. 현재 전세계에 존재하는 LNG 액화시설과 동일한 양의 LNG 액화시설이 건설중이거나 FEED(Front End Engineering Design) 설계 중이며, 이러한 LNG 수입 강세가 지속함에 따라 동 프로젝트의 경제적 타당성에 긍정적인 영향을 미치고 있다. 이런 상태로면 세계 다수의 LNG 액화 및 수출 프로젝트의 진척이 순탄하게 이루어지며 LNG 물동량이 크게 증가 할 가능성이 있다.

수입시장도 증가를 계획하고 있다. REPowerEU 계획에는 LNG 터미널 증축

계획도 포함되어 있다. 유럽에는 총 160 Bcm 규모의 LNG 수입터미널이 있다. 이는 만약 100% 가동된다면 유럽 천연가스 소비량의 40%에 공급할 수 있는 양이다. 그러나 스페인, 프랑스, 폴란드 등 일부 국가에 집중되어 있고 현재 LNG를 수입하는 국가는 총 11개 국가에 불과하다. 유럽 국가 간 천연가스가 자유롭게 움직일 수 있도록 파이프라인이 원활하게 구축되어 있지 않기 때문이다. 가스 저장 시설의 신설계획도 포함되어 있다. 이를 위해서는 부유식 시설의 도입 또한 필요하다. 2022년 독일 기업인 Uniper과 RWE는 각각 FRSU 2기씩 총 4기 확보를 위해 노력하고 있는 것으로 알려졌고, 이탈리아와 핀란드, 에스토니아도 FRSU를 확보하기 위해 노력하고 있는 것으로 알려졌다.

대한민국의 조선기술은 뛰어난 운영능력과 사업능력으로 해상 인프라를 구현해 왔다. 2010년부터 현재까지 LNG 중류시장의 빠른 발전속도를 따라가며 혁신적인 인프라를 공급해 왔다. 과거 비용이 많이 들고 건조 기간이 길었던 LNG선을 저렴한 가격에 빠른 기간 안에 공급해내는데 성공했다. 부유식 액화설비와 기화설비도 큰 규모의 설계와 설비, 물류를 효율적으로 활용하여 수많은 기술인과 작업자들을 활용해 성공적으로 건조했다. 앞으로도 LNG 가격의 상승, 에너지 안보의 부각 등으로 인해, 청정 화석연료인 LNG 시장에 시장참여자들의 규모가 확대될것으로 보이며, 대한민국 조선산업은 여전히 이를 높은 기술력으로 지원할 것이다.

V. LNG밸류체인의 미래

LNG밸류체인의 성장은 수소 밸류체인의 성장에 기여한다. EU 집행위가 밝힌 REPowerEU 계획에서는 LNG 터미널을 장기적으로 수소 터미널로 대체하는 계획을 포함하고 있다. LNG가 무탄소에너지로 넘어가기 전 중단단계의 에너지라는 평가의 이유가 여기에 있다. LNG밸류체인은 천연가스를 액화하고 수송하여 다시 기화하고 에너지로 사용하는 초저온 기술 기반 밸류체인이며, 이는 향후에 수소의 밸류체인을 위해 활용될 수 있는 기반이다.

수소 연구개발에 2억 유로를 추가지원 할 예정이다. 수소 연구개발을 통해 수소의 생산비용을 낮추고 활용성을 높여 결국은 천연가스와 기존 화석연료를 대체하려는 계획이다. 계획에 따르면 2030년까지 유럽 역내에서 수소 생산 1,000만

톤을, 수소 수입 1,000만 톤을 목표로 하고 있다.

현재 LNG 가격상승, 화석에너지의 전체적인 가격상승, 천연가스의 품귀 현상, 높은 수요 등은 수소에너지의 가격경쟁력 향상에 도움이 되고 있다. 기존에는 물을 수전해 분해하여 만드는 그린수소의 가격경쟁력이 화석에너지를 개질하여 생산하는 그레이수소에 비해 매우 낮았다. 그러나 개질수소의 주요 원료인 천연가스의 가격이 상승하면서 그린수소 시장의 성장 가능성 또한 부각되고 있다.

러시아의 우크라이나 침공과 서방과의 갈등심화로 유럽의 에너지안보 이슈가 지속 부각되고 있다. 에너지안보는 경제와 사회의 안전에 큰 영향을 미친다. 천연가스 수입이 원활하지 않을 경우 금년 독일 경제성장률이 마이너스를 기록할 것이라는 추측도 나온다. LNG 수입의 확대, 재생에너지 및 수소에너지의 육성 등 에너지원을 다각화 하려는 노력은, 직면한 위기를 이겨내려는 유럽을 시작으로, 에너지 기술과 시장에서 주도권을 가지려는 각국의 경쟁 속에 가속화되며 세계 에너지시장의 변화에 박차를 가할 수 있다. 중국, 일본, 독일, 미국 등 다수 국가의 기업들이 노력하고 있다.

현재 대한민국은 수소밸류체인의 하류기술인 수소연료전지 추진선박, 수소차, 연료전지 부분에서는 경쟁력이 있다고 볼 수 있다. 도산 안창호 함에 선박용 연료전지를 공급한 범한퓨얼셀, 수소차에 오래도록 공을 들인 현대자동차, 국내 수소 연료전지 시장의 약 70%를 점유하는 두산퓨얼셀이 그 주인공이다.

수소밸류체인의 상류기술인 현재 수전해기술과 탄소 포집기술(Carbon Capture Storage, CCS)의 발전을 이루고, 수소밸류체인의 중류기술인 수소운반선, 수소화물창, 수소액화 및 재기화 기술에서 발전을 이룬다면, 수소밸류체인에서 대한민국의 위상이 높아질 수 있다. 대한민국 조선산업은 중류기술을 기반으로 중요한 역할을 맡을 수 있을 것이다. 현재 보유하고 있는 LNG기술과 인프라, 그 LNG전문가와 기술자들이 이를 이루어 낼 수 있다. LNG밸류체인에서 중요한 역할을 감당했던 조선산업이 수소밸류체인의 성장에 기여하고 그 과실을 함께 누릴 수 있도록 발전하길 기대한다.

제 5 장

대선조선과 한국 중형조선소 발전*

오창봉 대선조선 영업본부 본부장

Ⅰ. 서 론

우리나라 조선업은 이미 잘 알려진 것처럼 세계 1위를 지키고 있고, 특히 고부가가치 기술이 필요한 대형컨테이너선과 LNG 운반선, LPG 운반선 분야에서는 독보적인 기술력으로 경쟁국가인 중국이 넘볼 수 없는, 말 그대로 초격차를 보이고 있다. 한때 한국 조선업이 10년 이내 중국에 주도권을 빼앗길 것이라는 우려가 있었지만 지금은 그 누구도 이를 언급하는 사람은 없다.

그런 한국 조선업에도 대기업과 중형조선소 간의 명암이 존재하고 있다. 2021년 상반기 이후 여러 주변 여건에 의하여 급격히 좋아진 신조 시장에서 대형, 중형 가리지 않고 좋은 수주 실적을 달성하여 8월~9월 이내 2021년 목표 달성은 물론, 중형조선사도 수주 계획을 초과하는 실적을 거두었다. 이러한 호황이 2022년을 지나 2025년까지 이어질 것으로 예상되었으나 너무나 가파르게 오른 기자재 및 원자재 가격 상승과 금리 인상으로 인한 자금 조달의 부담으로 2022년 2/4분기를 지나면서 대형선과 LNG 운반선 이외에는 거의 계약이 이뤄지지 않고 있다. 2010년 한국 중형조선소들은 한국 대형조선소들과 같이 세계 10위권에 이름을 올리며 세계적인 경쟁력을 갖고 있었으나 '리먼 사태' 이후 여러 사정으로 급격히 몰락하여 한때 세계 총 발주량의 10%까지 점유했던 기세는 세계 중형선 발주량의 5% 선에서 명맥을 유지하고 있다.

이러한 가운데에서도 새로운 선형 개발을 통한 성능 개선으로 혁신적 사용 연

---

* 본고는 필자가 선박건조금융법연구 제43회(2021. 8. 14.)에서 발표한 내용을 정리한 것임.

료 절감(8%), 호모 컨테이너 선적 능력 향상(715개), 운항성 개선 등, 기술력을 바탕으로 피더 컨테이너 시장에서 세계 점유율 10%를 유지하고 있는 '대선조선'의 상황을 돌아보고, 한국 중형조선소 현황과 필요성, 세계 중형선박 시장을 감안한 성장 및 한국 해운업과의 연계한 당위성을 돌이켜 보고 구체적인 방안을 찾아보고자 한다.

Ⅱ. 한국 중형조선소 상황

1. 4개 중형조선소만 명맥 유지

이미 잘 알려진 것처럼 다소 비정상적이긴 하나 2005년 이후 폭발적으로 늘어난 선박에 대한 투기적 발주로 한때 한국 중형조선소는 30여개 이상이었고, 성동, STX, 한진(세 조선소는 당시의 규모면에서 대형으로 분류해야 하나 현재 여건을 고려하여 중형으로 규정), 대한, 대선, SPP, 신화, 21세기, 삼호 등은 세계 100위권 이내 자리 잡고 있었고 이는 이들 조선소의 수주량이 세계 신조 시장의 10%를 차지한 적도 있었다. 선종면에서도 대형Bulk선(성동, STX, 대한), LR1, 2, MR(STX, 성동, SPP, 대한), 중형컨테이너(한진, 성동), 중형SUS Chemical tanker(신화, 21세기, 삼호) 등 다양한 선종에 있어서 세계적인 경쟁력을 갖고 2~3년치의 일감을 확보하고 있었다. 그러던 중 2009~2010년 발생한 세계 금융 위기에 대부분의 조선들은 견디지 못하고 파산 정리되었고 일부는 정책 금융 기관의 채권단 관리 하에서 명맥을 유지하게 되었다.

주요 원인으로는 ① 투기성 자본에 의한 선박 발주로 어려워진 자본 조달 여건에 의한 선박 SPC 파산에 의한 운영 자금 경색, ② 급속히 냉각된 신조 시장에서 추가 발주 단절로 인한 추가 자금 유입 중단 및 적정 생산 부하 확보 불가, ③ 선급금 회수로 인한 금융권과의 불편한 관계, ④ 중국 정부 지원을 받고 틈새로 비집고 온 중국 조선소의 저가 공세로 선가 경쟁력 상실, ⑤ 60% 이상 선입금 된 자금에 대한 관리력 부재, ⑥ 경쟁적 중형조선소 설립·확장에 따른 조선소별 특화 및 기술력 제고 미흡 등으로 여겨진다.

⑤, ⑥은 신설되어 막 성장하는 거의 대부분의 회사에서 이뤄지는 어려움이지만 조선업은 초기 투자비용이 아주 큰 산업이기에 어려움에 견디지 못하면 그 휴유증이 아주 크고 오랫동안 영향을 미치게 된다. 또한 중국이라는 큰 상대가 있기

에 이를 회복하기도 어렵다. 실제 세계 최대 선박 발주 시장인 Bulk선 시장에서
는 2012년 이후 극히 일부 특수 목적선을 제외하고는 중국에 초열세에 있고, 해
당 시기 초 한국 해운사들도 가격적 측면에서 중국 조선소를 택하였으나 근 10년
이 지난 지금은 기술적 측면에서 운항상이나 관리상 큰 어려움이 없을 정도까지
수준이 향상되어 실제 한국 중형조선소들은 시장 경쟁력을 상실한 상황이다.

　당시 채권단 관리하에 있던 중형조선소들은 국책은행의 관리 속에서 10여년을
견뎌오다 2020년부터 M&A를 통한 민간화, 일반 기업화 추진에 따라 성동(2020
년, HSG), 대선조선(2021년, 동일철강), STX(2021년, KHI), 한진(2021년, 동부건설),
대한조선(2022년, KHI)에 각각 매각되었고, STX조선해양은 케이조선으로, 한진중
공업은 HJ중공업으로 사명을 변경하였고, 성동조선해양은 성동HSG로 사명 변경
과 당분간은 대형조선소 Block 제작에만 집중하는 것으로 방향을 바꾸었다.

〈표 1〉 한국 중형조선소 현황

항목	대선조선	HJSC	대한조선	케이조선
평균 연매출(억원)	3,200	4,000	7,000	4,000
주력 선종	· 피더컨테이너 · SUS Tanker · 여객선 · 정부 관공선 · MR	· 함정(수송함, 초계함) · 정부 발주 특수선 · 상선 5,500/7,000TEU LNGC & Bunkering	· 아프라막스 · 수에즈막스 · 중형 B/C · 7,000TEU	· MR · 아프라막스 · 수에즈막스 · 7,000TEU
인력(직영+협력사)	340+1,200	670+1,200	610+1,500	914+1,000
강재 처리량(Ton)	50,000	60,000	200,000	70,000
기술개발	100명 (기본/성능 가능)	100명	150명 (상세/생산)	200명
대주주	동일철강	동부건설	KHI	KHI

출처: 각사 홈페이지 기준 자료 정리.

2. 중형조선소 수주 현황

　중형선박 발주는 대형선박과 달리 세계 경제 전망이나 물동량 증감에 아주 민
감하고 운영하는 해운사들도 많고 화물도 세분화, 전문화되어 있어 해운사나 화

물에 따라 각자의 선박이 갖고 있는 특성과 기자재가 다른 경우가 많고 표준화되기가 어렵다. 일부는 노선이나 화주의 특성에 따라 친환경 측면에서도 달라지는 경우가 있어 선박을 건조하는 조선소가 반드시 자체 기술력을 어느 정도 갖고 있어야 외부 대응과 새로운 기술 접목을 할 수 있다.

2022년 상반기 세계 중형선박 발주량은 2021년 상반기에 비하여 54% 감소한 311척 발주에 591만 CGT로 중형선박 시장 불황기로 해석되는 2019년(약 590만 CGT)과 2020년(약 500만 CGT)과 유사함을 보이고 있다. 2022년 중형선박 발주량는 세계 신조 시장의 27%에 해당하는 것으로 2021년 42% 수준에 크게 미달함을 보여 주고 있고, 발주 선종도 컨테이너선, Bulk선이 약 50% 감소, 탱커선은 77%, 가스선은 82% 감소하였다.

한국의 경우에도 [그림 1]에서와 같이 2022년 수주량이 48척, 약 100CGT로 2017년 극심한 수주 부진한 시기와 비슷하고 대형으로 분류할 수 있는 현대미포를 제외한다면 더욱 부진한 실적을 보여 주고 있다.

[그림 1] 국내 조선사 중형선박 수주량 추이

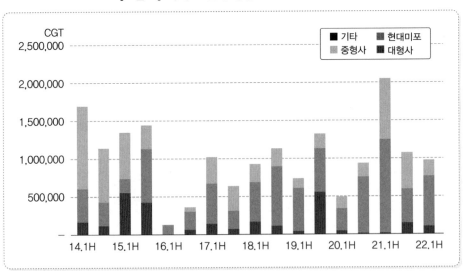

출처: 2022. 8. 클락슨 자료를 바탕으로 한국수출입은행 해외경제연구소 재구성.

Ⅲ. 대선조선

1. 연   혁

대선조선은 1945년 12월 부산 영도에(현재 본사 인근) 해방 이후 남겨진 어선 수리 및 철구조물을 생산하며 시작되었다. 1964년 국내 최초로 개인 조선소에 건식도크를 건설하고 소규모 어선 제작과 소형 일반 상선, 대형 어선 수리로 확장하였고 1980년대 중반 이후 소형컨테이너선, 벌크선을 건조하며 본격적인 일반 상선 건조를 하였고, 1997년 영도 봉래동에 제1야드, 영도 청학동에 제2야드, 다대포 감천동에 제3야드(매립)를 운영, 연간 10여척의 크고 작은 상선을 건조하였다. 2010년 이후 닥쳐온 세계적인 경제 어려움을 극복하지 못하고 2014년 한국 수출입은행을 주채권은행으로 하는 정책 금융 기관의 채권단 관리하에서 운영되었다. 다음에서 언급될 설계 기술력과 생산 관리력, 품질 관리력을 바탕으로 기본인 '피더컨테이너선 시장'은 물론 '듀플렉스 써스 케미컬 탱커', '국내 연안 여

[그림 2] 대선조선 연도별 수주 실적

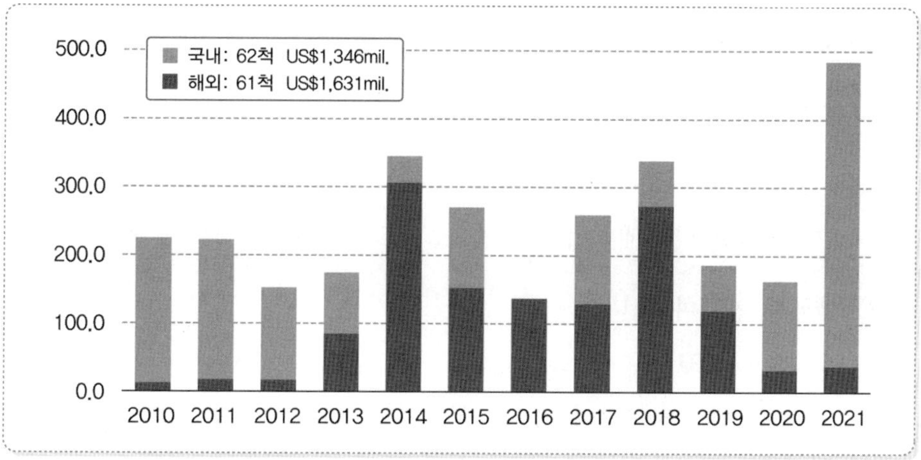

척수	10	10	5	8	17	10	8	14	10	7	6	·18
Container	4	3	1	5	7	6	–	6	1	3	2	10
PC	–	–	4	2	–	4	2	1	–	2	4	1
SUS	–	–	–	–	8	–	5	3	–	–	–	6
BULK	6	3	–	–	–	–	–	–	–	–	–	–
기타	–	4	–	1	2	–	1	4	9	2	–	1

객선', '차세대 소형LPG 운반선', '소형LNG 이중연료 추진선'등 지속적인 기술력을 확장하고 시장을 개척하여 2018년, 2019년 연속 영업 흑자를 달성, 국내 중형조선소의 성장 가능성을 보여 주어, 2021년 채권단 관리하의 중형조선소 중 최소로 부산 경제를 기반으로 하는 지역 컨소시엄 '동일철강'에 M&A되어 독자적인 길을 가게 되었다.

2. 기술 개발

2014년 채권단 관리 이후에도 기본설계, 종합설계, 선체기본설계 등 미래를 위한 자체 기술력은 유지하고 기존 중형조선소와 차별화 시장 진입 전략을 수립하여 그동안 눈여겨보지 않았던 새로운 시장에서 특화함으로서 경쟁을 피하고 적정 매출과 영업 이익을 확보, 상대적으로 작은 규모에서 연간 50,000톤 조립 능력을 갖춘 조선소의 한계를 피할 수 있도록 하였다.

1) INNOVA2030 피더컨테이너 개발

대선조선은 강화되고 있는 환경규제 만족과 컨테이너 선단 운영상 필요한 적정 컨테이너 선적 능력의 확보, 높은 선박유 가격으로 인한 해운사 운영비 절감 등 시장의 필요 사항을 사전에 충분히 이해했다. 대선조선은 조선업에 강점을 갖고 있는 부산대 조선과와 협력, 실제 실시할 경우 많은 비용과 시간이 소요되는 '수조실험'을 '모형수치해석'을 통하여 최적의 선형 개발하여 필요한 기술적 사항을 접목하여 개발하였고, 국내 선사로부터 수주·인도하여 실 운항에서 이를 검증해 보임으로써 2021년 한해에만 동일 선형으로 14척의 수주 실적을 달성하였다.

2) 한국형 연안여객선

2016년 산업자원부에서 발주한 국책과제에 참여하여 확보한 설계 기술을 바탕으로 '160m급 한국형 연안여객선'을 개발 완료하여 국내 해운사인 '한일고속'으로부터 첫 연안여객선을 수주, 2018년 성공적으로 인도하였고, 이후 3척의 연안여객선을 연달아 수주함에 따라 국내에서 '여객선' 분야에서 명실상부한 1위 조선소가 되었다. 이 인도 실적을 바탕으로 2022년 7월 한-일 간을 운항하는 국내 해운사로부터 '170m급 크루즈급 국제 여객선'을 수주함에 따라 약 3,100억원에 이르는 누적 매출을 달성하였다.

[그림 3] 대선조선이 자체 개발한 'INNOVA2030 피더컨테이너' EEDI

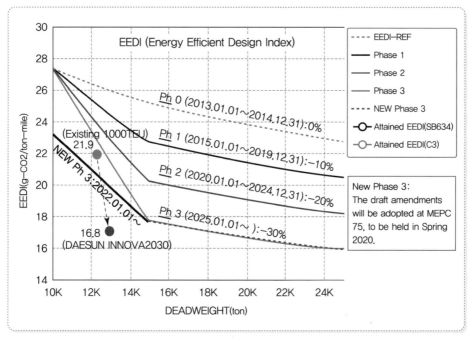

3) 한국형 듀플렉스 & 써스 케미컬 탱커

일반 페인트 코팅 탱커는 저가의 중국 조선소와 치열한 가격 경쟁이 심하여 적정 선가 확보와 수주가 어려워, 중소형 탱커선 중에서도 고급 화물을 운송하는 '듀프렉스 & 써스 케미컬 탱커' 시장이 있음을 확인하고 2015년 해당 설계 기술력과 생산분야의 용접 기술과 품질 관리력을 확보, 2015년 국내 해운사로부터 3.5K 소형 듀플렉스 케미컬 탱커 6척을 수주 받아 인도한 후 2022년 세계적인 특수 화물 운반 해운사로부터 척당 5,000만 달러에 이르는 33K 대형 듀플렉스 케미컬 탱커를 수주하기에 이르렀다.

4) 한국형 고급 참치선망선

본 선박 시장 역시 저가의 참치선망선이 아닌 횟감용 고급 참치를 잡는 국내 4개의 참치선망선 운영사를 목표로 개발하여 그 동안 설계되어 왔던 불필요한 부분을 과감히 없애고 국제 규격에 맞는 최적의 선박을 개발 모두 4척을 인도하였고 인도된 선박들은 매해 최고의 어획량 확보로 기네스북에 연달아 등재됨으로써 대선조선이 건조한 참치선망선의 우수함을 증명, 국내 선사는 물론 세계적인 참치선망선 선주로부터 관심을 받고 있다.

5) 중형선박에 적합한 친환경 기술의 접목

대형선박에 LNG 또는 메탄올 등 이중 연료 추진으로의 변경은 전체 선가 상승 요인에 1~3% 이내로 초기 선박 투자비에 큰 비중을 차지하지 않으나, 중형선박에서 이러한 친환경 기자재 적용은 30~50%의 선가 상승 요인으로 선주사가 적용하기에 어려운 부분이고 실제 결정에 큰 장애 요소이다. 이러한 비용적 제한 요소를 극복하고 친환경 조건을 만족하기 위한 요소 기술을 선급과 대학, 정부출연 연구기관, 기자재 업체들과 지속적으로 협의하고 있으며 정부 발주 관공선에 적용함으로써 중형조선소의 실적 확보와 더불어 해당 기술의 적합성 판단에 좋은 기회로 삼고 있다.

3. 조선소 설비

대선조선은 부산시 영도에 본사를 두고 있으며, '영도 야드'와 차량으로 약 30분 거리에 위치한 '다대 야드'로 나뉜다.

실제 생산(조립, 탑재, 도장, 선행의장, 후행 도장 등)은 '다대 야드'에서 이뤄지고, '다대'에서 탑재 완료된 전선(Full ship) 또는 반선(Mega Block)을 대형바지에 옮겨 싣고 '영도'로 해상 운송, 플로팅 도크(Floating dock)에 옮기고 부분 잔여 작업 후 진수하여 안벽에서 의장작업 마무리, 시운전을 거쳐 선주사에 인도하게 된다. '영도'가 약 14,000㎡, 플로팅 도크, 건식 도크가 있고, '다대'가 178,00㎡에 600톤 골리앗 2기, 생산 조립 공장, 도장 공장, 선행 의장장, 각종 운반 장비 등 주요 생산설비가 배치되어 있다.

[그림 4] 대선조선 '영도 야드' 전경 및 주요 장비 현황

- Site Area : 13,900 ㎡
- Main Facilities
  · Floating Dock : L/C 13,500ton
  · Dry Dock : 109m(L) x 19m(W)

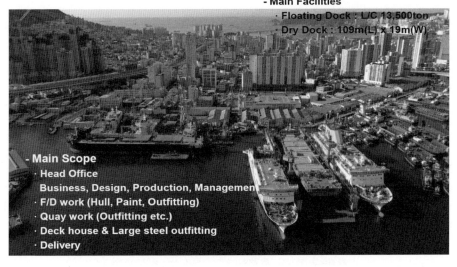

- Main Scope
  · Head Office
    Business, Design, Production, Management
  · F/D work (Hull, Paint, Outfitting)
  · Quay work (Outfitting etc.)
  · Deck house & Large steel outfitting
  · Delivery

[그림 5] 대선조선 '다대 야드' 전경 및 주요 장비 현황

- Site Area : 178,500 ㎡
- Main Facilities
  · Shop : Assembly, Painting
  · Goliath Crane : 600 ton x 2 ea

- Main Scope
  · Hull assembly, Pre-outfitting, Painting
  · Erection (Block, Mach. Etc.)
  · Outfitting & Mach. Installation
  · Load Out

Ⅳ. 중형선박 시장 가능성과 한국 중형조선소의 필요

1. 세계 중형선박 시장 규모

[그림 6] 세계 중형선박 발주량 추이

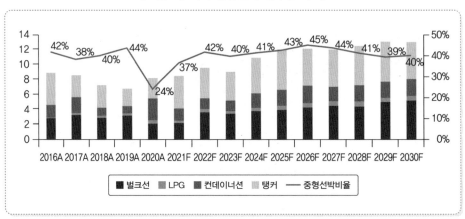

출처: 2021. 3Q 클락슨 리서치.

[그림 6]에서 알 수 있듯이 세계 중형선 시장은 전체 신조 시장의 등락에 따라 같이 연동되나 어느 정도는 지속적인 발주는 이뤄지고 있고, 2023년 정체기를 지나면 2030년까지의 필요성에 의하여(IMO 환경규제 강화 시점) 완만하고 지속적인 성장세가 예상되고 있다. 기존의 선박량에 따라 벌크선과 탱커선의 비율이 절대적이긴 하나(전체의 약 70%) 그 성장세로만 본다면 컨테이너선의 확대가 다소 크게 예상되고 있다. 또한 [그림 7], [그림 8]에서와 같이 신조선가 자체가 원자재/기자재 단가 인상과 세계 전반적인 산업 인력의 노무비 상승 기조에 따라 이전과 같이 급격한 하락은 예상되고 있지 않다. 이는 선박 운영에 따른 예상 수익을 가늠할 수 있는 운임 추이도 2024년 이후 완만한 상승세로 이를 뒷받침하고 있다 할 것이다. 발주 척수의 증가와 기본 선가의 상승 모두 관련 산업 전반의 상승으로 보고 있어 미래의 성장 가능성이 충분하다고 여기는 것이 타당할 것이다.

[그림 7] 중형선박 선가 추이 및 전망

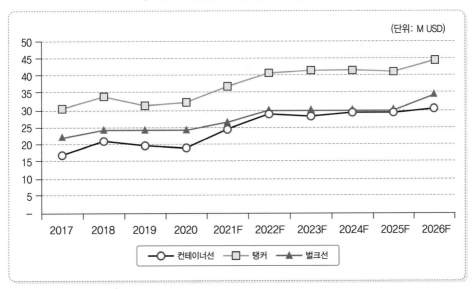

출처: 2021. 3Q 클락슨 자료.

[그림 8] 중형선박 운임 추이 및 전망

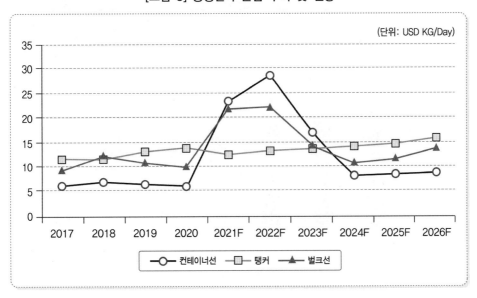

출처: 2022. 1Q MSI 자료.

[그림 9] 선종별 · 사이즈별 선령 현황

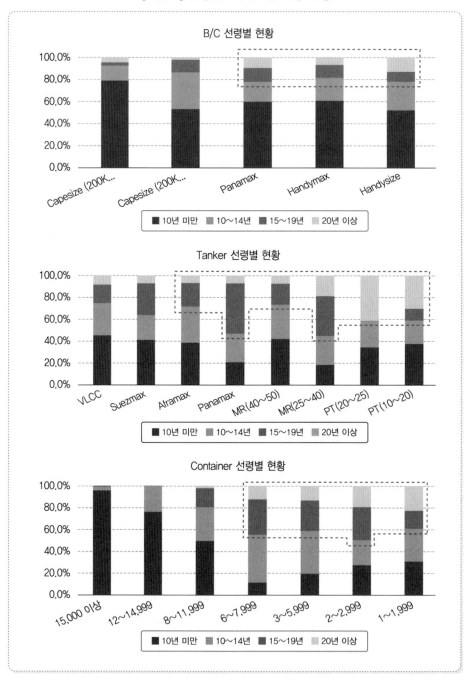

출처: 2019년 기준, Clarkson, 한국수출입은행 해외경제연구소, KOSHIPA 자료 정리.

2. 한국 중형조선업의 필요성

한국 조선업 전체가 세계에서 차지하는 비중은 2022년 상반기 현재 40~50%를 차지하고 있으나 한국 중형조선업만(현대미포 제외) 본다면 세계 중형선박 시장에서 5% 수준에 그치고 있다. 중형조선업이 한국 전체 조선업에서 차지하는 비중이 현재는 그리 크지는 않다는 이유만으로 등한시해서는 안 된다고 생각한다. 세계 시장에서 성장 가능성이 있음을 앞에서 살펴 본 것으로 알 수가 있고, 뒤에서 언급할 국내 중형해운업 및 기자재·원자재 업체의 동반 성장을 위해서도 반드시 필요하다. 특히, 국내 중형해운업을 지원하는 또 다른 배후 산업으로서 중형조선 산업의 위치는 아주 큰 비중을 차지하고 있다.

[그림 10] 조선업과 연관 산업 이해도

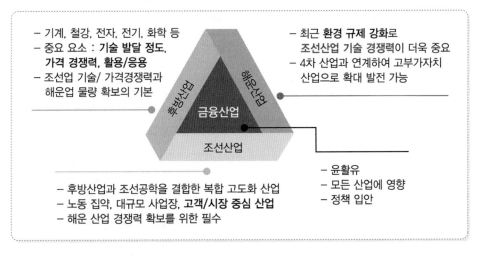

조선산업은 현재 한국 1위의 수출산업이 반도체산업과 마찬가지로 초기 대규모 설비 투자가 필요하고 장기적인 측면에 상당한 규모의 숙련된 기술 인력이 필요한 산업이다. 물론 지금의 시점에서 단편적으로 부가가치를 비교한다면 비교할 수 없을 정도의 차이는 있으나 군이 연관성을 본다면 한국에서 생산된 반도체를 우리 조선소가 건조하여 우리 해운사가 운항하는 선박으로 해외 수출하는 것이 나라 전체적으로도 더욱 부가가치가 있을 것이다. 반도체는 필요에 의하여면 해외에 대량으로 운반이 필요하기도 하지만 인근 일본, 중국, 동남아 등에도 적정량을 적정 시기에 순환적으로 공급하는 것도 필요함은 누구나 알고 있다.

중형조선업이 몰락하게 된다면 중형해운사들은 필요한 선박을 중국이나 일본에 가서 건조하게 될 것이고 이로 인한 직접적인 외화 손실은 말할 것도 없고, 지역 경제 및 고용 시장의 붕괴, 중소 규모의 지원 기계 산업의 공백으로 이어질 것은 명확한 것이다. 또한 필요 선박을 해외에서 공급받다 보면 이번 코로나19와 같은 예측하지 못한 사태에서 인도 지연 등으로 인하여 필요한 시기에 인도를 받지 못하거나 할 경우, 최근 규모의 경제를 앞세운 해운사 경쟁력 확보에도 차질이 생기고 중단거리 운항에서 경쟁하는 중국, 일본 해운사와 경쟁에서도 밀릴 수도 있는 경우가 발생하지 않는다고 할 수는 없을 것이다. 이러한 필요에 의해서라도 반드시 한국에 중형조선소는 필요하고 세계 중형선박에서 경쟁력 확보를 위하기 위한 기술력 확보를 위한 장기적이 관심과 지원이 필요하다.

〈표 2〉 중형해운사와 대형해운사 비교

항목	중형 해운사	대형 해운사
운항 노선	· 극동 아시아(한－중－일) · Intra Asia(동남아, 싱가포르, 인도) · 극동 러시아 · 국내 연근해	· 원양 항해 · 대륙간 항해 · 미주/유럽/중남미/아프리카
운항 선종	· Feeder container · 12K 이하 SUS chemical 겸용 Tanker · Handy size 이하 B/C	· 4,000TEU 이상 Container · MR 이상 Tanker · 62K 이상 B/C
운송 화물	· 근거리 환적 화물 · 특수 목적 소량 화물 · 특수 화학 제품 · Spot 시장	· 대량 Bulk성 화물/원유 · 1차 정제 단순 화학 제품 · 대량 Container/차량 · 정기 화물 시장이 주
경쟁 선사	· 중국/일본 · 특히, 중국 선사화 용선료 경쟁	· 다국적 선사 연합 · 일본(종합상사와 유기적 관계)
선사 규모	· 많은 해운사, 적은 선박, 많은 고용 인력 · 73개 회사, 약 590여척	· 소수 해운사, 많은 선박 · 20개 선사, 약 430여 척

국내 해운사가 운영하는 국적선의 선령은 크게 개선되고 있지 못하다. 물론 2017년 '해운 재건 5개년계획'에 따라 여러 정부 지원 정책으로 다소 개선되고는 있으나 경쟁하고 있는 중국, 일본이 상대적으로 젊기에 보다 중형해운업을 위한 과감한 정책이 필요하고 여겨진다. 대형해운사 위주의 대량 지원은 대형해운사간

경쟁력 확보 측면에서 필요성을 알기도 하지만 한국 주변에서 더욱 치열하게 경쟁하는 중형해운업에 대한 지원을 통해 중형조선소의 생존은 보다 넓은 낙수 효과를 얻을 수 있을 것이다. 더욱이 국산 기자재 적용시 다양한 혜택을 고려한다면 더욱 넓게 퍼지는 효과가 생기는 것은 확실할 것이다.

〈표 3〉 한국 해운사 선박 선령 대비 경쟁국 선박 선령 비교

세계 평균	15.6	14.8	13.8	14.0	13.9	14.0	14.3	14.6	14.8
일본	8.0	7.6	7.9	8.0	8.1	8.3	8.7	8.8	8.9
중국	18.5	16.6	13.2	12.4	11.3	11.2	11.3	11.5	11.8
한국	14.5	14.0	13.2	13.4	13.5	13.8	13.7	14.4	14.1

출처: 2019년 말 기준, 해사기준집 및 한국조선해양플랜트 협회 자료 정리.

[그림 11]에서 보다시피 한국 해운사가 보유한 15년 이상 노후선 400여척을 한국 중형조선소가 아닌 모두 해외 조선소에서 건조한다면 최소 8조원에서 20조원까지의 선박 건조 자금 유출은 명약관화한 것이고, 만일 중국 조선소에서 건조할 경우 중국 기자재 우선 사용에 따라 국내 관련 기자재 산업도 위축과 더불어 산업 인력 유출도 뒤따르지 않을까 하는 우려도 있다. 조선 기자재 산업에서 대형선박에 필요한 기자재가 단위 금액에서는 크겠지만 각 기자재 업체에서 필요로 하는 적정 생산량을 고려한다면 대형조선소의 물량만이 아닌 중형조선소의 물량을 더하여 생산 밸런스를 맞추어야 한다.

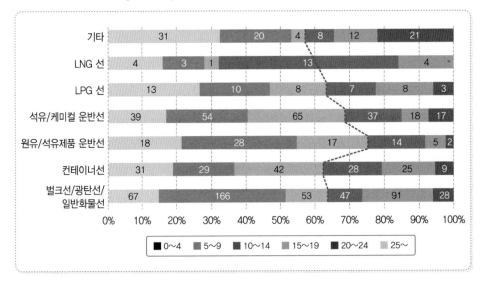

[그림 11] 한국 중소 해운사 선종별 선령 현황

V. 결 론

한국 조선업이 1990년 후반기 이후 세계의 중심이 된 지 30년이 지나고 있다. 조선업은 조선업 단독으로 설립되고 성장할 수 있는 산업이 아니다. 철강과 같은 기본 인프라 산업과 기계 산업이 충분한 실력을 갖추고 있어야 시작이 가능하고, 조선업 자체적으로 선박 성능과 친환경 기술을 개발, 개선, 접목할 수 있는 기술력을 갖추어야 하고 생산의 요소 기술, 품질 유지 및 관리력이 충분해야 하여, 이를 뒷받침할 금융과 적절한 정부 지원도 필요하다. 자체 내에서 어느 정도 기본 필요 물량이 있어야 어려운 시기에 자체 소화할 해운업의 여건이 더해져 더욱 견고히 견디고 시장을 주도할 조건을 갖추고 있을 것이다.

한국 조선업이 세계 시장의 50~60%를 점유하는 놀라운 실적을 갖고 있으나 이는 대형선과 LNG 운반선 등 단위량이 큰 선박에서의 점유율이 절대적이기에 나타난 것이고 전체 시장의 30~40%를 차지하는 중형선박 시장에서는 5~10%로 상대적으로 아쉬운 부분이 많이 있다. 세계 중형선박 시장도 노후화와 최근의 환경 강화 기조에 따라 지속적인 발주와 성장할 여지가 충분하며, 높은 한국 조선 기술에 대한 프리미엄을 감안하면 향후 중형선박 시장에서도 한국의 점유율을 높일 수 있는 기회 또한 있을 것이다.

부산 영도에 자리한 '대선조선'은 1945년 설립된 중형조선소로 피더 컨테이너선, 50K 이하 중형탱커 분야에 특화되었다. 중형조선소 중에 보기 드물게 자체 설계 인력을 갖추고 있어 최근 기술적 트렌드나 해운 시장에서 필요로 하는 선박에 대한 기술력 대응이 자체적으로 가능하고, 생산 관리력과 품질에서도 인정받고 있다. 보유한 자체 기술을 바탕으로 중복 시장을 피한 틈새시장을 파악하여 특화된 선종 개발로 써스 케미컬 탱커, 연안여객선, 참치선 시장을 개척하여 국내는 물론 세계에서도 경쟁할 수 있는 기술력을 갖추고 있다.

현재 세계 중형선박 시장에서 차지하는 비중이 5~10% 정도인 한국 중형조선소는 다른 경쟁국에 비하여 높은 설계 기술력과 생산 관리력을 바탕으로 점유율 확대가 가능한 충분한 가능성이 있으며, 세계 해운업에서 강력한 경쟁력을 갖고자 하는 한국 해운업에 든든한 지원 산업이 되기에 충분한 실력을 갖고 있어 이를 반드시 유지하고 발전해 나갈 수 있어야 한다. 이는 '대선조선'의 지난 10년간 수주 실적에서도 전체 수주 금액의 약 40%에 해당하는 금액이 국내 해운사 선박을 수주한 것에도 알 수 있다.

조선업은 조선업 단독 산업이 아닌 철강, 기계, 화학, 단순 제조업의 쌓인 기술력을 바탕으로 세계 경쟁에 나아갈 수 있고, 적정한 금융업의 지원과 정부 협력으로 성장할 수 있으며, 이는 곧 한국 해운업의 경쟁력으로 확대될 것이다.

제2부
선주업

제 1 장

일본 船主社와 運航社 분리제도의 도입에 대한 연구*

김인현 고려대학교 법학전문대학원 교수

Ⅰ. 서 론

해상법은 해상기업의 영리활동을 다루는 법이다. 해상기업이란 선박을 이용하여 영리활동을 하는 자이다. 선박을 이용하는 경우에도 소유하는 경우와 용선하여 빌려오는 경우가 있다.[1]

선박소유자가 자금이 풍부할 때에는 자신의 자금으로 선박을 건조하거나 중고선을 매입하여 자신의 이름으로 등기를 하여 소유하면 된다. 그러나 선박은 고가의 동산이기 때문에 선박소유자는 자신의 자금만으로 선박을 소유할 수가 없고, 선박금융회사로부터 융자를 받아 선박을 소유 혹은 보유하게 된다.[2]

소유자가 소유하는 선박을 일정기간 빌려와서 자신의 영업에 사용하는 것을 용선이라고 한다. 용선의 방법에는 선체용선(나용선)계약과 정기용선계약이 대표적이다. 선체용선계약은 선박소유자가 선박의 본체만을 빌려주면 용선자가 자신이 선원을 포함하여 선박을 의장하여 마치 자신이 소유하는 것처럼 선박을 장기로 운항하고 돌려주는 방식의 용선계약이다.[3] 이에 반하여 정기용선계약은 선박소유자가 선원을 배승시킨 상태의 선박을 용선자가 1년에서 5년 정도 빌려서 사용하는 계약이다.[4]

---

* 이 논문은 선박건조금융법연구회에서 발표한 것을 수정하여 「금융법연구」에 기고한 것이다. 학회의 허락을 받아서 본서에 다시 싣는다.

1) 김인현, 해상법(법문사, 2018), 45면.

2) 선박금융에 대한 자세한 해설서로는 이기환·오학균·신주선·이재민, 선박금융원론(두남, 2016)이 있다.

3) 谷本裕範, 傭船契約の實務的 解說(成山堂書店, 2018), 27면; 김인현, 전게서, 178면.

선박을 소유하는 것과 용선하는 것의 중간정도에 국적취득조건부 선체용선계약(BBCHP)[5](이하 '국취부 선체용선')이라는 제도가 있다. 이것은 실제 소유자인 사람이 금융사에게 부탁하여 금융을 일으켜 선박을 건조하지만, 일단 소유권은 해외의 특수목적회사(SPC)[6]에 두고, 선가에 대한 용선료를 20년 정도 납입하여 용선기간이 끝남과 동시에 소유권을 자신이 취득하는 형태의 용선계약이다. 현재 법률적으로 자신은 용선자에 지나지 않지만, 장차 자신이 소유권을 취득할 것이 예정된 경우이다. 따라서 선박을 소유하는 것과 용선하는 것의 중간 정도의 효과가 있는 것이라고 볼 수 있다.[7]

우리나라의 경우 최근 선박을 보유하게 되는 대부분의 경우는 해외에 설치된 특수목적회사(SPC)−국취부 선체용선(BBCHP)의 형태를 취하여 왔다. 이러한 구조를 취하는 이유는 첫째, 도산절연이 되기 때문에 금융회사가 자신을 보호하기에 유리하고, 둘째, 차금은 선체용선자의 할부금의 납부로 보장되기 때문에 채권자인 금융회사에게 유리하다는 것이었다.[8]

그런데, 일본에서는 선주사와 운항사가 분리되는 형태가 대세이다.[9][10] 즉, 우리나라와 달리 운항사는 선박을 소유하려는 의사가 없이 빌려서 사용하고 다시 돌려주는 형태의 선박보유구조를 가지고 있다는 것이다.[11] 운항은 하지 않고,[12] 대선업만을 전문으로 하는 전업 선주사들이 일본에는 50여개 이상 있는 점도 특이하다.[13]

우리나라의 경우 너무 많은 선박회사들, 특히 인트라 아시아 정기선사들이,[14]

---

4) 谷本裕範, 전게서, 109면; 김인현, 전게서, 189면.

5) Bareboat Charter Party Hire Purchase의 약자이다.

6) Special Purpose Company의 약자이다.

7) 국취부 선체용선에 대한 자세한 논의는 김인현, "국적취득조건부 선체용선의 법률관계", 「한국해법학회지」 제39권 제1호(2017. 5.), 7면 이하가 있다.

8) 木原知己, 船舶金融論(海文堂, 2016), 111면.

9) 운항사를 일본에서는 operator(オペレーター)라고 부른다. 이에 대하여 木原知己는 "하주로부터 의뢰를 받은 화물을 해상운송하는 기업을 말한다. 선박을 용선하는 측면에서 보면 용선자이다"고 설명한다. 箱井崇史・木原知己, 船舶金融法の諸相(成文堂, 2014), 4면.

10) 자신이 선박을 소유하면서 선박을 운항하는 경우를 선주 겸 운항사라고 부른다. 이런 형태도 일본에 많이 있다. 전게서, 4면.

11) 한종길, "일본선사는 어떻게 생존하여 왔는가(4)", 「월간 해양한국」 2015. 1월호.

12) 자신이 화주와 운송계약을 체결하는 지위에 있지 않다는 의미이다.

13) 이에 대한 자세한 논의는 한종길, "이마바리 해사클러스트의 사례분석", 「해운물류연구」 제34권 제4호(통권 제101호)(2018. 12.), 695면 이하가 있다.

14) 고려해운, 장금상선, 흥아해운, 남성해운, 천경해운, 동영해운, 범주해운, 동진상선, 태영상선 등 14개의 한국에서 아시아권을 정기적으로 운항하는 선사를 말한다.

선주사도 하면서 운항사도 하는 구조가 경쟁력을 떨어뜨리고 해운불황시에 도산의 위험이 많다는 지적이 나왔다.[15] 이에 일본의 선주사-운항사제도를 도입하자는 논의가 있다.[16]

이와 함께 정책금융사들이 선박을 소유하여 공급하는 tonnage provider의 기능을 하자는 주장도 논의된 바 있다.[17] 일본의 선주사-운항사 분리제도에서 금융사가 실제소유자가 되는 것이 아니라 일반 선박회사가 실제소유자로서 선주가 된다는 점에서 차이가 있다.[18]

이에 필자는 일본의 경우 선주사들에게 선박건조자금을 대출하는 금융사와 기타 관련자들은 어떠한 지위에 있는지 자신의 보호는 어떠한 방법으로 하는지를 우리나라의 BBCHP 구조와 비교하여 살펴보고자 한다.

Ⅱ. 한국과 일본의 선박보유 현황

1. 일   반

2016년 한진해운 사태 직후 일본에서 공부하고 연구한 전문가들이 우리나라 해상기업들의 선박보유 형태가 잘못되었다고 지적했다. 우리나라의 경우 모두 선주사가 되기를 원해서 선박을 소유하게 되는데, 불경기가 와서 운임수입이 줄어들면, 빌린 돈을 갚기에 급급하고 결국 도산에 이르게 된다는 것이다. 그래서 선주사(owner)와 운항사(operator)를 구분하자는 안을 대안으로 제안하였다. 그 예로 일본을 들면서, 일본은 상당히 많은 선주사들이 있다는 것이다. 이 선주사들

---

15) 선주와 운항은 다르다. 선주는 선박을 소유 혹은 보유하는 것이지만, 운항은 운송계약을 체결하여 운송인이 되는 것이다. 우리나라 선박회사는 선박을 소유도 하면서 운송계약을 체결하여 운항도 한다.

16) 전게 한종길 칼럼; 김인현, "일본해운조선물류산업 깊이보기-일본의 선주사와 운항사분리제도", 한국해운신문, 2019. 11. 18.

17) 2018. 9. 29. 고려대에서 개최된 제29회 선박건조금융법연구회에서는 금융형 선주사의 육성의 장단점에 대하여 깊은 논의가 있었다. 자세한 내용은 고려대 해상법연구센터 Maritime Law News Update 제25호.(2018. 11. 25.), 6면 이하가 있다. 김인현 교수는 좌장으로서 대선회사를 주제를 선택한 이유에 대하여 (i) 한진해운 사태에서 선주사-운항사 분리제도의 필요성이 제기됨, (ii) 일본의 정기선사 3사가 The One을 결성하면서 각 선사가 선박에 대한 소유권을 가지면서 선박은 모두 정기용선의 형태로 빌려주어서 마치 선주사-운항사의 역할 분담이 된 점, (iii) 장금상선과 흥아해운이 통합선사로서 운항사를 만든다고 하는데 이와 유사한 논의가 진행되고 있는 점을 예로 들었다.

18) 전자를 금융형 선주사(financial tonnage provider), 후자를 상업형 선주사(commercial tonnage provider)로 부른다.

은 선박을 소유하고 운항을 하지 않는다는 특징을 가진다. 그런 다음 이들은 자신이 소유하는 선박을 운항사들에게 장기로 빌려준다는 것이다. 이렇게 되면 불경기가 와도 운항사들은 대출금이 없기 때문에 쉽게 불경기를 넘어갈 수 있다는 것이다.[19] 선가의 하락이나 금융사에 대한 원리금상환의 부담은 선주사가 부담하는 것이지 운항사는 부담하지 않는 다는 점에서 장점이 있다고 한다.[20]

2. 한 국

한국선주협회의 2019년 해사통계 자료에 의하면, 2018년 말 기준 993척의 외항상선 중 516척의 선박이 BBCHP 방식의 소유 구조를 취하고 있다.[21] 국내 외항상선 중 70%가 소유권 유보부 형태로 확보되는 것이다. 자기 자본만으로 선박을 소유하는 것이 어려운 국내 다수의 해상기업은 BBCHP 방식으로 금융사로부터 자금을 차입함으로써 선박을 건조하거나 매입한다. 타인의 자본을 활용하여 최대 영업자산인 선박을 확보하고, 일정한 기간의 경과 후 그 선박의 소유권을 최종적으로 취득할 수 있다는 점에서 국내 해상기업들은 BBCHP 방식을 선호하여 왔다.[22]

한국의 선박회사들은 선박을 소유 혹은 보유도 하면서 운항사가 되려고 한다.[23] 운항사가 된다는 것은 운송인이 된다는 의미이다. 선박을 소유하는 자가

---

19) 2011. 9. 2.자 쉬핑 가제트의 기사에 의하면 선주협회 중견선사 사장단 모임에서 선주사와 운항사들이 역할 분담을 통해 중소선사들이 선박금융을 하기에는 어려움이 있으므로 펀드들이 선주사의 역할을 하자는 안이 제안되었다; 2018. 9. 28. 개최된 제29회 선박건조금융법 연구회에서도 이 주제를 가지고 발제와 토론이 있었다; 김인현 칼럼(51) 한국해운산업발전방향에서 김인현 교수는 선주사의 육성과 그 보완책을 설명했다, 한국해운신문, 2019. 3. 26.자; 한종길, "해양수도 부산 새먹거리, 선주업 육성을" 국제신문 2019. 4. 30.자에 기고하였다. 한 교수는 우리나라는 선사가 크든 적든 소유와 운항을 함께해 위기가 심화되었다. 대형운항사는 운항에 전념하고 선주사들은 이 선박을 공급하는 역할분담을 하자고 주장한다.

20) 해상법학자인 필자로서는 이 주장에 대하여 세 가지 의문점을 가졌다. 첫째, 선주사들이 선박에 대하여 선체용선이 아니라 정기용선을 주는 데 과연 이것이 가능하고 유리한 것인지? 둘째, 해상 기업이 선박을 소유하지 않고 용선된 선박만으로 있다는 것은 화주의 입장에서는 자신의 채권을 담보할 채무자의 자산이 없다는 것인바, 화주 자신에게 불리하므로, 이런 형태의 운송인을 화주는 기피하게 될 터이다. 그런데도 일본은 어떻게 가능한 것인가? 세번째, 금융대출을 하여주는 금융회사는 자신을 어떻게 보호하는가? 본 논문은 이러한 의문을 풀기위한 연구이다.

21) 예를 들면, 국내 N 정기선사는 2000년에서 2006년 사이에 3척의 선박에 대한 원리금을 상환하고 소유권을 취득하였다. 대출금은 2척은 107억원, 1척은 217억원이었으나 원리금 상환기간이 10년으로 종료되면서 원리금도 모두 상환하였다. 한편 2012~2013년 사이에 3척의 선박을 BBCHP로 보유하게 되었다. 마샬 아일랜드에 등록을 하고 크기는 총톤수 2만톤 전후이다. 척당 가격은 약 300억원이고, 자기자본금은 20% 납부했고 원리금상환기간은 10년이다.

22) 정우영·현용석·이승철, 해양금융의 이해와 실무(한국금융연수원, 2017), 178면.

23) 현대상선, 대한해운, SK 해운, 팬오션, 고려해운, 남성해운, 동영해운, 장금상선 등 거의 모든 해상

화주와 운송계약을 체결하여 그 소유선박을 운송에 사용할 수 있다. 이 경우 그는 선주사이면서 운항사가 된다. 선박을 소유하는 자가 선박을 모두 운항사에게 빌려주고 자신은 화주와 운송계약을 체결하지 않는 경우 이 자는 선주사만 되고 운항사의 역할은 하지 않는 것이다. 우리나라는 이런 경우는 매우 드물다. 한진해운과 현대상선의 경우는 자신이 선박을 상당량 보유하면서 다시 용선을 하여 화주와 운송계약을 체결, 이런 선박을 운송에 투입해 왔다.

이 점에서 일본과 같이 선주는 선박을 소유 및 관리하고, 운항사는 화주와의 영업에만 전념하는 것과 우리의 것은 차이가 있다.[24] 일본은 운항사의 역할을 하지 않고 오로지 선주사의 역할만 하는 회사가 50여개 된다. 그렇지만, 우리나라에서는 선주사만으로 기능하는 회사는 거의 없다.[25]

3. 일   본

일본 지배선대는 2,496척인데 파나마에 1,433척, 일본에 261척, 라이베리아에 156척, 마샬 아일랜드에 128척, 싱가포르에 123척, 홍콩에 96척이 등록되어 있다. 일본 운항회사의 보유(일본적선) 261척,[26] 일본의 운항회사의 자회사가 해외에 보유 830척(외국적선)(33%), 일본의 선주사의 해외자회사 827척(33%),[27] 기타 해외선주회사가 보유하는 외국적선 578척이다.[28] 운항회사의 자회사 830척은 NYK와 같은 회사들이 직접 소유하는 선박일 것이다. 운송을 담당하지 않는 선주사들이 827척을 보유하고 있고, 그 비중이 전체선대의 33%라는 것이 놀랍다.[29] 이러한 선주사 중 30%는 시고꾸(四國) 에히메(愛媛)의 이마바리(今治) 선주

기업들이 그러하다.

24) 선주사와 운항사의 구별은 해상법상의 용어는 아니고 경영학 상의 용어이다.

25) 시도상선과 창명해운이 대표적인 선주사를 표방하는 회사이다. 혼합형으로는 동아탱커가 있다. 전체 중에 몇 척의 선박은 선주사로서의 기능을 해서 운항사에게 용선을 하여준다.

26) 일본에서는 선박금융을 회사형 선박금융, 프로젝트형 선박금융, 자산형 선박금융으로 분류한다. 회사형 선박금융은 운항사들이 선박소유자가 되는 금융으로서 자신들의 높은 신용으로 담보를 구한다. 프로젝트형은 해외에 세우는 SPC를 해외에 세우고 장기용선계약 등으로 금융이 보강되는 형태이다. 운항사와 선주의 신용으로는 담보가 되지 않기 때문에 선박의 가치를 담보로 금융이 제공되는 형태이다. 箱井崇史・木原知己, 前揭書, 9면; 운항사 보유 261척은 이와 같은 회사형 선박금융으로 보인다.

27) 일본의 시고꾸를 중심으로 많이 있다. 木原知己, シップファイナンス―船舶金融槪說(海事プレス社, 2010), 4면. 에히메현의 이마바리(今治)에 본사를 두고 있는 正榮汽船(Shoei Kisen), 닛센, 간바라, LIBERA가 대표적이다. 시스펜이나 조디악도 그러한 선주사들이다.

28) 일본선주협회 발행 일본해운 Shipping Now 2019~2020 자료.

29) 한종길 교수에 의하면 2014년 현재 일본선사는 3,316척을 소유하는데 31.2%에 해당하는 1,035척을 약 50개의 선주사인 에히메 선주(이마바리 선주)가 보유하고 있다고 한다. 용선료 수입이 연간

들이라고 한다.[30] 우리나라는 창명해운이 이런 선주사를 지향했을 뿐이지 그 비중은 미미하다.[31]

일본의 대형선사인 NYK, MOL, K라인과 같은 곳에서 동경과 이마바리 등에 산재하는 선주들에게 접근하여 운항의 목적으로 선박이 필요하니 10년 장기용선계약을 체결할 터이니 선박을 건조해서 빌려달라는 부탁을 하게 된다. 오랜 거래관계에 있는 운항사의 부탁이니 선주사는 거래은행과 조선소를 접촉하여 선박건조를 시작한다.

건조되는 선박에 대하여 파나마 등에 특수목적회사(Special Purpose Company; SPC)가 설치된다. 선주사는 관리인(manager)으로 나타난다. 물론 등기부상의 선박소유자는 SPC인 종이회사이다. NYK와 같은 운항사와 SPC는 선박에 대한 10년 동안의 장기운송계약을 체결한다. SPC와 정기용선자와의 계약에서는 사실상 선주사의 직원이 나타나서 계약을 체결한다.

4. 양국의 비교

SPC를 해외에 설치하여 선박에 대한 형식상 소유권은 파나마 등의 SPC가 가지도록 하는 점은 우리나라와 같다. 그러나, 선박의 대여방식이 크게 다르다.

첫째, 우리나라의 경우 실제 선주는 선체용선자(BBC)로 나타나지만, 일본에서는 관리인(manager)으로 나타난다.[32] 어느 경우에나 해외에 종이회사인 SPC가 설치되는 점에서는 동일하지만, 배후의 실제선주는 일본의 경우 관리인으로, 우리나라의 경우 선체용선자로 나타나는 것이 큰 차이점이다.

둘째, SPC와 용선계약을 체결하는 상대방이 우리나라에서는 BBCHP 용선자이지만, 일본에서는 정기용선자이다.[33] 우리나라에서 BBCHP 용선자는 실질적 선박소유자이다. 그러므로 SPC가 법률행위를 할 때 실제로는 BBCHP 용선자가 실

5조원에 달한다고 본다. 전게 해양한국 칼럼.

30) 자세한 논의는 한종길, 전게논문, 700면을 참고바람. 이마바리는 조선 및 해운이 집약된 해사산업 크러스트로 널리 알려져 있다.

31) 2019. 11. 14. 빌헬름 사에서 주관하는 선상 파티에 올라갔다가 3명의 선주사 간부를 만나서 질의응답을 하고 더 연구한 결과 많은 의문이 풀리게 되었다.

32) 등기부상 선박소유자가 아니지만 실질적인 소유권을 가지는 자를 수혜선주(beneficial owner)라고 부른다. 이들 선주들이 가진 선박을 등록상의 소유자와 합쳐서 지배선대라고 부른다.

33) 일본의 경우 2014년 2,000톤 이상의 선박이 총 2,566척인데, 일본국적선이 184척, 외국용선 선박이 2,382척이었다. 외국적선의 용선현황을 보면 2,323척이 정기용선이고 선체용선은 15척에 지나지 않는다. 谷本裕範, 傭船契約の實務的 解說(成山堂書店, 2018), 85면.

행을 하게 되고 비용도 부담한다. 일본의 경우 실제로 선박을 필요로 하는 실수
요자가 SPC로부터 선박을 임차하게 된다. 그는 선박의 소유구조와 아무런 관련
이 없고 단지 선박의 선복이 필요해서 일정기간 선박을 임차하는 정기용선자에
지나지 않는다.[34)]

[그림 1] 한국과 일본의 비교

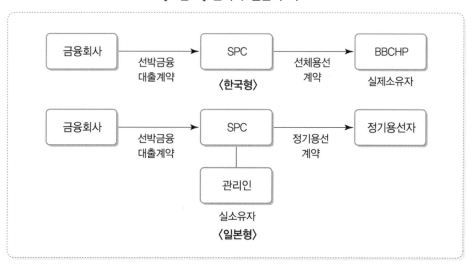

셋째, 우리나라의 경우 BBCHP 계약을 체결하여 20년 용선기간이 지나면 용
선자가 선박의 소유권을 취득한다. 그런데 일본의 구조에서는 실질 선주는 관리
인으로 나타날 뿐이지 그가 결코 등기부상의 선박소유자가 될 것을 원하지 않는
경우가 대부분이다.[35)]

넷째, 우리나라의 경우 SPC로부터 선박을 용선한 해상기업인 선체용선자가 선
원을 고용하고 교육을 시키고, 선박을 관리하므로 법적 책임을 부담하는 자는 선
체용선자이지 SPC가 아니다.[36)] 그렇지만, 일본의 선주사-정기용선자와의 관계에
서 SPC가 직접책임의 주체가 된다. 선주사는 SPC의 실질적인 선박소유자이면서
동시에 관리인이다. 손해배상책임을 발생시키는 선장은 그의 선임관리하에 있다.

---

34) 임차한다는 용어는 정기용선의 법적 성질을 선박임대차와 유사하다고 보는 관점이다.
35) 실질 소유자는 선박에 대한 소유권을 취득하지 않고, 정기용선료를 받아서 이자 및 원금상환에 사
  용하고, 용선기간이 종료되면 다시 새로운 SPC를 설치하여 정기용선계약을 체결하여 위와 같이 한
  다. 이렇게 하면 BBCHP와 달리 실질 소유자가 납부해야 하는 월별 대금이 적어지는 장점이 있다.
36) 상법 제850조가 적용된다. 선체용선자는 선박소유자와 동일한 의무와 책임을 부담하게 된다.

또 그는 선박에 대한 점유자이다. 그렇기 때문에, 선박의 충돌사고, 오염사고 등에 대한 손해배상책임은 선주사가 부담하게 된다.[37] 물론 운송중이던 운송물에 대한 손해배상책임은 운송인인 정기용선자가 부담한다.

다섯째, 실제 선박소유자가 선박에 대한 관리를 행한다. 선주사는 자신이 관리하는 선박을 정기용선자에게 빌려주는 것이기 때문에 선주사의 선박관리 업무는 대단히 중요하다. 자신이 직접 관리를 하든가 아니면 다른 전문관리회사에게 업무를 위탁한다.[38] 따라서, 선주사의 인적 구성도 영업부서에 더하여 선박관리부서가 추가된다. 선박보험 및 선주책임보험(P&I 보험)도 선주사가 직접 가입해야 한다.

Ⅲ. 한국의 BBCHP 구조

1. 구 조

1) 선박금융대출계약과 선체용선계약의 존재

우리나라의 BBCHP 구조하에서는 두 개의 계약이 존재한다.[39]

첫째는 실소유자에 해당하는 용선자가 금융사에 접근하여 선박건조자금 혹은 중고선매입 자금을 대출받게 된다. 이를 위하여 금융사와 실질 소유자 사이에 금융대출계약이 작성된다.[40][41] 금융사는 대출금 회수의 목적상 실질 소유자에게 직접대출을 해주지 않고 해외에 형식상 소유자인 SPC를 설립하도록 한다.[42] 그 SPC와 형식상 금융대출계약이 맺어진다.

둘째, SPC와 실소유자 사이에 맺어지는 선체용선계약이 존재한다. 소유자인 SPC는 그가 형식상 소유하게 되는 선박을 대선해주어야 한다. 그 선박을 대선받

---

37) 즉, 정기용선자가 책임을 부담하지는 않는다.
38) 선박관리를 전문으로 하는 기업도 자회사형식과 제3자 전문선박관리회사로 나누어진다. 우리나라의 경우 예외없이 자회사 형식이지만, V. Ship 이나 Wilhelmsen Ship Management 회사가 유명하다. 이에 대하여는 김인현, 전게 해상법, 64-65면을 참고바람.
39) 김인현, 전게 해상법, 188면.
40) 이에 대한 자세한 내용은 신장현, "국적취득조건부 선체용선계약(BBCHP)에 관한 법적 연구", 고려대학교 법박사학위 논문(2018. 12.)을 참고하기 바람.
41) 금융대출계약 즉, Loan Agreement라고 불린다.
42) 특수목적회사(SPC)는 해운에서는 편의치적선(Flag of Convenience)으로 불리운다. 이는 원래 행정법상 규제를 피하고, 자국 선원 이외의 타국선원을 승선시키고, 세금의 측면에서 도움을 받을 목적으로 도입되었다. 김인현, 전게서, 109면; 세계적으로 70%정도가 편의치적선이다.

는 자는 실질 소유자이다. 용선의 형식은 선체용선계약으로 한다. 소유자인 SPC 는 형식상의 소유자이기 때문에 선박을 관리할 능력도 없다. 그래서 선박의 관리 까지 모든 것을 처리할 수 있는 선체용선계약을 맺어서 선박을 넘기게 된다(상법 제847조 1항). 선체용선계약이므로 선원의 고용, 선박의 관리도 용선자가 행하게 된다.[43] 다만, 이 용선계약은 상법상 순수한 선체용선계약이 아니라, 용선계약이 종료시 소유권이 이전되는 형태의 추가적인 약정이 있다(상법 제848조 2항).[44][45] 그 용선료는 선박의 사용료가 아니라 선가를 분할한 것이다.[46] 전체 용선료를 합 하면 선가가 나오게 된다. [47]

2) 해외에 SPC를 설립

금융사들은 자신을 보호하기 위한 목적으로 해외에 SPC를 설립할 것을 실소 유자에게 종용하여 해외에 SPC를 세운다.[48] 파나마, 마샬 아일랜드 등이 이러한 설립이 가능한 국가들이다.

금융사는 자신이 제공한 선박금융 대금이 확실하게 회수되기를 원한다. 실질 소유자로 하여금 한국에 직접 소유권 등기를 하게 하면 여러 가지 면에서 불확 실한 점이 있다는 것이다. 예를 들면 실질 소유자가 회생절차에 들어간 경우 그 선박은 채무자 회생법 제58조에 의하여 회생절차에 묶이게 되어 자신이 저당권 자로서 선박에 대한 강제집행을 하지 못하여 손해를 보게 된다. 금융사는 언제든 지 손쉽게 선박을 회수해 올 수 있기를 원한다. 채무자 회생법 제58조에 해당하 는 선박은 현재 채무자가 소유하는 재산에 한정한다는 것이 우리 법원의 입장이 기 때문에,[49] 실질 소유자가 회생절차에 들어가도 그가 소유하지 않고 용선해있

---

43) 우리 상법에서도 선체용선계약에서 선박소유자는 선박자체만 용선자에게 인도하면 된다, 용선자가 선원을 채용하고 선박을 관리하게 된다.

44) 용선계약이 종료되는 시점에 그러한 소유권을 취득하는 선택권을 행사하는 형식의 용선계약도 있다.

45) 제848조 제2항에서 말하는 "금융의 담보의 목적으로 채권자를 선박소유자로 하여 선체용선계약을 체결한 경우"란 실질 소유자가 금융사로부터 차금을 하여 SPC를 설치한 다음 SPC가 선체용선계약 을 실질소유자와 체결하는 경우를 의미한다. 이러한 형태의 선체용선계약도 상법상 선체용선계약 이고 이에 따라 선체용선 규정을 적용한다는 것이다. 상법 2007년 개정시 추가된 조항이다.

46) 그러므로 일반 단순 선체용선계약으로 하는 것보다 용선료가 몇 배나 비싸게 된다.

47) 정우영 외 2인, 전게서, 182면.

48) 木原知己, 前揭書, 109면.

49) 한진 샤먼호 사건에서 창원지방법원이 취한 입장이다. 김인현 교수는 국취부선체용선 선박은 용선 자가 소유에 대한 기대권을 갖고 실제로 선가를 납부하고 있으므로 채무자의 영업의 회생에 동 선 박이 사용될 수 있도록 채무자회생법 제58조를 확대하여 채무자의 재산에서 해운의 경우에 국취부 선체용선 선박도 포함되어야 한다고 주장한다. "한진해운회생절차에서의 해상법 및 도산법적 쟁 점", 「상사법연구」 제36권 제2호(2017), 43면.

기 때문에 도산절연의 효과를 누릴 수가 있다고 설명한다.[50]

대출금의 회수를 위하여 선박에 대한 저당권이 설정된다. SPC는 채무자로서 저당권설정자가 되고 금융사는 대출금에 대한 채권자로서 저당권자가 된다. 우리 나라에서 보다 파나마 등이 저당권실행에 용이하다. 이 외에도 파나마와 마샬 아 일랜드 등에서는 금융대출채권을 가지고도 선박우선특권을 행사할 수 있다.[51] 따라서 파나마에 등록하는 것이 더 유리하다.[52][53] 이러한 이유로 파나마 등에 SPC 로 선박등록을 하도록 하는 것이다.

3) 프로젝트 파이낸싱의 요소를 갖춤

프로젝트 파이낸싱이란 금융대출자의 특정사업을 담보로 그 사업의 수익금으 로 대출금을 되돌려받는 형식의 금융을 말한다.[54] 부동산 담보나 지급보증이 없 어도 채무자는 은행대출을 받을 수 있다는 점에 의의가 있다.[55]

선박금융에 있어서 선박의 실질 수요자가 화주와 장기운송계약을 체결한 경우 그 운송계약의 실행으로 수령할 운임으로 대출금을 갚으면 된다. 따라서 장래의 운임수입이 대출금을 담보하는 형식이 되어서 프로젝트 파이낸싱이 된다.[56] 이와 같이 SPC에게 대출을 해주면서 실질 수요자인 선체용선자가 선가에 상당하는 대 출금을 용선료형식으로 갚도록 구조화되면 일정 부분 프로젝트 파이낸싱의 요소 를 갖춘다고 볼 수 있다.[57]

2. 금융사의 보호수단

BBCHP 구조하에서 금융사는 다양한 방법으로 자금 회수를 위한 수단을 강구 한다.[58]

---

50) 박준·한민, 금융거래와 법(박영사, 2019), 671면.
51) 이와 관련한 자세한 내용은 손점열, "선박우선특권에 의한 선박채권자의 보호개선방안을 중심으 로", 고려대학교 법학 박사학위 논문(2018)을 참고바람.
52) 파나마와 마샬 아일랜드의 경우 비록 후순위이기는 하지만, 금융채권자는 선박우선특권을 가진다.
53) 다만, 우리나라에서 이것은 허용되지 않는다.
54) 박준·한민, 전게서, 669면; 이기환 외 3인 공저, 전게서, 317면; 신장현, 전게 박사학위논문, 54 면.
55) 이기환 외 3인 공저, 전게서, 325면.
56) 해운실무에서 대한해운, 팬오션 등과 같은 경우 한국전력, 포스코 등으로 부터 철광석 장기운송계 약권을 따게 되어 장기운송채권을 유동화하여 금융을 일으켜서 선박을 건조하게 된 사례가 있다.
57) 동지 신장현, 전게 박사학위논문, 62면.
58) 선박금융에서 금융사의 보호수단에 대하여는 배유진, "선박금융에서 대주 보호제도에 관한 연구", 「한국해법학회지」 제40권 제1호(2018. 5.), 187면 이하가 있다.

첫째, 선박소유자가 대출한 금원으로 건조하는 선박에 대해 금융사는 저당권자의 지위를 갖는다. 즉, 선박의 소유자인 SPC는 채무자로서 저당권설정자가 되고 선박금융회사는 채권자로서 저당권자가 된다.[59] 금융대출계약의 약정에 위반한 사항이 발생하면 저당권을 실행하여 선박에 대한 매각을 실행할 수 있다. 이는 대출자인 금융사를 위한 가장 강력한 안전장치이다.[60]

둘째, 금융대출계약에서 대출금을 변제하지 못하면 계약을 해지하고 선박을 회수할 수 있다. 회수한 선박을 금융사가 매각하거나 다른 자에게 용선을 줄 수도 있다. 도산해지조항이 있어서 회생절차가 개시되면 용선계약을 해지할 권한이 선박소유자에게 주어지는 경우도 있다. 이의 효력은 다투어지고 있다.[61]

셋째, 선체용선자로부터 SPC가 수령하는 용선료채권을 금융사가 양수받거나, 계약의 당사자의 지위를 양도받아 대금을 직접 수령할 수 있도록 한다.[62] 이 용선료의 합계는 선가와 동일하다.[63] 용선자가 지급하는 용선료의 총합이 금융사가 대출한 금액과 일치되도록 하기 위하여 용선자가 SPC를 거치지 않고 바로 금융사에게 대금이 지급되는 구조를 금융대출계약과 BBCHP계약에서 예정해둔다. 보험금에 대하여도 이와 같다.[64]

넷째, SPC가 금융사에게 대출금인 용선료를 갚지 못할 경우에 실질 소유자인 선체용선자가 지급을 보증하도록 하는 경우도 있다.[65] SPC가 지급하는 대금은 실질상 선체용선자가 변제하는 것인데, 그가 다시 지급보증을 하게 되는 형식이 된다.

3. 대외적인 책임

선체용선하에서 운항하는 경우 대외적인 책임은 선장을 선임, 관리감독하는 선체용선자가 부담하게 된다(상법 제850조). 선박충돌과 같은 경우에 책임의 주체

---

59) 신장현, 전게 박사학위논문, 60면; 이러한 저당권자의 지위는 우리나라 등 대부분의 국가에서 선박우선특권보다 후순위이기 때문에 선박금융제공자들이 불안해한다. 선박이 임의경매로 매각된 경우 선박우선특권자의 채권이 먼저 소진된 다음에 남는 것이 있어야만 저당권자가 후순위로 이를 취하게 된다.

60) 이기환 외 3인 공저, 전게서, 475면.

61) 우리나라의 경우 유효하다는 것이 대체적인 입장이지만, 일본이나 미국과 같은 경우 이는 무효이다.

62) 정우영 외 2인, 전게서, 184면; 신장현, 전게 박사학위논문, 60면.

63) 신장현, 전게 박사학위논문, 118면.

64) 동지, 이기환 외 3인 공저, 전게서, 490면.

65) 선체용선자가 소유하는 다른 선박에 대하여 추가적으로 저당권을 설정하도록 하는 경우도 있다. 이기환 외 3인 공저, 전게서, 495면.

는 선체용선자가 된다. 다만, 유류오염손해배상보장법하에서 등록선박소유자가 책임의 주체가 되므로 SPC가 법정책임을 부담하게 된다.[66] 난파물제거의 경우에도 등록소유자가 의무를 부담하므로 SPC가 책임의 주체가 된다.

금융사는 선박에 대한 저당권자의 지위에 있을 뿐이고 소유권이나 운항권을 가지고 있지 않다. 따라서 운항상의 책임을 부담할 이유가 없다. 운항상의 책임은 운항주체인 선체용선자가 부담한다.[67] SPC의 법인격이 부인되어 금융사가 SPC의 법인격과 동일시되어 책임을 질 경우는 쉽지 않을 것이다.[68] 선박투자회사법에 의한 선박금융으로 선박을 건조하는 경우 SPC를 사실상 관리감독하는 것은 선박투자회사와 운용회사이므로 법인격이 부인되면 금융사가 책임을 질 것이지만, 쉽지 않을 것으로 보인다.[69]

Ⅳ. 일본의 선주 – 운항사 구조

1. 구   조

1) 금융사의 선주사에 대한 선박건조자금 대여

선주사는 자신은 비록 운항을 하지 않는 자이지만 거래관계에 있는 운항사들의 대선 수요요청에 맞추어서 선박건조를 하게 된다. 이에 선주사는 금융사에게 선박건조를 위한 대출을 부탁하게 된다.[70] 일본의 경우 NYK, MOL과 같은 운항사, 시고꾸(四國) 지역의 선주사와 은행이 서로 연락을 취해서 선박을 신조선하게 되는 것이 현실이다.

---

66) CLC라는 국제조약 제3조 제1항과 우리나라 유류오염손해배상보장법 제2조 제4호에 의하여 그렇게 된다.

67) 선하증권을 발행하였는데 운송물이 불법인도된 경우 손해배상책임을 부담하는 자는 운송인이 되는 선체용선자이지 SPC가 아니다.

68) 오히려 선체용선자가 실제 선박소유자로 판단될 여지가 더 많다. SPC의 임원들도 선체용선자의 사람들이고 실제적으로 SPC의 업무도 선체용선자 측이 행하기 때문이다. 김인현, "선박투자회사 선박의 운항관련 책임주체와 그 채권자 보호",「상사법연구」제35권 제4호(2017. 2.), 103면 이하가 있다.

69) 이에 대한 자세한 논의는 김인현, "21세기 전반기 해운환경의 변화에 따른 해상법 제문제",「상사법연구」제35권 제2호(2016), 124면을 참고하기 바람.

70) 시고꾸 선주들이 많이 이용하는 이요(伊子)은행이 대표적이다.

2) 해외에 SPC를 설립함

우리나라의 경우와 마찬가지로 해외에 SPC를 세우게 된다. 일본의 경우에도 파나마와 마샬 아일랜드가 압도적으로 선호된다.[71] 선주사의 사람들이 회사의 임원으로 등재된다. 사실상 선주사가 지배하는 회사이다.

3) SPC는 정기용선계약을 체결, 선박을 운항사에게 대여함

우리나라의 경우에 BBCHP에 해당하는 자가 여기에서는 정기용선자로 바뀐다. SPC는 선박을 NYK와 같은 운항사에게 정기용선을 해준다. 그런데 그 기간은 10년 이상의 장기계약이다. 실소유자인 선주사는 그 선박의 manager로 남는다. 이 점이 우리나라의 BBCHP 중심주의와 크게 다르다. 우리나라의 경우에는 BBCHP를 주어버리기 때문에 SPC가 할 일이 많지 않았는데, 정기용선을 주는 것이기 때문에 선박관리를 SPC가 행해야 한다.

4) 실제 선박소유자는 선박관리인으로 선박관리기능도 담당함

SPC는 다양한 형태의 기능을 해야 한다. 선원의 고용, 선급의 가입, 선박의 수리 입거 등 관리, 보험의 가입 등의 기능이다. 그러므로, 실제 선박소유자인 manager도 여전히 상당한 기능을 하게 된다.[72] SPC와 실제 선박소유자 사이에는 선박관리계약을 체결하는데, 실제 선박소유자는 관리인이 된다. 선박보험도 SPC가 직접체결하고 보험료를 납부해야 한다.[73] P&I보험도 직접 가입해야 한다.

5) 선박에 대한 소유권은 SPC가 가짐

우리나라 BBCHP와 다른 점은 일본의 구조에서 소유권은 폐선시까지 SPC가 가진다. 우리나라의 경우 BBCHP를 하는 목적이 연불매매로 소유권을 취득하는 것이지만, 일본의 선주-운항사의 구별의 경우에는 운항사는 선박의 소유권을 취득하려는 목적이 없다.[74] 실질 소유자도 manager로 남아 있을 뿐이다.

---

71) 해외에 SPC를 세우는 이유에 대하여 일본에서도 도산절연을 들고 있다. 木原知己, 前揭書, 109면.

72) 따라서 우리나라의 정책금융기관이나 시중은행이 선주사(tonnage provider)가 되는 논의는 본 논의와 거리가 있다. 은행은 직접선박을 관리하는 일을 할 수 없기 때문이다. 그 경우에는 BBCHP의 모델로 가는 것이 좋다고 본다.

73) 선박보험계약에서 피보험자는 SPC와 관리인이 된다. 관리인이 실 선박 소유자이기 때문에 피보험이익을 가진다.

74) 필자의 조사에 의하면, 실질 소유자는 10년 정도의 장기정기용선이 종료되는 시점에 선박을 매각하는 방법을 취하기도 하고, 금융사와 상의한 다음 그 기간을 연장하여 제2의 장기 정기용선을 하

2. 금융회사의 보호수단

금융회사는 대출금에 대하여 회수할 방안을 찾게 되는데, 이 경우 수단이 많지 않다. 이는 일본의 선주-운항사 구별의 경우 금융사가 부담하는 위험이 크지 않기 때문인 것으로 보인다. 가장 큰 위험은 SPC로부터 용선을 해간 정기용선자가 용선료를 납부하지 못해 SPC를 통하여 매월의 용선료를 받지 못하는 것이다. 그렇지만, 실질소유자인 manager가 튼튼한 회사인 한은 충분히 보호된다.

첫째, SPC에게 대출한 원리금 상환은 장기로 되어 있어서 한번의 장기 정기용선으로 완성되는 것은 아니다. 원리금의 상환은 정기용선료로 부터 일부 변제된다. 경우에 따라서는 SPC를 지배하는 실질 소유자가 자기자본을 상당부분 투자하여 선박을 건조하므로 정기용선료로 쉽게 대출금의 변제가 가능한 경우도 있다. 그렇지 않은 경우에는 1차 장기 정기용선에서 용선료로 변제하고, 제2차 장기 정기용선을 다시 체결하여 원리금을 상환한다. 1차 정기용선기간이 종료되면 실질 소유자가 선박을 매각하여 잔금을 금융사에게 지급하고 차액을 자신이 실현하기도 한다.

둘째, 금융사는 선박에 대한 저당권자이다. 정기용선자가 용선료를 소유자인 SPC에게 납부하지 못하여 그 SPC가 원리금상환을 못할 경우, 금융사는 저당권자로서 저당권의 목적인 선박에 대한 강제집행이 가능하다.

셋째, 선박금융대출계약에는 자세한 채무불이행사유가 기술되어 있다.[75] 채무자인 SPC가 대출금을 갚지 못하는 경우 금융회사는 계약을 해지하여 선박을 회수할 수 있다. SPC와 장기 정기용선계약을 체결하면서 정기용선자가 수령하는 운임을 금융회사가 직접 수령하도록 하면 금융회사의 보호수단이 된다. 금융회사가 SPC로부터 정기용선자에 대한 선박소유자의 권리를 양도받은 경우 용선료미지급에 대하여 직접 해지권을 행사할 수 있을 것이다.

넷째, 선박을 운항하는 정기용선자가 회생절차에 들어간 경우 선박은 정기용선자의 소유가 아니므로 회생절차와 무관하게 된다. SPC 혹은 그로부터 채권을 양도받은 금융사는 도산해지조항에 의하여 선박을 회수해 올 수 있다. 선박이 BBCHP가 아니기 때문에 압류금지명령의 대상에서 크게 벗어나므로 금융사에게

게 된다.
75) 木原知己, 前揭書, 207면.

한층 더 유리하다.[76] 즉, 운항자와 선박이 채무자회생법상 분리될 수 있기 때문에 선박금융회사는 안전하다고 볼 수 있다.

3. 대외적인 책임

선주－운항사 구조에서 SPC는 용선자와 정기용선계약을 체결하여 선박을 장기 용선주게 된다. 한국법이나 일본법에 의하면 정기용선계약하에서 선박소유자는 선장이하 선원이 승선한 선박을 용선자에게 빌려주는 것이다.[77] 선박의 관리, 보험에의 가입, 선원의 승선을 모두 SPC가 소유자로서 부담해야 한다. 그 업무의 실제수행은 관리인인 실질 소유자가 행하게 된다. SPC와 실질 소유자는 선박관리계약을 체결하고 있는 상태가 된다.[78]

따라서, 한국의 구조와 달리 선박운항과 관련된 책임을 SPC가 크게 부담하는 형태가 된다. 선장의 사용자는 SPC이기 때문에 사용자책임도 모두 SPC가 부담한다. 즉, 선박충돌로 인한 책임도 선박소유자가 부담한다.[79] 난파물 제거상의 의무, 유류오염사고시의 손해배상책임도 모두 SPC가 부담한다. 선원의 고용과 해고도 SPC의 책임이다. 선박소유자로서 책임을 많이 부담하므로 선박우선특권의 대상이 되는 경우도 많아진다.[80] 선원의 형사상 책임에 대하여 사용자책임을 부담하게 될 경우도 많다.

V. 법적 성질의 차이

1. 한   국

한국의 금융사－SPC－BBCHP 구조에서 SPC와 BBC사이에는 임대차 계약인

---

76) 다만, 한진해운사태에서 미국과 싱가포르의 경우 한진해운이 정기용선한 선박에 대하여도 채무자 회생절차에 기속되도록 판결을 내린 바 있다. 이러한 한도에서 선박금융회사가 위험을 안고 있다고 할 수 있다.

77) 한국 상법 제842조: 일본 상법 제704조.

78) 실질 소유자인 manager가 선박관리계약을 체결한 상태에서 공급하는 선원의 사용자가 누구인가 문제된다. 대부분의 경우 실질 소유자가 사용인이 되지 선박관리회사가 그의 사용인이 되는 것은 아니다. SPC의 대리인으로서 manager가 선원을 고용하고 관리한다.

79) 일본 상법 제690조의 입장이다. 정기용선의 경우 선박충돌상 책임은 정기용선자가 부담한다는 것이 일본의 대법원의 입장이지만, 이에 대한 반대견해도 상당하다. 한국법의 경우 선박소유자가 책임을 부담한다는 대법원 판결이 있다.

80) 일본 상법 제842조. 특히 제4호에 항해계속에 필요한 비용에 대한 채권에는 선박연료유 공급채권이 해당한다.

선체용선계약이 있지만, 이는 특수한 선체용선계약으로 이해된다. 용선기간이 만
료시 소유권을 용선자가 취득하게 되는 점, 금융제공자가 대출해준 원리금은 용
선자가 납부하는 용선료의 총합과 정확히 일치하는 점, 선박에 대한 점유와 관리
는 모두 용선자가 행하는 점 등에서 본 계약은 "금융리스"로 이해된다.[81] 금융회
사와 SPC 사이의 금융대출계약과 SPC와 BBCHP 사이의 선체용선계약을 하나로
통합하여 금융회사와 BBCHP 양자의 계약으로 전체를 보게 되면,[82] 선체용선자
가 선박을 보유함에 금융회사가 대출을 해주는 것과 유사하게 된다.[83]

2. 일 본

일본의 선주사 – 운항사 구조에서는 금융회사 – SPC(관리사) – 정기용선자로 선
박의 보유구조가 이어진다. SPC와 정기용선자 사이에는 정기용선계약이 10년 이
상 장기로 체결된다. 이는 임대차계약의 성질을 가지지만, 선장이 임차인에 의하
여 선임되는 것이 아니라 선박소유자에 의하여 선임된다는 점에서 선체용선과 차
이가 난다. 즉, 점유의 측면이 선박소유자에게 여전히 상당부분 남아있다.[84] 정기
용선자는 선박을 빌려서 사용하고 일정한 기간이 지난 다음 용선한 선박을 SPC
에게 되돌려주게 된다. 한국의 금융사 – SPC – BBCHP구조와 달리, BBC에 해당
하는 정기용선자가 용선기간의 만료시 선박을 매입하는 구조가 아니다.

3. 소 결 론

결론적으로 일본의 선주 – 운항사 구조에서 SPC – 정기용선자 사이의 계약은
순수한 정기용선 계약으로서 금융리스의 성격은 가지지 않는다. 그러나, 한국의
BBCHP 구조에서는 금융리스의 성격을 가지게 된다. 따라서, 금융회사가 원금과
이자를 회수하여 자신의 채권을 보전하는 방법이 달라진다.

① 일본의 경우 SPC와 그 배후의 실질 소유자인 관리인의 담보능력에 금융회
사는 초점을 두고 있다. 정기용선자로부터 수령하는 용선료는 대출이자와 일부

---

81) BBCHP를 금융리스로 보는 견해로는 김창준, "한진해운의 도산법적 쟁점", 「한국해법학회지」 제39
   권 제1호(2017), 64면이 있다.
82) 이렇게 보는 이유는 SPC는 도관체의 역할을 하기 때문이다. BBC 용선가가 SPC에게 지급하는 용
   선료는 곧바로 동일액이 금융사로 가도록 되어 있고, 양자 사이의 계약도 금융사에게 양도되어 그
   가 당사자가 된다.
83) 김인현, 전게서, 188면.
84) 임대차 유사설의 입장이다.

원금을 변제함에 충당될 뿐이지 원금 전액을 변제하도록 구조화된 것은 아니다.[85] ② 한국의 경우 SPC가 BBCHP로부터 수령하는 용선료에 초점이 있다. 그 용선료는 선박의 사용대가가 아니라 선박의 교환가치를 분할한 것이다.

일본의 경우 정기용선자가 납부하는 용선료가 중요하다. 정기용선자가 경기하강으로 어려움에 처하면 용선료가 납부되지 않아 금융회사는 이자를 받지 못해서 어려움에 처하게 된다. 다만 실제 대출금 이자의 납부의무를 부담하는 자는 선박관리인이기 때문에 그가 튼튼하기만 하면 더 안정적으로 평가된다. 한국의 경우는 BBCHP가 납부하는 용선료에 의존한다. 해운 시황에 따라 BBCHP가 자신의 용선자로부터 받는 용선료가 하락하면 그는 채무 변제가 어렵게 될 여지도 있다. 다만, 그가 대량화주로부터 장기의 운송계약권을 가진 경우는 예외이다.

VI. 우리나라에 도입 가능성의 검토

1. 검토의 이유

우리나라의 경우 해상기업은 선박을 소유하면서도 운항도 겸해서 한다. 상법에서는 운송인이 되기 위하여 어떠한 조건도 요구하지 않고 있다. 선박을 소유하지 않고 용선자로서 운송인이 되어도 해상기업임에는 변함이 없다.[86] 우리 해상기업의 자기자본 비율은 대단히 낮다. 각 선박에 대하여 평균 10%~20% 정도라고 보아야 한다. 나머지 금원은 금융사로부터 대출을 받는 것이다. 갑자기 불경기가 닥치게 되면 금융비용을 부담해야 한다. 이와 달리 자신이 용선을 한 경우라면 용선료만 지급하면 된다. 이렇게 하여 선주사와 운항사를 분리하면 안정적인 경영이 가능하다는 점에 검토의 이유가 있다.[87]

선주사들이 많아지면 이들이 선박대여업에 종사하여 용선료의 획득이 가능하다.[88] 선원의 공급, 관리업을 위한 전문인력의 확충, 매출의 확대 등의 경제적인

---

85) 특별하게 용선기간 중 원리금을 상환하도록 약정되는 경우도 있을 것이다.
86) 우리 상법은 운송인이 됨에 어떠한 제한도 없다.
87) 그렇지만, 선주－운항사의 조합이 완전히 유리한 것만은 아니다. 100% 용선한 선박만을 가지고 있다면 (i) 소유하고 있는 선박의 선가가 오를 때 운항사가 이를 매각하여 차액을 얻을 수 없다. (ii) 소유하고 있는 선박이 없어서 운항에 사용하지 못하면, 용선료의 등락에 운항사는 노출되기 쉽다. (iii) 과연 100% 정기용선으로 이루어진 운항사의 선대를 화주들이 좋아할지 의문이다. 화주의 손해배상책임을 부담할 운송인의 소유의 재산이 없기 때문이다.
88) 우리 해운법에도 대여업이 해운부대업의 하나로서 규정하고 있다.

효과를 누릴 수 있다. 여기에 선주사의 육성을 검토하는 또 다른 이유가 있다.

2. 화주를 포함한 채권자들의 관점

화주들은 이론상 자신의 상대방인 운송인이 직접 소유하는 선박을 가장 좋아한다. 선박에 대한 가압류도 가능하고 선박우선특권의 행사도 가능하기 때문이다. 선박이나 운송인의 국제성 때문에 현장의 선박을 자신의 화물손상에 대한 담보로 확보하는 것이 가장 긴요하다.[89]

우리나라의 경우와 같이 BBCHP를 하여 운항하는 경우 화물의 손상에 대한 손해배상청구권을 가진 채권자는 그 선박에 대한 가압류가 불가하다. 채무자의 소유의 재산에 대하여만 가압류가 가능하기 때문이다.[90] 다만, 선박우선특권은 선체용선된 선박에도 폭넓게 인정되어 채권자는 보호된다.[91] 그렇지만, 운송물손상은 우리 상법상 선박우선특권이 발생하지 않는다.

정기용선자가 채무자가 되는 경우에 그에 대한 채권을 가지고 그 선박을 가압류할 수 없다. 채무자의 소유가 아니기 때문이다. 이 점에서 BBCHP와 같다. 다만, 정기용선자가 소유하는 다른 선박에 대한 가압류는 가능하다. 상법 제809조를 이용하여 화물손상의 경우 선박에 대한 가압류가 가능하다. 2019년 이전만하여도 정기용선된 선박에 대하여는 선박우선특권의 행사가 불확실했다. 대법원 2019. 7. 24.자 선고 2017마1442 결정으로 이것이 가능하게 되었다.[92]

따라서 화주나 채권자들이 손해배상을 구하는 입장에서는 선박소유자 > 선체용선자 > 정기용선자가 운항하는 선박을 차례로 선호하게 된다. 이런 관점에서 본다면 일본의 선주 - 운항사(정기용선자)의 구조가 우리나라의 선주 - BBCHP의 구조보다 채권자 보호에 불리하다.

---

89) 김인현, 전게 해상법, 36면.
90) 우리나라와 일본은 이와 같은 입장이지만 중국해상법은 선체용선된 선박도 가압류의 대상으로 허용한다.
91) 상법 제850조 제2항에 의하여 상법 제777조가 준용되기 때문이다. 예컨대, 선체용선자가 운항하던 선박이 선박충돌로 상대방 배가 침몰한 경우 상대방 선박의 소유자는 선체용선자가 운항하던 그 선박에 대하여 선박우선특권에 기한 임의경매신청이 가능하다.
92) 상법 제777조에 의하면 예선 서비스를 제공한 예선업자는 그가 서비스를 제공한 선박이 선박소유자의 소유인 경우에는 선박우선특권이 허용된다. 선체용선인 경우에는 상법 제850조 제2항에 의하여 가능하였다. 2019년 대법원 판결로 정기용선된 선박에 대하여도 선박우선특권의 행사가 가능하게 되었다. 자세한 논의는 김인현, "정기용선자가 채무자인 경우 정기용선선박에 우선특권 행사 가능", 「한국해운신문」 1946호(2019. 8. 7.); 고려대, 「해상법 News Update」 제29호 판례소개에 자세히 소개됨.

그럼에도 불구하고 일본에서는 왜 선주-운항사(정기용선자)의 구조가 대세를 이루는가? 즉, 화주와 금융사와 같은 채권자들은 이 체제를 선호하는가?

(1) 채무자가 되는 운송인은 10년 이상의 정기용선을 한 운항사들로서, 대형 해상기업이라는 점이다. NYK, MOL과 같은 대형선사가 화물손해배상에 대하여 화물을 실은 그 선박이 담보가 되도록 영업을 하지는 않는다. 화주와의 오랜 관계에 따라 손해배상이 발생하면 선박에 대한 가압류나 선박우선특권의 행사 이전에 담보를 제공할 것이다. 화주들도 자신의 화물이 실린 선박만을 담보로 생각하는 것이 아니라 대형선사 자체를 신용하는 것이다. 화물이 실린 그 선박만이 아니라 NYK 등이 소유하는 다른 재산도 많이 있기 때문에 그 재산에 대한 가압류를 하면 되는 것이다.[93]

(2) 손해배상의 문제는 분명 있지만, 자신들의 선원을 통하여 자신의 선박을 관리하는 것이 더 안정적이고 발전적이다. 선박에 대한 관리를 함으로써 지식과 경험을 얻고 회사가 더 발전되어 갈 수 있다. 선박 모두를 BBC로 용선주어 버리면 선주사들은 할 일이 없어진다.[94] 또한 선박을 빌려간 자(예컨대 한진해운의 경우-)가 재무구조가 나빠져 회생절차에 들어간 경우, 자신들의 선원들이(용선자의 선원이 아니라) 승선하고 있으므로 쉽게 선박을 환수해 올 수 있다.

3. 선박금융사들의 자기 보호수단

우리나라에서 BBCHP를 활용하는 경우 금융회사들이 선주들에게 건조자금을 대출해주면서 대출금을 확실히 받기 위하여 다양한 수단을 강구한다. 해외에 SPC를 세우고, 그 SPC가 소유자가 되도록 하는 것이다. 그 SPC가 선박소유자이므로 그에게 대출을 해준다. 채무자인 SPC가 소유하는 선박에 저당권을 설정한다. SPC와 BBC 용선자 사이에 용선계약상 용선료 수령권을 자신이 양도를 받아 둔다. 이렇게 되면 대출금이 직접 상환되기 때문이다. 실질 선박소유자가 되는 용선자로 하여금 SPC가 대출을 갚지 못할 경우에는 자신이 보증인으로서의 역할을 하겠다는 보증계약을 체결하기도 한다.[95] 채무자인 BBC가 회생절차에 들어가

---

93) 이들 대형운항사는 자신이 보유하는 선박이 전체 선단의 1/2은 된다. 가압류가 충분히 가능하다.
94) 필자가 만난 일본의 선주사들의 담당자들에게서 직접 들은 설명이다. 은행이 소유하는 구조에서는 그렇게 할 수 있지만 자신들은 진정한 선주이기 때문에 자신들의 선박이 소중하다는 설명이었다.

면 채무자의 재산이 아니기 때문에 선박을 환수해올 여지도 많다.

그런데, 일본의 경우 대출을 해준 금융회사는 SPC가 소유하는 선박에 저당권을 설정하는 것은 동일하다. 선박소유자-정기용선자의 계약관계에서는 정기용선자가 선박을 소유하려는 목적은 없고, 실제 선박소유자는 관리인으로 남아서 소유권을 자신이 취득하지 않고 SPC가 소유하는 형태로 두는 것이 보통이다. 실질 소유자인 선사는 선박에 대한 관리를 하는 회사로서 제법 규모가 있기 때문에 건조를 위한 원리금을 납부하지 못하는 것은 상상하기 어려울 것이다. 정기용선자가 정기로 지급하는 용선료를 금융사 자신이 수령하도록 구조화 시킬 수도 있을 것이다.[96] 정기용선의 경우라고 해도 보호의 정도가 결코 낮다고 볼 수 없다. 정기용선자가 회생절차에 들어가도 채무자의 재산으로 보아서 회생절차에 구속된다는 주장이 나오지 않아서 좋은 점도 있다.

우리나라의 BBCHP구조에서는 금융대출을 하는 실제 당사자가 BBCHP로서 선가의 지급을 담보하는 형식임에 반하여 일본의 선주-운항사의 구조에서 BBCHP에 해당하는 정기용선자는 그러한 선가의 지급을 담보하는 것이 아니고, 관리인이 담보하는 형식이 된다. 튼튼하지 않은 정기용선자를 선택한 경우 금융회사의 리스크는 상당히 높아진다고 볼 수 있다.

4. 우리나라에의 도입방안 검토

결국 일본의 선주사-운항사의 분리제도는 일본 특유의 관계라고 판단된다. 통계자료에 의하면 일본에는 800여개의 선주사의 선박이 있고, 선주사는 50여개 정도가 되는 것으로 추측된다.[97] 일본에서 선주사는 금융회사가 관여하는 것이 아니라 실제 선박소유자로서 선주업을 하고자 하는 자들이 선주사를 한다는 점이 중요하다. 자신이 애지중지하는 선박이니 자신들이 선박관리를 해야 한다고 생각한다.[98]

선주사-운항사의 구별제도에서 정기용선되는 선박도 단순하게 1~2년 용선되는 것이 아니다. 10년 정도 장기적으로 용선한다. 선주사도 운항사도 모두 안정

---

95) 동아탱커 사태의 경우 이러한 구조가 현출되었다.
96) 한 선사의 경우 정기용선료를 은행이 직접 수령하도록 하지는 않는다고 했다.
97) 필자가 만난 선주사의 담당자들은 30척 내지 40척의 선박을 소유하고 있다고 했다.
98) 금융회사가 실제 선주같으면 선박관리를 외주주고 말 것이다. 자신들은 관리할 전문가가 아니기 때문이다.

적으로 영업이 가능하다.

자신이 소유하는 선박을 정기용선 해줌으로써 부담하게 되는 손해배상책임 등의 문제는 선주사들이 잘 관리함으로써 사고를 줄여나갈 수 있고 보험으로 처리가 가능하다. 그리고 화주들의 관점에서 채권확보의 담보로서 운송인이 소유하는 선박을 선호한다는 가설에 대하여도, 일본의 경우 정기용선자들은 대부분 NYK, MOL, K-Line 등 대형운항사이므로 시장에서 신용이 높다. 그리고 이 회사들도 자체 소유하는 선박이 있어서 담보로서 기능하기 때문에,[99] 화주로부터 이런 이유로 선호되지 못한다고 볼 수는 없을 것으로 판단된다.

과연 이런 제도들이 우리나라에서도 통할까? 우리나라에서 선박금융구조를 만들면서 SPC를 세우고 운항자가 정기용선자가 되도록 한다면, 그 정기용선자와 운송계약을 체결하는 화주로서는 정기용선자를 불안하게 생각할 것이다. 장차의 채무자가 선박에 대한 자산을 갖지 않은 임차인에 지나지 않기 때문이다. 선주사들은 또한 선박의 관리를 직접 해야 함을 부담스럽게 생각하고, 그에 따른 책임을 지려고 하지 않을 것이다.

결국 이 문제는 선박을 빌려가는 정기용선자들이 시장에서 얼마나 신용이 있는가? 그래서 화주들에게 신뢰를 받을 수 있는가에 달려있다.[100] 그리고 선주사들이 선박에 대한 관리를 얼마나 훌륭하게 해내는가, 나아가 금융사들이 이 구조하에서도 자신의 대출금을 확실히 회수할 수 있다고 보는 가에 달려있다. 다음과 같이 선주사-운항사를 육성해 볼 필요가 있다.

첫째, 운항사들이 자신이 소유하는 선대를 1/2, 선주사로부터 용선한 선박을 1/2로 포트폴리오를 하여 금융리스크를 줄이는 모델은 이상적이고 매력적이다. 화주들도 자신들이 채권을 확보할 수 있는 수단이 있기 때문에 안심할 것이다. 선주사가 육성되면 우리 선사들의 용선료매출도 늘어나고 관리직원들이 많이 필요하므로 선원강국인 우리나라에도 도움이 될 것이다. 선주사들은 선박대여에 대한 임대료만 취하는 것이 아니라 선박관리업을 하고 다른 선박관련 부대사업을 하여 수익을 올려야 한다.[101] 금융회사들은 제공된 금융의 회수를 정기용선자의

---

99) P&I 클럽이 제공하는 보증장으로서도 충분히 담보로서의 기능을 다할 수 있을 것이다.

100) 예를 들면, 10척의 선박을 가지고 운항사가 되었는데 모두 남의 선박을 빌린 회사라면 누가 이 회사를 신뢰하겠는가? 자신의 자산은 없는 회사이기 때문이다.

101) 따라서 금융사가 선박을 보유하여 운항사에게 용선하여주는 형태는 여기에 맞지 않다. 금융사는 선박에 대한 관리를 할 수 있는 능력이 없기 때문이다.

용선료에 의존하는 것이므로 BBCHP의 구조보다 선호하지 않을 여지가 많다. 이를 보강해줄 필요가 있다.

둘째, 우리나라 인트라 아시아 선사들이 어려움에 처하게 될 경우에 선택이 가능할 수 있도록 모델을 제시해둔다.

(i) 어려움에 처한 인트라 선사들은 선주사로 전환, 생존한다.

(ii) 선주사들은 선박을 운항사에게 장기 정기용선을 준다.

(iii) 선주사들은 여전히 자신의 선원을 고용하고 선박을 관리감독한다.

(iv) 운항사는 규모의 경제를 실현하여 경쟁력을 갖고, 기존의 선사들은 선박을 소유, 관리하는 회사로 남아서 존속과 번영이 가능하다.[102]

셋째, 한국형에는 반드시 정기선사의 주문에 의한 선주사만 둘 필요는 없다. 독자적인 선주사들을 육성하여 외국 선주들이나 운항사에게 대선하여 주고 대선료를 획득하여 해운산업의 규모를 확대할 수 있다. 이는 은행형 선주사의 모델이 될 것이다.

넷째, 선주사-운항사 분리 모델은 튼튼한 운항사를 전제로 한다. 그런데, 현재 우리나라는 튼튼한 운항사가 존재하지 않는다는 점이 큰 약점이다. 하루속히 튼튼한 운항사가 탄생할 수 있도록 법적 행정적인 지원이 있어야 한다.

---

102) 기존의 선박회사들의 나름의 장기를 가지고 있으므로, 운항사로 편입되는 경우에도 그 브랜드 네임은 살려주는 것이 좋다. A사, B사가 C사에 운항을 위탁하는 경우 C사의 이름은 CAB로 한다.

제 2 장

그리스 선주업과 중국의 금융리스*

강병태 한국해양대학교 해양금융대학원 초빙교수

Ⅰ. 그리스 선주업의 특징과 시사점

1. 그리스 선주업의 현황

1) 그리스 해운업의 발전과정

그리스 해운업은 도서국가라는 지리적 배경을 바탕으로 지중해에서 영국 및 프랑스와 경쟁하며 성장하였다. 19세기 후반에는 흑해, 에게해는 물론 서부 지중해 및 북유럽까지 진출하였으며, 제1차 세계대전 중 중립국 지위를 바탕으로 엄청난 이익을 축적한 후 런던의 선박관련 협회 등에 그리스 선주들이 대거 진출하였다.

특히 제2차 세계대전 전후 연합국 전함의 인수 및 상선개조, 유럽재건 및 개발을 위한 원자재, 원유 등의 대량 수송으로 막대한 이윤을 창출하여 다수가 글로벌 해운사로 발전하였다. 그 결과 그리스는 2019년 기준 지배선대 총 5,623척, 427백만 DWT의 세계 1위 해운강국으로 발전하였으며, 국내 조선소 수주 선박 중 그리스 선주의 비중이 연간 약 20~30%일 정도로 한국 조선업 발전에도 기여해 왔다.

2) 그리스 선주업의 현황

그리스에 소재하고 있는 해운회사의 수는 2019년 기준 전년대비 1개 증가한 589개사로 정점이었던 1998년 926개 대비 37%p 감소하였다.[1] 규모별로 보면

---

* 본고는 필자가 선박건조금융법연구 제40회(2020. 12. 4.)에서 발표한 내용을 정리한 것임.
1) Ted Petropoulos, "*Greek Shipping Growth Slow Down*", Petrofin Research, 2021, p.1.

1~2척의 선박을 소유한 중소규모 선사의 수는 2018년 218개에서 2019년 204개로 감소하였지만, 3~4척을 소유한 선사는 112개에서 129개로 증가하였다.

주목할 점은 25척 이상을 소유한 중대형 선사의 수가 49개에서 51개로 증가했다는 것이다. 또한 100만 DWT 이상을 소유한 선사의 수가 2018년 77개에서 2019년 81개로 증가하였고, 상위 50개 선사의 선대 보유비율이 2018년 71.28%에서 2019년 73.47%로 증가했다는 사실이다. 상대적으로 소규모인 선사는 시장에서 퇴출되었거나 중대형선사에 의해 인수·합병됨으로써 그리스 해운업도 규모의 경제 달성을 위한 선사 대형화 추세에 있다고 볼 수 있다.

최근 그리스 선주들은 IMO의 환경규제 강화와 Poseidon Principle 등 은행의 ESG금융 강조로 인해 중고선 매매보다는 LNG 추진선 등 친환경 선박에 대한 발주를 늘리고는 있으나 선박연료의 전환에 대한 확신부족으로 인해 '관망(wait and see)'하는 태도를 보이고 있다. 2018년 선복량 기준 그리스의 최대 해운회사는 Angelicoussis Group(23.9백만 DWT)이며 그 뒤를 Cardiff Group, Dynacom Group이 잇고 있다(〈표 1〉 참조).

〈표 1〉 그리스 상위 10개 선주사 현황(2018년 기준)

(단위: 척, 천DWT, %)

순위	회사명	보유선박	선복량	점유율
1	Angelicoussis Group	125	23,880	7.2
2	Cardiff Group	114	15,406	4.7
3	Dynacom Group	117	15,052	4.6
4	Navios Group	132	12,879	3.9
5	Star Bulk	105	11,632	3.5
6	Euronav	46	10,695	2.8
7	Thenamaris	92	9,626	2.9
8	Tsakos Group	96	9,519	2.9
9	Alpha Group	55	8,964	2.7
10	Minerva Marine	72	8,728	2.6

출처: Kotra 해외시장뉴스(2019. 10. 17).

2. 그리스 선주의 특징 및 경쟁력

1) 가족경영 형태의 family business

대부분의 그리스 선주사들은 전통적으로 가업을 승계하는 가족경영(family business)로 운영되고 있다. 이렇게 설립된 많은 중소 규모 선주들이 시장에서 자유롭게 경쟁하고 있으며, 이에 따라 시장 진입비용과 퇴출비용이 저렴하다[2]. 대부분의 선주사들이 기업공개 대신 가족경영을 택함으로써 주주 등 다수 이해관계자에 대한 부담 없이 일관성 있는 정책을 장기적으로 추진 가능하다는 것이다. 해운업은 신뢰와 세대로 이어지는 일관성이 중요하므로 수대에 걸친 경험 및 교훈을 경영에 접목하고 선박관리·운용에 보다 집중할 수 있는 여건을 보유하고 있다.

그러나 최근에는 이들 그리스 선주들의 증시상장을 통한 기업공개도 증가하고 있어 전통적인 가족경영 형태의 변화도 감지되고 있다. 1백만 DWT 이상의 선복량을 소유하고 있는 73개의 그리스 선주사 중 15개사가 증시에 상장되어 있으며, 이 중 14개가 뉴욕증시, 나머지 1개가 오슬로증시에 상장되어 있다.[3]

2) 글로벌 네트워크 구축

그리스 선주들은 제1차 세계대전 이후 영국 등 해운중심지로 본격 진출하여 유럽을 비롯한 글로벌 시장을 대상으로 영업을 하는 과정에서 자연스럽게 전 세계 해운회사 및 금융기관과 네트워크를 구축하게 되었다. 그리스 선주사는 이러한 네트워크를 통해 전 세계 해운시장, 조선시장 및 글로벌 교역시장에 대한 최신 정보를 입수하여 세계 무역시장의 변화에 빠르게 적응하고 있다.

3) 대선(貸船) 중심의 영업

그리스 선주들은 주로 거대자본 및 대규모 조직이 필요한 컨테이너 부문 보다는 진입이 비교적 자유로운 벌크선, 탱커 등 부정기선(tramper)부문이 주류를 이

---

2) Union of Greek Ship Owners, 2019. *Geek Shipping, A Major EU Export Industry of Strategic Importance*, p.12.

3) Seatrade-maritime, *Angelicoussis and Frangou top Greek shipowners by tonnage list*, [Online] (Updated Jun. 2021) Available at: https://www.seatrade-maritime.com [Accessed 17 Aug. 2022].

루고 있으며, 선대를 직접 운용하기보다는 다른 해운회사에 대선(charter out)하고 있다. 부정기선 해운의 경우 선박에 대한 상업적인 관리는 물론 안전 및 기술관리가 경쟁력을 좌우하는바 그리스 선주사는 가족경영의 장점을 바탕으로 해운산업의 공급사슬(supply chain) 전반에 걸쳐 효율적인 선박관리·운영을 통해 수익성을 추구하고 있다.

4) 규모의 경제 및 리스크 분산

상위 그리스 선주들은 100척 이상의 선대를 보유하여 규모의 경제를 달성하고 있다. 보유선박의 종류도 탱커, 벌크선, LNG선 등으로 다양화되어 있어 리스크를 분산하는 한편, 특정 선종의 시황변동에 관계없이 수익을 극대화하고 있다.

5) 景氣逆行的 선박투자

그리스 선주들은 오랜 기간에 걸쳐 전통적인 상업금융기관과의 관계금융(relationship banking) 구축을 통해 경쟁력 있는 선박금융을 조달하고 있다. 이러한 자금조달 능력과 그동안 축적한 유동성 및 막강한 정보력을 바탕으로 해운시황 부진에 따라 선가가 저점에 접근했다고 판단할 경우 과감한 신조발주 또는 중고선 매입을 통해 선복을 확보하고 있다. 즉, 景氣逆行的(counter cyclical) 선박투자를 하고 있는 것이다. 이들은 해운시황이 다시 회복되어 선가가 고점에 접근했다고 판단되면 기존 선박을 매각하여 막대한 자본이득을 취하고 있다(이를 asset play라고도 함).

3. 주요 그리스 선주의 현황

2019년 말 현재 그리스 선주 소유의 선박은 총 5,623척 427백만 DWT로서 세계시장의 17.8%를 점유[4]하고 있는 등 그리스는 부동의 해운 1위 국가이다. 그 뒤를 일본(11.5%), 중국(10.5%), 싱가포르(6.2%), 홍콩(5.0%), 독일(4.9%), 한국(3.9%), 노르웨이(3.1%) 등이 뒤따르고 있다. 한편, 동 선박의 평균 크기는 75,922DWT이며, 평균선령은 12.2년이다.

그리스 소재 선주사의 숫자는 2019년 말 현재 전년 대비 1개사 증가한 589개로서 변화가 거의 없었다. 그러나 1백만톤 이상을 소유한 선주사의 숫자가 전년

---

4) Ted Petropoulos(2021), p.3.

대비 4개사 증가한 81개사로 집계되었으며 상위 50개 선주사가 보유한 선대의 비율이 전년도 71.3%에서 73.4%로 증가하였다. 이러한 점을 고려할 때 그리스의 선주업은 점차 대형화됨으로써 규모의 경제를 추구하고 있다고 해석할 수 있다.

그리스의 주요 선주사 현황은 다음과 같다.

1) Angelicoussis Group

Angelicoussis Group의 창업자인 Antonis Angelicoussis(1918~1989)는 1960년대 초반 A. Angelicoussis & D. Efthymiou를 설립한 이래 여러 변화를 거쳐 Anangel Shipping을 운영하여 왔으며, 그의 아들인 John Angelicoussis가 Angelicoussis Shipping Group Ltd.(ASGL)를 모회사로 탱크선사 ACOL Tankers Limited, 벌크선사 Anangel American Shipholdings Ltd., LNG선사 Maran Ventures Inc.를 각각 설립·운영하여 왔다. John Angelicoussiss가 2021년 사망한 이래 그의 딸인 Maria Angelicoussis가 동 그룹을 이끌고 있다.

창업주인 Antonis Angelicoussis는 이전의 그리스 선주들과는 달리 중고선 대신 신조발주를 통해 선대를 현대화함으로써 그리스 해운업의 획기적인 전기를 마련한 것으로 평가받고 있다.[5] ASGL은 2021년 5월 현재 140척 24.8백만 DWT의 그리스 최대의 선대를 운영하고 있다. 창립 이래 탱커 및 벌크선 부문을 주력사업으로 성장하였으나 세계 최대 LNG 수출국인 카타르의 국영선사 Nakilat과의 제휴를 기반으로 2005년부터 LNG시장에 성공적으로 진입하였다. 선대는 탱커, 벌크선 및 LNG선으로 다각화되어 있어 특정 선종의 경기침체에 대응할 수 있는 리스크 분산이 잘 이루어져 있다.

ASGL은 창업자인 Antonis Angelicoussis 이래 대부분의 선박을 모국인 그리스에 치적하고 직접 소유하며, 그리스 선원이 선박을 직접 관리하는 것을 원칙으로 하고 있다. 또한 다음 〈표 2〉와 같이 선종별 선박관리회사를 그룹 내에 운영하여 선박의 운항정보 및 선박관리상 취득한 각종 기술정보를 회사경영에 반영함으로써 타 선사대비 경쟁우위를 확보하기 위한 전략에 활용하고 있다.

---

5) Ioannis Theotokas and Gelina Harlaftis, "*Leadership in World Shipping*", Palgrave Macmillan, 2009, p.110.

<표 2> ASGL의 선종별 선박소유 및 관리회사 현황

선종별	선박소유회사	선박관리회사
탱크선	ACOL Tankers Limited	Maran Tankers Management Inc.
벌크선	Anangel American Shipholdings Ltd.	Anangel Maritime Services Inc.
LNG선	Maran Ventures Inc.	Maraa Gas Maritime Inc.

출처: 무역보험공사(Ksure).

2) Navios Group

Navios Group은 총 181척, 18.52백만 DWT의 선대를 보유하고 있는 그리스의 2대 선사이다. 동 그룹의 지주사인 Navios Maritime Holdings Inc.는 1954년 베네수엘라와 캐나다의 철광석을 미국으로 수송하는 United States Steel의 자회사로 설립되었다. 동사는 2005년에 기업을 공개하여 현재 Ms. Angeliki Frangou가 회장으로 재직하고 있으며, 철광석, 석탄, 곡물을 포함한 드라이 벌크 상품의 운송과 환적에 초점을 맞춘 다국적 수직통합 해상 운송 및 물류 회사이다.[6]

Navios Maritime Holdings Inc.의 주요 계열사는 뉴욕 증시에 상장된 Navios Maritime Partners, LP와 Navios South American Logistics Inc. 이 포함되어 있으며, 36척 3.9백만 DWT의 벌크선(평균선령 9.4년)을 보유중이다.[7]이 중 사선은 25척, 장기용선(Long-Term Charter-In)은 11척, 9척은 Purchase Option 형태로 보유하고 있다.

3) Dynacom Group

George Procopiou가 이끄는 Dynacom / Dynagas / Sea Traders 등 Dynacom Group은 총 15.9백만 DWT 119척을 운영하고 있으며, 그의 딸인 Ioanna는 그룹 내 벌크선사인 Sea Traders를 경영하고 있다.

주력 계열사인 탱커선사 Dynacom Tankers Management Ltd.(DTM)는 2000년부터 2011년까지 총 54척의 구형 유조선을 매각하는 동시에 VLCC 등 유조선에 대한 신조발주 계약을 체결하는 역동적인 선박현대화 프로그램에 착수하였다.

---

6) [On line] (Updated Aug. 2022) Available at: https://en.wikipedia.org/ [Accessed 19 Aug. 2022].

7) Navios Maritime Holdings Inc., 2022. Q1 2022 Earnings Presentation.

이러한 노력으로 DTM은 2005년 Lloyd's List가 선정한 "Tanker Company of the Year" 상을 받았으며 "그리스 유조선 산업의 현대화를 상징한다"는 평가를 받았다.[8] 동사는 약 60척의 유조선을 보유하고 있으며, 29척의 선박을 보유하고 있는 세계 최대의 Suezmax 소유주 중 하나이다. Sea Traders는 파나막스 및 슈퍼프라막스 부문을 중심으로 약 40척의 선단을 운영하고 있으며, 드라이벌크 시장에서 상당한 입지를 확보하고 있다.

DTM의 선박신조팀은 모든 조선소에 직원을 파견시켜 선박건조 및 건조 과정에 대한 전문 지식을 쌓는 한편, 새로운 선박의 설계, 사양, 속도 등을 개선하기 위한 지속적인 연구개발을 통해 타 선사 대비 경쟁우위를 확보하고 있다.

설립자인 George Procopiou는 항상 해운시장에 대한 자신만의 비전, 엔지니어링 마인드와 혁신에 대한 신념을 가지고 과감한 선박투자를 단행했다. 좋은 예가 북극산 LNG 시장의 잠재력을 보고 민간 선주로서는 최초로 Ice Class 1A와 쇄빙 가스선에 투자한 것이다. 첫 세 척의 LNG 운반선은 2007~2008년에 인도되었으나 LNG 수송시장이 미발달된 탓에 어려움을 겪기도 했지만 2012년 3척 중 1척의 쇄빙 LNG 운반선이 북극을 통과하는 북해항로를 최초로 개척했다.

Dynacom Group은 2013년 11월 Dynagas LNG Partners를 설립하여 나스닥에 상장하였다. LNG 운송부문 지주사인 Dynagas Holdings는 LNG 운반선 9척을 운항하고 있으며, 이 중 한 척을 제외한 8척은 러시아의 야말프로젝트에 장기 용선하고 있다. Dynagas Partners와 Dynagas Holdings의 선대를 합치면 현재 1A Ice-Class 또는 동급 LNG 운반선의 점유율은 82%에 달하고 있다.

4. 그리스 선주업의 시사점

그리스 선주는 대부분 가족경영(Family Business) 형태로서 경영의 투명성이 확보되지 않는다는 단점에도 불구하고 지금까지 발전을 거듭해온 배경에는 신뢰와 세대로 이어지는 경영의 일관성과 수대에 걸친 경험 및 교훈을 바탕으로 선박의 투자 및 운용에 타국 선주 대비 경쟁력을 가지고 있다고 판단된다. 따라서 우리나라 해운회사도 풍부한 경험과 노하우를 겸비한 사내 전문인력을 양성 및 발탁하여 장기적으로 근무할 수 있는 여건을 조성하여 이들이 장기적인 경영전략

---

8) [On line] (Updated Aug. 2022) Available at: https://en.wikipedia.org/ [Accessed 20 Aug. 2022].

을 수립하고 추진할 수 있는 환경을 만들어야 한다.

그리스 선주는 막대한 자본력이 소요되는 거액의 투자보다는 밀착관리가 가능한 가족경영의 장점을 바탕으로 효율적인 선박관리·운영 분야에서 타국 선주 대비 경쟁우위를 가지고 있다. 또한, 선박 건조기술 및 운항 노하우를 오랫동안 축적하여 선박투자 의사결정에 활용함으로써 타선사 대비 선대의 효율적인 운영을 추구하고 있다. 따라서 우리나라도 선박을 운항하지 않는 순수한 대선전문 선주사를 육성한다 하더라도 선박관리업과 관련 부대사업의 영위를 통해 선박투자에 대한 전문성을 키우는 동시에 사업을 다각화 하고 안정적인 수익원을 확보해야 할 것으로 보인다. 선박투자에 대한 의사결정은 즉흥적, 감각적이기보다는 축적된 데이터를 바탕으로 합리적으로 이루어져야 하며 그 결과는 해운회사의 흥망성쇠(興亡盛衰)와 직결되어 있다는 사실을 우리는 뼈저리게 느끼고 있기 때문이다.

또한 다양한 선대구성을 통해 선종별 시장의 리스크 분산이 필요한바 선사 간 전략적인 M&A를 통해 대형화함으로써 규모의 경제와 리스크 분산을 이룩할 필요가 있다.

해운업은 고도의 자본집약적 산업이다. 따라서 금융과는 떼려야 뗄 수 없는 산업이다. 그리스 선주사의 경우 금융기관 종사자의 영입 등 금융기관과 긴밀한 관계금융(relationship banking) 네트워크 구축을 통해 보다 저렴한 비용으로 선박을 확보하고 있으며 이것이 경쟁력 확보의 원동력이 되어 왔다. 따라서 우리나라에서도 선주업을 육성하기 위해서는 해운회사가 보다 용이하게 금융을 확보할 수 있는 금융접근성을 더욱 강화시켜야 하며, 이를 위해 회계 투명성 제고와 IR(Investor Relations) 등 적극적인 기업홍보 전략이 필요하다. 금융기관도 재무제표와 담보 중심의 대출관행에서 벗어나 해운업의 특성을 이해하는 한편, 업계와의 관계금융을 더욱 강화시켜 나가야 한다.

II. 중국 선박금융리스회사의 특징과 시사점

1. 중국 금융리스회사의 발전과정

중국의 금융리스회사는 중국 정부가 2007년 「금융리스회사관리방법(金融租赁公司管理办法)」을 제정한 이후 상업은행들이 금융리스회사를 설립하여 선박금융

업무에 참여함으로써 선박금융리스업이 발전하기 시작하였다. 중국의 리스회사는 은행감독관리위원회(China Banking Regulatory Commission, CBRC)가 허가하는 금융리스(金融租賃)와 상무부가 허가하는 융자리스(融資租賃)로 구분되는데, 금융리스는 금융기관으로 분류되고 CBRC의 건전성 감독을 받는다. CBRC는 2007년과 2008년에 은행이 주요한 투자자가 되는 5개의 금융리스회사 설립을 실험적으로 허가하였고, 이 때 설립된 금융리스회사들이 주로 선박금융을 공급하고 있다.[9]

2014년 3월 CBRC는 「금융리싱 관리감독과 관련한 규정」의 개정안을 발표하여 금융리스회사의 설립허가 요건을 완화하는 동시에 주주의 책임경영을 강화해서 금융리스회사가 자본잠식과 유동성 경색이 발생하면 최대주주가 즉시 자금을 투입하도록 하고 있다.[10] 아울러 금융리스회사의 해외 자회사 설립 요건도 대폭 완화하여 역외 선박소유를 위한 특수목적회사(SPC) 설립이 가능[11]해짐에 따라 글로벌 해운회사를 대상으로 한 선박금융 리스계약도 크게 증가하였다.

2. 중국 선박금융리스회사의 현황

1) 중국 선박금융리스회사의 현황

중국의 선박금융리스는 설립기관에 따라 4가지로 분류할 수 있는데 ① 주요 상업은행의 자회사로 설립된 선박금융리스회사, ② 조선소가 설립한 선박금융리스회사, ③ 투자회사의 선박금융리스회사, ④ 특정산업 대표기업의 자회사로 설립된 금융리스회사로 분류할 수 있다.[12]

중국의 금융리스회사는 2008년 글로벌금융위기 이후 유럽계 선박금융은행의 대출축소 및 시장철수 등에 따른 선박금융의 펀딩갭(Funding Gap) 상황 하에서 중요한 선박금융 조달원으로서 기능하며 성장하였다. Petrofin Research 연구소의 조사에 의하면 2020년말 현재 중국 금융리스회사의 선박금융자산은 665억 달

---

9) 이경래, "선박금융시장에서 중국금융리싱의 부상과 시사점 연구", 「무역보험연구」 제19권 제1호, 2018, p.2.

10) Ma F., J. Zhou, S. Zhou, *The New Administrative Measures for Financial Leasing Companies Lower the Market-Entry Barriers*, Lexology, 2014.

11) 홍콩정부는 2020년 6월 선박리스세제혜택제도(ship leasing tax incentive)를 발표하여, 홍콩에 설립한 특수목적회사(SPC)를 활용하여 선박을 소유하고 리스 하는 선박리스회사 또는 선박리스관리회사(ship-leasing managers)에 대해 일정조건(종업원 2명 이상, 1백만불 이상의 비용지출)을 충족할 경우 법인세 감면 혜택을 부여하기로 하였음.

12) 김대진 외 1인, "국내외 해운금융 비교를 통한 국내 해운금융 역량강화 방안 연구", 「한국항만경제학회지」 제35집 제2호, 2019.

러로서 전 세계 선박금융 공급액의 약 15%를 차지하고 있을 정도로 글로벌 선박금융시장에서의 중국계 금융리스회사의 비중은 크게 증가하고 있다.

Ted Petropoulos(2021)에 의하면 상위 10대 중국 선박금융리스회사 중 1위는 Bank of Communications Financial Leasing(Bocomm Leasing)로서 135억 달러의 선박금융자산을 보유하고 있으며, 2위는 ICBC Leasing 128억 달러, 3위는 CMB Financial Leasing 64억 달러, 4위는 Minsheng Financial Leasing 57억 달러, 5위는 COSCO Shipping Leasing 56억 달러, 6위는 CDB Financial Leasing 48억 달러 등 대부분 상업은행이 설립한 금융리스회사들이 선박금융리스를 공급하고 있다. 이들 리스회사들은 중국 상업은행의 자회사로서 credit line 설정 등 母은행의 강력한 지원과 리스 자산의 국내외 분산을 통해 리스크관리를 하는 등 지속가능 경영을 도모하고 있다.[13]

2) 주요 선박금융 리스회사

(1) ICBC Leasing

ICBC Leasing은 중국공상은행(ICBC)의 100% 자회사로서 2007년 최초의 은행계 리스사로 설립되었으며, 중국 항공사를 위한 항공기 리스사업을 시작으로 본격적인 영업을 시작하였다. 항공기리스는 약 40개국/지역의 80개 이상의 항공사에 리스 및 금융 서비스를 제공, 500대 이상의 상업용 항공기를 인도했으며, 총 자산은 200억 달러를 상회라고 있다.[14]

ICBC Leasing의 해양부문 리스는 상선뿐만 아니라 해양플랜트, 조선소 선박 건조시설 등을 포함하고 있으며 해양분야의 upstream과 downstream을 망라하고 있다. 2021년 9월 현재 해양부문의 리스자산은 벌크선, 컨테이너선, 유조선, 유람선, FPSO, 풍력발전운영선(wind farm service operation vessel) 등 전 분야에 걸쳐 1,000억 위안을 상회하고 있으며 2020년 말 기준 약 128억 달러의 선박금융을 제공하고 있다.[15]

동사가 제공하는 서비스의 종류는 ① BBCHP기반의 금융리스, ② BBC 또는

---

13) Ted Petropoulos, *The development of International leasing and the prospects of Chinese ship leasing*, Petrofin Research, 2021.

14) [On line] (Updated Aug. 2022) Available at: https://www.icbcleasing.com [Accessed 20 Aug. 2022].

15) Ted Petropoulos(2021), *ibid*. p.4.

TC 기반의 운용리스, ③ 화주(에너지기업, 광산회사, 제철소, 무역회사 등)와의 TC 또는 COA에 근거한 용선서비스(capacity service), ④ 선박투자 및 운용과 관련된 경제·금융 컨설팅 서비스, ⑤ 선박관리회사, 선주, 해운회사 및 화주기업과의 협력을 바탕으로 한 Joint Leasing 등이 있다.

(2) BOCOMM Leasing

BOCOMM Leasing은 중국 교통은행(Bank of Communications)의 자회사로 2007년말에 설립되었으며 공급자리스(vendor lease), 공공서비스(public service), 에너지 기자재, 항공 및 해운산업에 대한투자 외에도 기계장비, 도시 대중교통, 상하수도 및 가스시설, 기초 인프라시설 건설, 석탄과 에너지 관련 부문 등에도 투자를 하고 있다. 2022년 6월말 현재 동사의 총자산은 3,500억 위안, 리스자산 규모는 3,000억 위안에 육박하고 있다.[16)]

최근 해운산업에 연평균 투자액은 200억 위안에 육박해 글로벌 3대 선박금융 기관 중 하나이며, 선박리스자산에서 해외부문이 차지하는 비중도 50%를 초과하고 있다. 현재 BOCOMM Leasing은 1,000억 위안 규모 432척의 선박을 보유, 중국 내 최대 선박금융리스 회사로 자리매김하고 있다. COSCO SHIPPING, Maersk Shipping, MSC, CMA CGM, Trafigura Group, Vale, COFCO 등 국내외 유수의 해운사 및 화주사를 고객으로 확보하고 있다.

(3) Minsheng Financial Leasing

중국민생은행(China Minsheng Bank)의 자회사로 2008년에 설립된 Minsheng Financial Leasing(MSFL)은 2021년말 현재 195억 위안의 총자산을 보유하고 있으며, 149대의 항공기와 330여척의 선박을 보유한 아시아 최대의 상업용 항공기 리스회사이다.[17)] 중국정부의 제조업 분야 국가전략인 중국제조 2025(中国制造 2025)에서 강조하고 있는 초대형 컨테이너선박, 자동승강식 드릴링 플랫폼, 친환경에너지절감형연료유 선박 및 벌크선박의 건조 등에 많은 투자를 진행하고 있다.

MSFL의 선박리스자산은 35억 위안을 상회하고 있으며, 그 중 83%는 달러화 표시 자산이다. 선박리스자산의 선종별 포트폴리오는 벌크선이 100척, 15억 달러

---

16) [On line] (Updated Aug. 2022) Available at: https://www.bocommleasing.com [Accessed 27 Aug. 2022].
17) [On line] (Updated Aug. 2022) Available at: https://www.msfl.com.cn/en [Accessed 27 Aug. 2022].

로서 전체 자산의 30%를 차지하고 있으며 컨테이너선은 70척 18억 달러로서 35%, 탱커선은 40척 11억 달러 규모로 22%, 해양에너지설비는 20척 6억 달러 수준으로 11%를 차지하고 있다.

(4) CMB Financial Leasing

CMB Financial Leasing은 중국 초상은행(Chinese Merchant Bank)의 100% 자회사로 2008년에 설립되었다. 에너지, 장비제조, 항공, 해운, 에너지절감 및 환경보호, 헬스케어산업, 문화산업 분야에 걸쳐 리스사업을 영위하고 있으며 현재 등록 자본금은 120억 위안이다.

동사의 선박리스 자산은 218척(15.5백만톤) 460억 위안 규모에 이르고 있으며 상선, 가스선, 여객선 및 특수선 등 전 분야에 걸쳐 있다. 동사가 보유한 선박리스 자산의 평균 선령은 8.82년으로서 비교적 낮으며 그 중 32%가 컨테이너선으로 구성되어 있다. 동사는 2019년 AP Moller Maersk사가 중국 조선소에서 건조한 15,000TEU 컨테이너선 5척을 금융리스로 지원한 바 있으며, NASDAQ 상장 해운회사의 타 상장회사 소유 벌크선 15척 인수 관련 금융리스를 제공한 바 있다.

3. 중국 선박금융리스회사의 특징

중국 선박금융리스회사의 특징은 첫째, 중국의 선박금융 리스회사의 리스자산은 선박 이외에도 항공기, 차량 등 운송설비와 발전소, 공장 등의 생산설비가 주를 이루고 있으며, 선박리스도 국내 선사뿐만 아니라 약 60% 이상을 해외선사에 공급하고 있다. 설립초기에는 주로 중국 국내선사를 대상으로 금융리스를 제공하였으나 2014년 이후 해외선사를 대상으로 적극적으로 선박금융을 제공하고 있다. 예를 들어 Minsheng Financial Leasing의 경우에는 국내선사 비중은 21%에 그치고 있으며, 외국선사 비중이 79%로서 대부분의 고객은 해외에 소재하고 있다.

둘째, 최근 들어 기존의 금융리스 외에 운용리스(Operating Lease)를 확대하고 있다. 이는 2013년 하반기 이후 선박 신조선가가 저점에서 소폭의 등락을 보이고 있어 리스회사들이 자산가격의 하락위험이 상대적으로 작다고 판단했기 때문으로 분석된다. 이에 따라 중국 금융리스회사는 선박의 대량 발주를 통해 소유권을 확보해 대규모 선박은행(Tonnage Provider)으로 등장하고 있다.

셋째, 금융리스의 세제혜택을 통해 중소선사들에게 선박을 확보할 수 있는 새로운 방식으로 활용되고 있다. 중국의 경우 기업이 중국산 설비를 구입했을 때 금융리스 방식을 포함하여 투자비의 40%를 기업소득세에서 공제해 주고 있다. 이에 따라 리스회사가 선박구입에 대한 세제혜택의 일부를 리스료 인하 등의 방법으로 임차인인 선사에게 이전이 가능하여 글로벌 금융위기 이후 정책금융기관 및 민간상업은행의 대출을 받기가 어려워진 상황 하에서 규모가 작고 신용도가 낮은 중소선사들의 거의 유일한 선박금융 조달수단으로서의 기능을 하고 있다.

넷째, 전통적인 BBCHP 방식의 금융리스 상품 외에도 정기용선(Time Charter) 기반의 이익공유(profit sharing)형 리스, 장기화물운송계약(COA) 기반의 리스제도 등 해운회사의 특성을 기반으로 하는 새로운 형태의 구조화금융(structured finance)을 제공함으로써 국내외 우량 선주사들을 고객으로 유인하고 있다. 또한 리스료는 연간 5~8%로 다른 대안자본의 요구 자본비용 10% 내외보다 낮은 편이며 우량거래의 경우 최장 17~20년, 평균 12년 정도의 리스기간을 부여함으로써[18] 다른 선박금융 조달수단 대비 해운고객을 유인할 수 있는 비교우위를 가지고 있다. 따라서 그리스 선주사 등 유수의 해운기업들은 선박투자 시 먼저 중국 금융리스회사를 접촉하여 금융지원 여부를 타진하는 것으로 알려지고 있다.

4. 중국 선박금융리스회사의 시사점

중국의 금융리스회사는 대부분 대형 상업은행의 자회사이며, 대형 상업은행은 대부분 국영은행이다. 또한 상업은행이 설립한 금융리스회사는 자본금 규모가 크고 母은행과의 대출약정(Credit Line)을 체결하고 있어 재무안정성이 뛰어나다. 따라서 중국 금융리스회사들은 국제금융시장에서 저리로 자금을 조달하여 중국은 물론 외국 선주에게도 경쟁력 있는 금융을 제공하고 있다. 따라서 우리나라에서도 선박금융 리스회사 등 금융선주를 육성할 때 자본금 조달 및 모회사의 신용보강 등을 통한 저리의 자금을 조달할 수 있는 여건을 만들어야 국내 해운기업에게 장기의 저리자금을 공급할 수 있을 것이다.

중국 금융리스회사의 선박자산 포트폴리오를 보면 선종이 다양화되어 있음은 물론 고객도 국내 비중이 20%에 불과할 정도로 리스크 분산이 잘 되어 있다. 따라서 우리나라에서 리스회사를 설립하여 선박은행(tonnage provider)으로 육성하기 위해서는 선종 및 고객의 다양화를 통해 경영의 안정성을 확보하는 것이 지

---

18) 이경래(2018), pp.13-14.

속경영을 위해 필수적인 요소로 보인다. 또한 정치적인 이유 등으로 국내지원 비중에 집착할 경우 편중 리스크로 인해 경영상 큰 어려움을 겪을 가능성이 크다고 볼 수 있다.

중국은 입법을 통해 자국산 선박의 금융리스에 대해서는 세제혜택을 부여하고, 이로 인한 이익의 일부를 리스료 인하를 통해 자국 선사에 이전함으로써 조선·해운 상생의 중요한 역할을 하고 있다. 따라서 우리나라 역시 리스회사 등이 국내에서 선박을 건조하여 국내선사에 리스할 경우 리스회사에 세제혜택을 부여하고 그 이득이 국내선사에 이전될 수 있는 경로를 만들어 주는 것이 필요하다.

해양수산부와 해양진흥공사는 최근 민간의 선박 투자를 활성화하기 위해 선박투자자에게 세제 혜택을 주는 '조세리스제도' 도입을 추진하는 한편, 해운경기의 침체에 대비하여 景氣逆行的 선박투자가 가능한 선박 매입·임대 전문 리스사를 2026년까지 설립하는 계획을 발표하였다.[19] 선박리스회사의 설립은 그 취지와 목적도 중요하지만 계속기업(going concern)으로서의 자생력을 갖추고 운영되어야만 재정과 국민경제에 부담을 지우지 않는다. 따라서 정부와 관련기관은 중국 금융리스회사들의 운영현황과 장단점을 철저히 연구하여 이를 선박금융전문 리스회사의 경영에 반영함으로써 시행착오를 줄여나가도록 해야 할 것이다.

---

19) 해양수산부, "2022 해양수산부 업무보고", 해양수산부 보도자료(2022. 8. 11).

제 3 장

대선(貸船)회사의 특징과 시사점*

신장현 한국해양진흥공사 선주사업팀장

Ⅰ. 들어가며

대선(貸船)은 선박의 주인이 그 선박을 사용하고자 하는 이에게 빌려주는 행위를 말한다. 해운실무에서 선박의 주인을 선주(owner)라 하고 선박을 빌리는 행위를 하는 자를 용선자(charterer)라 한다. 선주가 선박을 빌려줄 때 일반적으로 일정한 대가를 받는데, 그 대가를 용선료(charter hire)라 한다. 이때 받는 용선료는 화물의 운송을 인수한 대가로 받는 것이 아니라 선박이라는 자산 또는 화물을 실을 수 있는 공간을 빌려준 대가로 받는 것이다. 따라서 대선은 선주가 용선자에게 선박을 사용·수익할 수 있도록 빌려주는 임대차 성격의 상행위(商行爲)이다.

우리나라 해운산업에서 선박을 빌려주고 빌리는 용선(傭船)은 빈번하게 발생하지만, 선박을 '빌려주는 행위'만을 전문적으로 하는 회사는 많지 아니하다.[1] 이러한 상행위를 전문적으로 하는 회사를 대선회사라 하는데, 우리에게는 아직 생소한 영업방식이다. 2000년대 초반, 그리스식(Greek) 선주를 목표로 하여 사업을 영위하던 회사가 소수 있었지만, 안타깝게도 해운시장 불황의 그늘에서 성공적으로 성장하지 못했다. 성공적이지 못한 이유로는 시장의 호황과 불황의 흐름을 잘 읽지 못해서라든지 충분한 자본력이 뒷받침되지 못해서, 또는 위험관리가 충실하지 못해서 등의 이유가 있을 수 있다. 그러나 필자는 무엇보다도 아직 우리 해운

---

* 본고는 필자가 선박건조금융법연구 제29회(2018. 9. 28.)에서 발표한 내용을 정리한 것임.
1) 해상운송이 해운산업에 중심에 있기 때문이다. 상법 제46조 제2호에는 동산 또는 부동산과 같은 재산의 임대차를 동조 제13호에는 운송의 인수를 기본적인 상행위로 규정하고 있다.

기업이 대선사업에 대한 충분한 경험과 지식이 축적되지 못한 이유를 꼽을 수 있겠다.

따라서, 본장에서는 대선사업이 무엇인지 간략하게 알아보고 어떤 특징이 있으며 우리나라에 관련된 법이 무엇이 있는지 개략적으로 살펴본다. 종국에는 대선회사가 우리 해운산업에 어떻게 자리잡고 성장해야 하는지 생각해 보는 것에 있다.

Ⅱ. 대선회사의 정의

1. 서 설

강학적인 목적으로 대선회사를 협의와 광의로 나누어 보았다. 협의의 대선회사는 전문적인 선박운항 및 관리 기술을 보유하고 있으며, 해운법에 따라 특정한 자격을 취득하고 선박대여를 전문적으로 하는 자를 말한다. 반면, 광의의 대선회사는 전통적인 해운기업이 아니지만, 충분한 자본을 활용하여 선박을 간접적으로 소유하고 대선 행위를 하는 자를 말한다. 대선행위를 통하여 영리를 추구하는 목적은 동일하지만, 회사의 설립 기반을 해운으로 하느냐 아니면 자본으로 하느냐를 두고 크게 구분하고자 한다.

2. 협의의 대선회사

가장 좁은 의미의 대선회사를 생각한다면 자신의 명의로 등록한 선박을 그 선박을 필요로 하는 자에게 빌려주는 회사를 말할 수 있다. 선박의 척수, 선종, 선형으로 구분하지 아니한다.[2] '자신의 명의'란 한 국가의 법에 따라 설립된 법인이 선박을 소유하기 위하여 자신을 소유자로 하여 그 법인이 설립된 지역의 선적항(船籍港)에 등록하는 것을 말한다. 예를 들어, 우리나라 법에 따라 설립된 해운기업이 선박을 매입하고 부산, 인천 또는 제주 등의 항에 등록하는 절차를 생각해 볼 수 있다. 자신의 명의로 선적항에 등록한 선박을 용선자에게 빌려주는 행위를 하는 자를 가장 좁은 의미의 대선회사라 말할 수 있다.[3]

---

2) 다만, 선박대여업 등록을 하려면 해운법 시행규칙 제23조에 따라 총톤수 20톤 이상의 선박 1척을 보유하여야 한다.

3) 해운법에 따라 대선회사가 되기 위해서는 해상운송사업면허 또는 선박대여업 면허를 취득해야 한다.

상기보다 확장된 개념의 대선회사로는 지금 당장은 자신의 명의로 등록된 선박은 아니지만 용선기간이 만료되면 소유권이 이전되는 조건으로 확보한 선박을 활용하여 대선사업을 하는 경우가 있다. 용선기간이 만료되면 소유권이 이전되는 조건으로 하는 용선계약을 소유권이전조건부선체용선 또는 국적취득조건부선체용선이라 한다. 외화를 조달하기 어려웠던 우리나라 해운산업 초기에는 선가를 한 번에 지불하는 대신 선가에 해당하는 금액을 여러 번 나누어서 용선료 형태로 지불하고 그 선가가 완납되면 선박 소유권을 이전받는 실무관행으로 출발한 형태이다.[4] 이때 선박 매도자와 매수자와의 사이에 선체용선계약이 체결되면서 매수자가 선가 지불을 완료할 때까지 소유권은 여전히 매도자가 보유하고 매수자는 용선자의 위치에 있게 된다. 하지만, 이 선박을 다른 용선자에게 재용선함으로써 매수자는 선주의 위치에 있으면서 대선사업을 할 수 있다.

3. 광의의 대선회사

1) 금융회사형

선박을 확보하기 위해서는 대규모 자금이 투입되어야 한다. 해운산업은 세계의 경기 영향을 많이 받기 때문에 시황이 침체되었을 때 낮은 가격의 선박에 투자하였다가 호황일 때 높은 가격에 선박을 매각하면 큰 수익을 기대할 수 있다. 따라서 낮은 비용으로 대규모 자금조달이 가능한 금융회사 자신이 대선회사가 되거나 자회사로 대선회사를 설립하여 사업을 영위할 수 있다. 금융회사형의 대선회사는 해운기업이 선박을 확보하는데 필요한 자본조달을 지원하기 위한 금융서비스 제공목적으로 시작하였으나, 점차 자신이 선박을 확보하고 임대하는 형태로 확장하였다. 가장 대표적인 금융회사형 대선회사의 모델은 중국 리스사이다.

예를 들어 CDB리싱(CDB Leasing)이나 ICBC 금융리싱(ICBC Financial Leasing)은 각각 선박을 90척, 67척을 보유하여 운용리스 또는 금융리스로 대선하고 있다.[5] 과거 선박금융을 주도한 유럽은행은 2008년 서브프라임모기지(Sub-Prime

---

4) 현대에 와서는 우리나라 해운기업이 선박을 확보하기 위한 선박금융의 형식으로 주로 사용되고 있다. 자세한 내용은 신장현, 「국적취득조건부 선체용선(BBCHP)에 관한 법적 연구 -선박금융과 관련된 법적문제를 중심으로-」, 고려대학교 대학원 법학과 박사학위논문(2018), 6-10면을 참조바람.

5) CDB리싱이나 ICBC금융리싱은 모두 은행이 설립한 금융리스사로 유동성위험 또는 자본잠식과 같은 위기 발생시 자금보충 의무를 이행해야 하는 등 모(母)은행의 지원으로 인해 높은 신용을 확보하고 있다. 선박 외에도 항공기 및 기계설비 등 자산을 다양화하고 있으며, 2014년 이후부터 외국

Mortgage)로 촉발된 금융위기와 그로 인해 침체된 해운시장에서 조금씩 그 비중을 줄여나간 반면, 그 빈자리를 채워나가고 있는 금융사가 대선회사 형태의 중국 리스사이었다.[6] 그 외, 2002년 제정된 선박투자회사법에 따라 설립되어 2003년부터 본격적으로 시작된 선박투자회사도 금융회사형의 한 형태로 볼 수 있다. 선박투자회사법은 개인이 소액으로도 선박에 건전한 투자기회를 제공하여 해운산업이 발전하는 데 도움을 주는 대선회사로 의의를 둘 수 있다.

2) 구조조정형

2008년 금융위기 이후, 해상 운임지수의 급격한 하락으로 다수의 해운기업이 파산 위기에 몰리자 산업은행, 수출입은행 및 한국자산관리공사 등 정책금융기관은 각각의 구조조정 펀드를 출시하여 해운기업으로부터 선박을 매입함으로써 유동성을 공급하는 동시에 해운기업에 재용선하는 프로그램을 시작하였다.[7] 이를 매입후 재용선(Sales and Lease Back) 방식의 사업이라 하는데, 해운기업 입장에서는 기존 선박을 활용하여 자금조달을 하는 동시에 영업력을 유지하기 위해 자신이 사용한 선박을 계속해서 활용할 수 있는 장점이 있다. 이처럼 구조조정형 대선회사는 앞의 금융회사형처럼 수익 극대화를 목적으로 사업을 영위하는 대선회사와는 달리 정책 및 공공기능적 성격의 금융기관에서 해운산업의 안전판 기능을 목적으로 공공의 이익을 위해 사업을 영위하는 구조이다.

4. 대한민국 법에서의 대선사업과 대선회사

1) 상법 임대차

상법 제46조 기본적 상행위로 선박과 같은 재산을 임대차로 영업하는 경우를 포함한다. 원칙적으로 상행위를 하기 위해서는 선박에 대한 소유권을 가지는 자가 타인에게 임대하여 사용·수익하게 할 수 있어야 한다. 하지만 임대차로 영업하는 자가 소유권을 반드시 주장할 수 있어야 하는 것은 아니다. 타인으로부터

선사를 상대로 적극 영업을 확대하고 있다.

6) 우리나라에서는 신한캐피탈 및 산은캐피탈이 2000년대 초반에 금융리스 형태로 활발하게 사업을 영위해 왔으나, 2008년 금융위기 이후 용선자 등 거래상대방의 파산과 운임 및 선가하락으로 인해 큰 손실을 겪은 이후로 현재는 선박리스사업을 거의 중단하고 있다.

7) 산업은행은 Ocean Value Up 펀드, 수출입은행은 Let's Together Shipping 펀드와 한국자산관리공사는 캠코선박펀드를 각각 출시하였다.

선박을 임차하여 재임대할 수 있기 때문이다. 상법 제842조에서는 선박소유자가 선원이 승무하고 항해장비를 갖춘 선박을 일정기간동안 항해에 사용하게 하거나, 제847조에 따라 용선자의 관리·지배하에 선박 운항을 목적으로 선박소유자가 선박을 제공하는 계약을 명시하고 있다. 전자는 정기용선이라 하고 후자를 선체용선이라 한다. 이때 선박소유자는 반드시 소유권을 주장하는 자는 아니라 용선을 통하여 확보하고자 하는 자도 포함된다.

2) 해운법 선박대여업

해운법 제2조 제7호에서 선박대여를 영업으로 하는 행위를 규정하고 있다. 선박대여업이란 해상운송사업을 경영하는 자가 아닌 자가 소유하고 있는 선박을 다른 사람에게 대여하는 사업을 말한다. 본인이 소유하지 아니하지만, 용선계약이 만료되면 소유권을 이전받기로 하고 임차한 국적취득조건부 선체용선으로 확보한 선박을 대여하는 경우에도 포함된다. 상법에서는 구체적으로 선박 대여를 할 수 있는 자격에 대하여 명시하고 있지 아니하지만, 해운법에서는 선박대여업에 등록하기 위해서는 총톤수 20톤 이상의 선박 1척 이상을 보유하고 해양수산부장관에게 등록하여야 한다.

Ⅲ. 대표적인 대선회사 예시

1. 해외 대선회사

1) 시스팬 코퍼레이션(Seaspan Corporation)

시스팬 코퍼레이션은 세계 최대의 컨테이너선 선주 및 운영회사로 미국 뉴욕증권거래소에 상장되어 있다.[8] 2021년 말 기준으로 최소 2,500TEU급 에서부터 최대 24,000TEU급 컨테이너선까지 총 134척, 110만 TEU에 해당하는 적재량의 선박을 운영하고 있다. 67척의 선박은 건조 중에 있는데, 건조중인 선박이 인도되면 총 컨테이너박스 운송량이 약 195만 TEU로 증가하게 된다. 선박의 평균 선령은 8.2년이고 평균 용선기간은 4.6년이다. 시스팬 코퍼레이션은 전 세계 8위

---

8) 2019년 11월, 시스팬 코퍼레이션은 아틀라스 코퍼레이션(Atlas Corp.)을 설립하고 조직 개편을 선언하였다. 아틀라스 코퍼레이션은 자산관리회사로 자회사로 시스팬 코퍼레이션과 에이피알 에너지(APR Energy)를 두고 있다. 현재, 미국 뉴욕증권거래소에는 시스팬 코퍼레이션이 아닌 아틀라스 코퍼레이션으로 상장되어 있다.

내 정기선사 중 7개 해운기업과 장기간 고정된 용선료로 대선하고 있는 전략을 구사하고 있다.[9]

2) 조디악 마리타임(Zodiac Maritime)

조디악 마리타임(이하 '조디악')은 세계적인 규모의 선박을 보유한 선박 관리전문 회사이다. 또한 선박을 180척 보유한 국제적인 대형선주로서 용선자에게 대선 영업을 한다.[10] 모나코에 본사를 두고 있으며 상하이, 도쿄, 인도, 뉴욕, 루마니아, 불가리아 및 터키 등에 지사를 두고 있다. 회사 대표는 Eyal Ofer이다. 다양한 선형의 벌크선, 파나막스 및 피더급 컨테이너 선박, 원유 및 제품 유조선, 케미컬 선박, LPG 및 자동차 운반선 등 다양한 선박을 보유하고 있다. 조디악은 선원 양성, 선박 유지 및 보수, 선박 수리, 보험 및 법률 서비스 등 선박 운항과 관련된 서비스부터 선박 건조 및 매입·매각에 이르기까지 선박과 관련된 범위 내에서 관리 및 금융 서비스를 제공한다.

3) 다나오스 코퍼레이션(Danaos Corporation)

다나오스 코퍼레이션은 1972년에 설립된 세계 5위 규모의 컨테이너선 선주 및 운영회사이다. 시스팬 코퍼레이션과 유사하게 고정된 용선료로 장기간동안 세계적인 정기선사에 대선하는 영업을 하고 있다. 회사 설립지는 마셜제도이지만 의사결정이 이루어지는 주요 사무실은 그리스 아테네이고 미국 뉴욕 증권거래소에 상장되어 있다. 1993년에서 2005년 사이 해운 사이클과 함께 매년 연평균 32%의 선복량 증가세를 기록한 바 있다. 2022년 8월 알파라이너 월간 리포트에 따르면 총 71척, 44만 TEU의 선박을 확보하여 운용중에 있으며, 7,000TEU급 컨테이너선 6척을 조선소에 건조중에 있다. 컨테이너선 시장의 급격한 운임 및 용선료 상승으로 인하여 2021년도에 약 10억 달러의 순수익을 거양한 바 있는데, 이는 2020년 약 1.5억 달러에 비해 막대한 성장을 이룬 것이다.[11]

---

9) Maersk Line, MSC, CMA CGM, Hapag-Lloyd, China Shipping, Ocean Networks Express, Yang Ming 등과 거래하고 있다.
10) 출처: https://www.forbes.com/profile/eyal-ofer/?sh=170f825ef5c8
11) Danaos Corporation Annual Report 2021.

2. 국내 대선회사

1) 창명해운

1989년 설립된 창명해운은 해상운송사업을 기반으로 사업을 영위하였으나, 2005년 15만 톤급 벌크선 4척을 일괄 매입하면서 본격적인 대선사업을 시작하였다. 사업 초기에는 주로 노후 중고선을 매입하여 용선자에게 임대하는 영업을 하였으나, 2007년 이후부터 약 50여 척에 이르는 대규모 신조선 발주를 함으로써 선복량 기준으로 국내 6위의 선사로까지 성장하게 되었다. 그러나 2008년 금융위기 이후 해상운송 수요 급감과 더불어 대선계약을 체결하였던 용선자의 파산 등으로 용선료 수입이 큰 차질을 가져오면서 위기가 시작되었다. 해운시장 불황 장기화로 인한 선가 하락, 원리금 상환에 못미치는 용선계약상 용선료 등으로 자금조달을 위한 대출계약에서 채무불이행이 지속적으로 발생하였고 결국 2016년 서울중앙지방법원에 회생절차를 신청하게 된다.

2) 동아탱커

창명해운과 유사한 선주사업 모델을 한 회사이다. 2006년 설립된 동아탱커는 사업 초기 15만 톤급 중고 벌크선 3척을 매입하였으며, 2007년 신조선 발주를 계기로 크게 성장하였다. 선박확보 시점에 주로 5년 이상 정기용선 또는 운송계약을 체결함으로써 고정적인 현금흐름을 확보하였으며, 2009년 이후 주로 신조선 발주나 선령이 낮은 선박매입을 하였다. 수익성 있는 대선계약으로 금융위기를 극복하기도 하였으나, 용선자인 팬오션 및 삼선로직스 등 국내 대형 해운사의 회생절차 신청을 계기로 기존 계약이 해지되거나 낮은 용선료로 재계약됨으로써 매출과 수익성이 급감하게 된다. 2013년에서 2015년 사이 발주한 신조선 6척 중 4척을 용선자의 파산으로 인해 발주금액 이하로 매각할 수밖에 없었고 이로 인해 대규모 손실을 인식하게 된다.[12] 이후 자금을 공급한 금융기관의 추가 선박매각 요청과 만기가 완료된 금융잔액의 상환을 위한 재금융의 어려움으로, 결국 2019년 서울중앙지방법원에 회생절차를 신청하게 된다.

---

12) 동아탱커 감사보고서에 의하면 2016년에 약 600억원, 2017년에는 약 1,300억원의 유형자산처분손실을 인식하게 된다.

Ⅳ. 대선사업 특징

1. 영업적 관점 및 전략

1) 안정적 현금흐름 추구

선박은 고가의 자산이다. 고가의 자산을 확보하기 위해서는 자기자본으로도 확보할 수 있지만, 자본의 효율적인 활용이라는 측면에서 보았을 때 외부로부터의 자금조달이 일반적이다. 선박금융은 은행으로부터의 자금차입이 일반적인데, 원리금을 안정적으로 상환하기 위해서는 원리금보다 많은 용선료 수입이 필요하다. 자금대여를 한 은행은 시장의 변동성에 기댄 단기간의 불확실한 용선료 수익보다, 장기간동안 안정적으로 수익을 창출할 수 있는 용선료를 선호하는 이유이다. 따라서 세계적인 대선회사들이 선박을 매입하고 초기 몇 년간 우량한 용선자 또는 운항사에게 대선하는 이유이다. 이처럼 대선회사는 상업부동산을 보유한 회사와 유사하다. 부동산을 임대함으로써 임차료 수익을 올리듯이 선박을 대선함으로써 일정한 기간 동안 고정된 용선료 수익을 확보한다. 요컨대, 안정적인 현금흐름을 통한 수익창출이 대선회사의 핵심적인 영업방식이다.

2) 시세차익 발생

해운시장에서의 커다란 변동성으로 인해 대선회사가 수익을 창출한다. 그 변동성이 자산가치의 변화를 만들기 때문이다. 시황의 등락에 따른 선박가치의 변화, 즉 자산의 가치가 저렴할 때 매입하였다가 가치가 상승하면 매각을 통하여 시세차익을 얻는다. 해운경기가 극심한 불황이 되면 선박운항 비용보다도 더 용선료가 낮아져 선가도 낮게 형성되지만, 반대로 높은 운임이 형성되면 용선료도 급등하여 선가도 높게 형성된다. 선박투자에 탁월한 그리스 선주들은 불황에 선박을 매입하고 호황에 선박을 매각하여 막대한 시세차익을 거두고 이를 선박에 재투자한다고 알려져 있다. 그러나 일반적인 대선회사는 선박의 시세차익 추구를 핵심적인 영업형태로 하지 않지만 해운경기의 등락 속에 자산가치를 활용하여 높은 수익을 추구하기도 한다.

3) 장기적 관점에서의 경영

신조선은 일반적으로 25년이라는 회계적 내용연수를 가지고 있다. 물론 25년 이후에도 선종이나 선박의 상태, 시황 여건에 따라 연장하여 사용할 수 있지만, 5년마다 시행하는 의무적인 정기검사를 수검하여야 하기 때문에 보통의 경우에는 막대한 입거(入渠, Dock) 수리비를 지출하기보다는 노후선박을 폐선한다. 대선회사는 거래당사자를 둘러싸고 있는 주변 환경 및 상황에 따라 시세가 급격하게 달라지는 현물시장(Spot Market)보다는 비교적 장기간 동안 용선료 수익을 확정할 수 있는 정기용선(Time Charter) 시장에서 수익을 추구하는 특징이 있다. 그렇다고 선박 내용연수만큼이나 긴 장기용선을 체결하지 아니한다. 그토록 긴 장기용선은 자본을 투입한데 따른 수익률만큼만 수익을 창출할 수 있어 위험 대비 수익이 크지 아니하기 때문이다. 현물시장에서의 단기간 대선은 변동성이 크므로 높은 용선료를 기대할 수 있지만, 시장을 잘못 예측할 경우 큰 손실을 볼 수 있다. 또한, 수시로 용대선이라는 업무를 수행하게 되면 운용에 많은 인적자원이 투입되어야 하므로 일반적인 대선회사의 영업방식에는 맞지 아니하다. 따라서 최소 1년 이상의 기간으로 대선을 하는 경우를 선택하기 마련이다. 요컨대, 5년에서 10년 동안 장기간 대선함으로써 비교적 안정적인 수익을 창출하면서도 25년이라는 선박 수명에서 시황의 변동성을 이용하여 장기적 관점에서의 시세차익을 얻는 전략을 활용한다.

4) 대량발주를 통한 원가절감

대선회사는 해운경기의 변동성에 투자한다는 것은 앞에서 살펴본 바와 같다. 시세차익을 극대화하기 위해서는 대체로 운임이 지속적으로 낮아 불황이 장기간 이어지는 기간에 매입하여야 한다. 그러나 화주 또는 용선자가 요청할 때와 같이 수요가 있는 경우에는 시황과 상관없이 선박을 매입하여야 할 수도 있다. 이러한 때에 선박을 경쟁력 있는 가격으로 확보하는 방법은 여러 척의 선박을 동시에 매입하거나 조선소에 자매선(Sister ship)을 발주하는 경우이다. 선박을 여러 척 발주함으로써 얻는 장점으로는 매도자 또는 조선소에 대해 협상력이 높아져 상대적으로 낮은 선가로 계약 성사가 될 수 있는 점, 동일한 선박을 여러 척 운항하는 경우 규모의 경제를 이룰 수 있으므로 운항단가가 낮아지는 점, 한 척씩 확보하는 경우보다 경영상 관리 및 행정적인 시간과 노력이 절감되는 이점 등이 있다. 특히 정기선사를 상대로 영업하는 시스팬 코퍼레이션이나 코스타마레(Costamare)와 같은 회사는 조선소에 여러 척을 자매선으로 발주함으로써 척당 선가를 낮추고 있다.

5) 단순한 경영구조 및 조직

대선회사의 중요한 의사결정은 크게 두 가지로 압축된다. 첫 번째는 선박매입·매각과 같이 중요 영업자산을 확보하거나 처분에 대한 것이고, 두 번째는 신뢰할 수 있는 용선자와 장기간 동안 대선계약을 체결하는 것이다. 일반적으로는 선박을 확보하는 시점에 맞추어 대선계약을 체결하게 된다. 현금흐름이 확보되어야 투자자금을 회수할 수 있고 금융기관으로부터 자금조달이 가능하기 때문이다. 업무 순서상으로 선박확보보다 장기용선계약이 우선할 수 있다. 장기간의 대선계약을 체결하고 그 계약에 필요한 선박을 이후 조선소에 발주하는 것이다. 대선회사가 조선소에 선박을 확보하고 용선자와의 대선계약 체결을 위해서는 의사결정이 상당히 빨라야 한다. 단기간에 선가 및 운임변동이 크게 발생할 수 있어 적절한 타이밍을 놓칠 수 있기 때문이다. 따라서 시장의 변동성에 빨리 대응하고 실행하기 위해서는 의사결정 구조가 단순해야 하고 그에 따라 조직구성도 단순하여야 한다. 선박매입 및 매각은 주로 최고경영자 또는 소수로 구성된 이사회에서 결정하거나 일정한 범위내에서 권한이 위임된 담당자가 언제라도 직무를 수행할 수 있도록 가급적 의사결정을 단순하게 조직을 구성한다.[13]

2. 대선사업과 관련된 산업

1) 조선소 및 기자재 업체

선박을 확보하는 방법에는 조선소에 신조선박을 발주하는 방법과 기존 해운기업이 보유하고 있는 중고선을 매입하는 방법이 있다. 중고선은 대선회사와 경쟁관계에 있거나 운송업을 전문적으로 종사하는 동종 해운기업으로부터 선박을 공급받기 때문에 관련 산업에서 배제한다. 반면, 신조선은 기존 선복을 활용하는 방법이 아닌 전체 선복량에서 추가로 공급되는 선박인데, 조선소는 해운기업이

---

13) 물론, 중요한 의사결정에 대해 회사의 이사회에서 검증하는 절차를 거치기 위해 이사회 승인 조건부로 계약이 체결되는 경우가 빈번하다.

원하는 선종, 선형 및 스펙(Specification)으로 시장에서 형성된 선가로 제작하게 된다. 해운기업은 신조선이 기존 운항 중인 선박보다 경쟁우위에 있기를 원하기 때문에 선속 및 연비 등 운항성능 개선에 관심이 있을 수밖에 없다. 최근 탈탄소 추세를 비롯하여 국제적인 환경규제에 대응하기 위해 신조선을 발주하기도 한다. 이렇듯 대선사업의 성장은 선박확보를 위한 신조선 발주를 촉진하게 되어, 조선소뿐만 아니라 경쟁력이 우수한 선박 관련 기자재 업체가 같이 성장할 수 있는 발판을 마련한다.

2) 선박관리 및 선원관리

대선회사가 보유한 선박이 문제없이 운항할 수 있도록 기술적 관리를 해주는 회사가 선박관리사(Ship Management Company)이다. 또한, 선박의 안전한 운항을 위해서는 자격을 갖춘 우수한 선원이 승선하여야 한다. 대선회사를 위해서 선원을 교육·양성하고 배승하는 역할을 담당하는 회사를 선원관리사(Manning Company)라 한다. 선박관리 및 선원관리는 선박의 감항성을 위해서 반드시 확보되어야 한다. 대규모의 선박을 보유한 대선회사는 선박 및 선원관리를 위하여 대선회사 내에서 관리조직을 갖추고 적절한 선원인력을 보유하여 관리한다. 규모의 경제를 실현하는 경우가 많기 때문이다. 그러나 비교적 소규모의 선박만을 보유하고 있을 때에는 전문화되고 독립적인 선박관리 및 선원관리회사에 위탁하는 경우가 일반적이다.[14] 대선회사의 발달은 선박·선원관리를 위한 서비스가 발달할 수밖에 없는 이유이다.

3) 선박금융 및 보험

선박을 확보하기 위해서는 대규모의 자금이 필요하다. 대선회사가 선박을 매입할 만큼 충분한 자본을 확보하고 있다고 하더라도 자본의 효율적인 활용을 위해서는 외부로부터 자금차입을 하는 것이 일반적이다. 자금조달 방법으로는 은행을 통하여 대출(Bank Loan)로 차입하거나 대선회사가 발행한 주식을 유력한 거래소에 상장하는 방법 또는 회사채발행이 있다.[15] 회사가 발행한 주식을 상장하

---

14) V. Group, Anglo-Eastern, Bernhard Schulte Shipmanagement, OSM Group, Wilhelmsen Ship Management 등이 대표적인 선박 및 선원관리 회사이다.
15) 미국 뉴욕 증권거래소(NYSE)에 상장한 대선회사로는 Danaos Corporation, Navios Maritime, Global Ship Lease, Atlas Corp.(Seaspan Corp.), Costamare Inc. 등이 있다.

면 회사의 규모를 한 단계 성장시키기 위한 좋은 방법이지만, 최초 상장하거나 이후 유지하기 위한 조건이 까다롭고 항상 투자자들에게 일정한 형태의 경영공시를 하여야 하므로 상장 없이 독립적으로 경영하는 경우가 많이 있다.[16) 이러한 경우, 은행을 통하여 차입하거나 회사가 발행한 사채(社債)를 투자자들이 매입하게 함으로써 자본을 조달하기도 한다. 대선회사는 선박이라는 고가의 자산을 확보하여야 하므로 지속적으로 자금을 조달하게 되고, 자금조달의 수요를 충족하기 위해서 다양한 기법의 금융형태가 발달하게 된다.

4) 기타: 법률서비스업, 해운중개업, 항만하역업 등

대선회사는 용선자와 선체용선 또는 정기용선계약을 통하여 선박 임대를 하게 된다. 또한, 화주와 운송계약을 직접 체결하지 아니하지만, 선박을 운항하는 실제 운송인(Actual Carrier)으로서 책임을 지게 되는 경우가 있다. 선박을 운항하면서 발생하게 되는 오염사고나 선박충돌과 같은 불법행위로 인하여 외부에 책임지는 경우도 있다. 이처럼 대선회사는 선박을 운항하거나 용선계약을 이행함으로써 발생하는 분쟁에 대응하기 위해서는 법률자문이 필요하다. 해상법률서비스가 성장할 수 있는 기반이 된다.

대선회사는 직접 용선자와 접촉하여 계약을 체결하기도 하지만 일반적으로는 용선중개업자(Chartering Broker)를 통하여 계약을 체결한다. 용선중개업자는 운송인이 필요로 하는 선박 정보를 파악하여 대선회사가 보유하고 있는 선박과 연결시켜 주는 일을 하고 있다. 적합한 선박을 보유하고 있지 않다면 대선회사에게 신조선을 발주하게 하거나 중고선박 매입을 요청할 수 있다. 이때 선박매매중개업자(Sales and Purchase Broker)는 대선회사가 필요한 선박을 건조할 수 있는 조선소 정보나 기존 선박을 보유하고 있는 매도자를 파악하여 계약체결에 도움을 준다. 선박매매와 용선중개는 각각 다른 분야이기 때문에 시차를 두고 달리 진행될 수 있으나, 대규모 용선수요에 따른 신조선 발주는 한 번에 진행되기도 한다.

선박을 통하여 해상으로 운송된 화물을 육상의 최종 목적지로 운반하거나 반대로 육상에서의 화물을 해상으로 운송하기 위해서는 선박이 접근할 수 있는 항만이 필요하고 항만에서 화물을 싣거나 내리는 하역작업을 하여야 한다. 화물에 맞는 하역작업을 하기 위한 다양한 시설을 갖추고 적합한 서비스를 제공하는 산

---

16) 비상장 대선회사로는 Zodiac Maritime, Shoei Kisen, Offen Group 등이 있다.

업을 항만하역업이라 하는데, 정기선사 또는 부정기선사들은 반드시 화물의 하역을 위하여 필요한 산업이다.[17] 항만하역업은 대선회사와 직접적으로 맞닿아 있는 관련 산업이 아니지만, 용선자 또는 운송인을 통하여 해상운송업에 투입되는 선박이 증가할수록 동반성장이 가능한 분야이다.

V. 대선회사와 관련된 법

1. 누가 대선회사가 될 수 있는가?

협의의 대선회사: 해운법 제2조 제7호에 의하면 선박대여업이란 해상운송사업을 경영하는 자가 아닌 자가 소유하고 있는 선박 또는 국적취득조건부 선체용선으로 임차한 선박을 다른 사람에게 대여하는 사업을 말하고, 이 사업을 영위하기 위해서는 해양수산부장관에게 등록하여야 한다(제33조 제1항 사업의 등록). 물론, 해상운송사업에 종사하는 해운기업도 자신의 선박을 대선 할 수 있지만, 운송을 주요 사업으로 하는 운송인과 구분하기 위하여 대선을 주요 사업목적으로 하는 회사에 포함되지 아니하는 것으로 한다.

광의의 대선회사: 선박투자회사법이나 자본시장과 금융투자업에 관한 법률(이하 '자본시장법')에 따라 간접적으로 선박을 확보하여 대선사업을 영위할 수 있다. 투자자는 선박투자회사법에 따라 선박투자회사가 발행한 주식 또는 채권을 매입할 수도 있고, 자본시장법에 따라 발행된 수익증권을 매입함으로써 대선회사를 경영하는 것과 동일한 효과를 누릴 수 있다. 대선회사에 투자하는 투자자에 대해서는 달리 자격을 두거나 일정한 면허를 요구하지 아니한다. 리스회사를 통해 선박을 확보하고 임대하기 위해서는 여신전문금융업법 제3조 제2항에 따라 시설대여업 등록을 하여야 한다.

2. 선박 국적은 무엇으로 할 것인가?

유엔해양법협약(United Nations Convention on the Law of the Sea) 제91조에 따라 국가는 선박의 국적를 부여하고 등록할 수 있는 조건을 정해야 하며 모든

---

17) 컨테이너선과 같은 정기선사는 컨테이너 화물을 적양하기 위해서 선석(berth), 컨테이너 야드(container yard), 컨테이너 프레이트 스테이션(container freight station), 갠트리 크레인(gantry crane), 야드 트랙터(yard tracter), 스트래들 캐리어(straddle carrier) 등과 같은 항만하역시설이 필요하다.

선박은 국적을 취득하여야 한다. 우리나라 선박법 제2조에서는 대한민국 선박을 위한 일정한 자격요건을 두고 동법 제8조에 따라 등기와 등록을 하여야 한다. 대선회사가 대한민국의 법률에 따라 설립된 법인이고 자신의 명의로 선적항에 선박을 등록하고자 한다면 한국선박의 국적을 취득하게 된다. 그러나 파나마, 마셜군도, 라이베리아 등 편의치적국에 설립된 특수목적법인을 통한 선박 등록을 해운산업 실무관행으로 많이 활용하므로 편의치적국의 국적을 취득하는 경우가 많이 있다. 선박투자회사법에는 해외에서의 국적취득에 대한 법률이 명시적으로 제정되어 있지 아니하지만, 동법 제3조 제2항에 따르면 국외에 자회사를 설립할 수 있다고 되어 있으므로 편의치적국의 국적취득을 열어둔 것으로 볼 수 있다. 요컨대, 선박투자회사는 자회사를 편의치적국에 설립하고 이들이 선박을 보유하는 회사로 운영할 수 있다. 동법 제3조 제3항에 따라 선박투자회사는 1척의 선박을 소유하여야 하는데, 자회사를 설립하는 경우 자회사가 최소한 1척의 선박을 소유하여야 한다.

3. 세제혜택은 누릴 수 있는가?

대선회사가 보유한 선박이 국제항행에 종사하는 상선(商船)이라면 누릴 수 있는 세제혜택이 있다. 국제선박등록부에 등록된 선박이라면 국제선박등록법 제5조에 따라 외국인 선원을 승무하게 할 수 있고, 동법 제9조에 따라 정부는 관계 법령에서 정하는 바에 따라 조세감면이나 그 밖에 필요한 지원을 받을 수 있다. 지방세특례제한법 제64조 제1항에 의하면 국제선박으로 등록하기 위하여 취득한 선박은 지방세법 제12조 제1항 제1호 가목에 따라 취득세 과세표준인 1천분의 20.2에서 1천분의 20을 경감받게 된다. 또한, 재산세 100분의 50을 경감받는다. 다만, 취득세와 재산세는 2024년 12월 31일까지 한시적으로 적용된다.[18] 국제선박으로 등록하기 위해서는 대한민국 법률에 따라 설립된 대선회사가 보유하고 있는 선박이거나, 국적취득조건부 선체용선으로 임차한 외국선박이더라도 외항운송사업자가 운항하는 선박이라면 가능하다(동법 제3조).

---

18) 취득세 및 재산세는 2010년 3월 31일, 법률 제10220호로 지방세특례제한법이 제정된 이후 현재까지 계속 연장됐다.

4. 법으로부터 대선회사는 보호받을 수 있는가?

1) 항해과실 면책

정기용선 선박으로 화주와 운송계약을 체결한 운송인(용선자)은 그 선박을 직접 운항하지 아니한다. 정기용선계약은 대선회사(선박소유자)가 선원과 항해장비를 갖춘 선박을 용선자에게 일정한 기간동안 항해에 사용하게 하는 계약이므로 실제 선박의 운항은 대선회사가 하게 된다(상법 제842조). 따라서, 화물이 훼손되는 경우 화주는 대선회사와 계약관계에 있지 아니하지만, 불법행위에 따른 손해배상을 대선회사를 상대로 청구할 수 있다. 이때 대선회사는 화주에 대하여 책임을 면하는 방법이 있다. 선장 및 도선사 등의 항해 또는 선박관리에 관한 행위로 인해 화물이 손상된다면 면책을 주장할 수 있다. 이는 1924년 헤이그 규칙(1924 International Convention for the Unification of Certain Rules of Law relating to Bills of Lading, and Protocol of Signature)의 국제조약에서뿐만 아니라 여러 국가에서 법령으로 면책을 인정한다.[19] 다만, 면책을 주장하려면 감항능력주의의무에 대한 위반이 없어야 한다.

2) 책임제한절차

항해과실 면책은 선박의 감항능력 주의의무를 위반하지 아니할 때 주장할 수 있다. 감항능력 의무를 위반하여 항해과실 면책을 주장하지 못하는 대신 선박의 크기나 하나의 포장을 단위로 하여 계산된 금액을 한도로 책임부담금액 제한을 주장할 수 있다. 이를 책임제한제도라 한다. 이는 해상에서의 대형사고로 인하여 대선회사의 손해가 무한정으로 확대되는 상황을 막기 위해 만들어진 정책적인 제도이다. 1924년, 1957년, 1976년 책임제한조약(Convention on Limitation of Liability for Maritime Claims 1976) 및 1996년 개정의정서 등에 이르기까지 국제조약에 의해 확립되어 있다. 우리 상법에서는 제769조에서 제776조에 이르기까지 책임제한에 대하여 규정하고 있다.

---

19) 우리 상법에서는 제795조 제2항에 따라 선장 등의 항해 또는 선박의 관리에 관한 행위나 화재로 생긴 운송물의 손해에 대해 배상 책임을 면하도록 하고 있다.

3) 공동해손(共同海損)

선박과 더불어 그 공간에 실린 화물은 해상에서 공동의 위험에 처해있는 상황이 발생할 수 있다. 이러한 위험을 회피하게 하거나 손해를 완화하게 하기 위해서는 선장의 재량으로 선박 또는 화물을 희생시킴으로써 그 피해의 정도를 낮출 수 있다. 이때 발생하는 손해의 정도와 비용을 공동해손으로 규정하고 선박소유자뿐만 아니라 화주 등 모든 이해관계인에게 각 당사자 재산가치의 비율에 따라 부담시키는 제도를 공동해손제도라 한다. 공동해손제도를 통하여 하나의 당사자만 일방적으로 손실을 볼 수 있는 상황으로부터 조금씩 손해를 부담할 수 있다. 특히, 선박이라는 가장 재산가치가 높은 선박을 보유한 대선회사 입장에서는 큰 손해를 경감할 수 있는 제도적 장치이다. 우리 상법에서는 제865조부터 제875조까지 규정하고 있다.

VI. 대선사업에 대한 시사점

1. 대선사업이 발전할 수 있는 자본의 공급

우리나라 해운산업은 대체로 국내 수출입화물의 운송을 위한 인프라로 발전해왔다. 국가 경제가 성장하고 국제교역이 증가함에 따라 국내 기업은 해상에서의 운송수요가 필요하게 되었고, 이는 우리 해운기업이 성장할 수 있는 발판이 되었다. 그러나 해상운송은 반드시 자신의 선박이 확보되어 있어야만 운영할 수 있는 사업은 아니다. 잉여선박을 가지고 있는 해상운송회사나 선박대여를 주요 사업으로 하는 회사로부터 일정한 용선료를 지급하고 선박을 용선하여 운송업을 할 수 있기 때문이다. 특히 규모가 영세한 운송인 입장에서는 해운 시장에서 자신이 필요한 선박을 용선하는 것이 대규모의 자본을 투자해야 하는 선박확보보다 더 쉬운 방법일 수 있다. 과거에는 자본의 공급보다 수요가 더 많았기 때문에 외부로부터 자금조달로 선박을 확보하는 것은 무척이나 어려운 일이었기 때문이다. 더구나 선박은 국제적으로 통용되는 자산이기 때문에 국가간 거래에서는 보통 외화로 거래되기 마련인데 선박을 매입하기 위해 확보해야 하는 외화조달은 더 어려웠다. 그러나 지금은 외화 자본공급이 과거보다 훨씬 쉬워졌을 뿐만 아니라 투자처를 마땅히 찾지 못하는 투자자의 자본이 항상 대기중이기 때문에 대선사업이 성장할 수 있는 기본적인 여건이 갖춰져 있다.

2. 다양한 관련산업으로 경제적 파급효과

앞서 살펴본 바와 같이 선박을 보유함으로써 다양한 산업과 같이 성장할 수 있는 기회를 찾을 수 있다. 첫째, 우리가 세계적인 경쟁력을 갖추고 있는 조선과 기자재산업은 선박을 더 많이 수주함으로써 더욱 성장할 수 있다. 더구나 국제적인 환경규제로 인하여 친환경 선박에 대한 수요가 급격하게 증가하는 시점에서 우리 조선 및 기자재산업이 더욱 성장할 수 있는 계기를 마련할 수 있다. 둘째, 조선산업의 증가는 철강산업을 더욱 견고히 할 수 있다. 대선회사의 발달은 친환경 선박에 대한 수요를 확장시키고 결국 고부가가치 철강을 개발할 수 있는 계기가 되어 세계를 선도할 수 있는 철강산업이 될 수 있다. 셋째, 대선회사와 관련된 부대사업이 성장할 수 있는 기회가 된다. 앞서 말한 바와 같이, 대선회사는 용선중개업, 선박매매중개업, 자금조달을 위한 금융업, 선체 및 P&I 보험업, 해상법률, 선박관리 및 선원관리업, 선박수리업 등 다양하면서도 전문적인 분야의 발달을 이룰 수 있다.

3. 대선회사의 위험과 책임

우리나라에서 대선 사업은 투기적인 성질이 강하고 높은 변동성으로 인해 위험한 사업으로 알려져 있다. 2000년대 초반, 비약적으로 성장하였다가 시장의 침체로 회생절차를 신청할 수밖에 없었던 창명해운과 동아탱커의 사례는 국내 해운산업에 있어 아픈 기억으로 깊이 자리잡혀 있다. 대선회사는 해운시장의 높은 변동성에 노출된 것은 사실이다. 다만, 이 사실은 우리 해운산업에서만 국한되는 것이 아니라 전 해운에 참여하는 전 세계의 당사자들에게 노출될 수밖에 없는 동일한 위험이다. 따라서 이러한 위험을 어떤 방식으로 완화할 수 있는지 우리의 실패 사례를 진지하게 연구하는 동시에 그리스, 중국 및 일본에서 성공하고 있는 대선회사의 성공사례를 우리의 것으로 만들 수 있는 방법을 찾아내야 한다. 운송인으로서 경쟁력 있는 해운기업을 성장시켰다면 선박을 보유하고 임대하는 대선회사로서도 충분히 성장할 수 있다.

Ⅶ. 나오며

대한민국의 조선소는 작년 한 해 동안 전 세계 수주량의 37.1%를 차지하며 최고의 성과를 거두고 있다. 선박을 건조하는 데 필요한 조강생산량은 2021년 7천만 톤으로 전 세계에서 6위를 차지했고, 2천2백만 개의 컨테이너화물을 처리한 부산항은 전 세계에서 일곱 번째 컨테이너항만으로 올라와 있다. 심지어 선복량(船腹量)은 1억 톤을 차지함으로써 그리스, 중국, 일본, 싱가포르에 이어 다섯 번째로 이름을 올리고 있다. 전통적인 해운국가로 그리스와 일본을 떠올리고 신흥 해운국가로 중국을 꼽을 수 있지만 아쉽게도 우리나라는 아직 해운국가로서의 이미지가 자리잡고 있지 아니하다. 해상에서의 운송서비스 제공이라는 측면에서는 성공을 거두었으나, 해양 영토인 선박을 대규모로 보유하고 용선하는 측면에서는 오랫동안 걸음마 단계를 벗어나지 못했기 때문으로 보인다. 우리가 다섯 번째의 선복량 상위국가로 이름을 올린 뒷면에는 세계무역으로 여덟 번째 규모를 차지하였기 때문이다. 이제는 우리 해운기업이 우리나라의 무역규모에 의존하여 성장한 것을 넘어 우리가 가지고 있는 조선, 철강, 항만뿐만 아니라 자본과 고도의 전문적인 해운관련 지식 및 서비스를 강점으로 대선사업의 성장에 박차를 가할 때라고 본다. 대선사업이 조선, 철강, 항만산업과 더불어 해상운송에서의 높은 경쟁력과 결합할 때 서로 상승효과를 일으켜 해양산업 성장의 커다란 구심점이 될 것이라고 믿는다.

제**3**부
선박금융

제 1 장

동아탱커 회생절차에서의 법적 쟁점*

김인현 고려대학교 법학전문대학원 교수

I. 서 론

2019년 개시된 동아탱커의 회생절차는 한진해운 파산사태의 충격파가 채 가시지 않은 상황에서 금융권이나 선주들이나 모두 예민한 상태에서 진행되었다. 2019년 4월 그 당시에는 갑론을박 논쟁이 뜨거웠다. 그 논쟁은 주로 국적취득조건부 선체용선(BBCHP) 선박과 특수목적법인(SPC)에 대하여 용선자를 보호할 것인가 아니면 채권자 측인 금융권을 더 보호할 것인지에 초점이 맞추어져 있었다. 필자는 용선자인 선사 측을 보호해야 한다는 입장에서 두 편의 칼럼을 기고한 바 있다.[1]

필자는 BBCHP 선박은 단순 선체용선된 선박과 달리 소유권취득을 위하여 원리금을 상환하게 되므로 소유권취득에 대한 기대권이 회생절차에서 선사의 이익으로 반영되어야 한다는 주장을 폈다. 형식논리에 따른다면 여전히 소유권은 SPC에 있고 그 채권자인 금융권이 용선계약 및 대출계약을 해제하고 선박을 회수해 갈 수 있어야 맞다. 그렇지만, 그 결과로서 채무자인 용선자는 그간 자신이 지급했던 선가의 몫만큼도 선박을 사용하지 못하게 되고, 그에 따라 파산을 당하고 만다. 기 납부한 대금은 금융권이 선박을 매각한 다음 용선자에게 환급해줄 수 있을 것이다. 그렇지만, 그 시점에는 이미 채무자는 운영할 선박이 없어 파산

---

* 이 논문은 선박건조금융법연구회에서 발표한 것을 수정하여 「금융법연구」에 실은 것이다. 금융법학회의 허락을 받아 본서에 넣는다.

1) 이 칼럼은 김인현, 해운산업 깊이읽기 Ⅱ(법문사, 2021), 199, 201면에 나와 있다. 김인현, "[시론] 동아탱커의 회생절차 신청과 BBCHP 선박의 처리", 쉬핑 가제트, 2019. 4. 13.; "동아탱커 법정관리의 도산법 및 해상법상 쟁점", 한국해운신문, 2019. 4. 19.

한 다음일 것이다. 이 점을 금융권이 이해해 주어야 하며 이를 장차의 대출계약이나 용선계약서에 약정으로 반영을 해달라는 것이 필자의 주장이었다.

이러한 필자의 주장에 대하여 그 당시에는 금융권은 부정적인 입장이었다. 그렇지만, 그 뒤 시간이 흐르면서 합의점을 찾아가는 모습이다. 이에 필자는 동아탱커사태의 전말을 알아보고 법적 쟁점과 시사점을 검토하고자 한다.[2]

II. 사건의 경과

1. 제1차 회생절차

동아탱커(이하 '동아')는 부산에 주된 사무소를 둔 선주사였다. 산업은행, 수출입은행으로부터 대출을 받아 선박을 건조하였다. 선박의 건조방식은 BBCHP형식이었다.[3] 이는 선체용선계약이지만 용선계약의 종료시 소유권을 용선자가 취득하는 형태이다. 용선자인 동아가 납부하는 용선료는 총 선가를 나누어서 납부하는 것으로 그 용선료의 합계는 선가와 같다. 통상의 용선계약에서는 선박이 선박소유자에게 반선이 되지만, BBCHP에서는 마지막 용선료를 납부하면 용선자는 소유권을 취득하게 되어 선박을 보유하게 되므로 국적취득조건부라는 별칭이 붙게 되었다.[4]

선박을 건조하여 보유함에 있어서 두 개의 계약이 체결된다. 제1 계약은 건조자금을 위한 대출계약이다. 금융사와 해외의 SPC 사이에 체결되는 계약이다.[5] SPC는 사실상 금융사가 자신들의 채권에 대한 담보로서 기능하는 선박을 관리할 목적으로 해외에 설립한 것이다. 용선자에게 직접 선박의 건조자금을 대출해 주는 대신에 SPC에게 대출해주는 것이다. 금융사는 대출된 건조자금 채권에 대한 저당권자의 지위에서 선박을 담보물로 취하게 된다.[6] 제2 계약은 선박의 형식상

---

2) 이 사건에 대한 논문으로는 강인원, "선박금융과 도산절연에 관한 소고 – 법인격 부인론을 중심으로–", 「선진상사법률연구」 통권 제87호(2019. 7.), 149면 이하; 신장현, "국적취득조건부 선체용선에서 특수목적법인의 채무자회생법 적용에 대한 법적 고찰", 「한국해법학회지」 제43권 제1호(2021. 5.), 375면 이하가 있다.

3) 신장현, 전게논문, 389면. 동아는 회생절차개시당시 16척의 선박을 보유하고 있었는데, BBCHP선박이 12척, 단순BBC가 2척 그리고 자신이 소유한 것이 2척이었다.

4) 김인현, 해상법(법문사, 2020), 189면. 자세한 논의는 김인현, "국적취득조건부 선체용선의 법률관계", 「한국해법학회지」 제39권 제1호(2017. 5.), 7면 이하를 참고바람.

5) 김인현, 전게서, 190면.

6) SPC가 선박에 대하여 가지는 각종 권리를 양도받는다. 이 외에도 금융사는 자신을 보호하기 위한 다양한 수단을 강구한다. 건조중의 수단으로는 (i) 선수금환급보증의 양도, (ii) 선박건조계약상의

소유자인 SPC와 용선자 사이에 체결되는 선체용선계약이다.[7] 용선자가 SPC에게 용선료를 납부하면 이것이 곧바로 금융사에게 전달되도록 구조화되어 있다.[8] 용선료 납부가 지체되면 용선계약이 해지되고 대출계약도 해지되는 구조이다.[9] 두 개의 계약은 이와 같이 사실상 연동되어 있다.

> 금융사 – (금융대출계약) – 〈SPC〉 – (BBCHP계약) – 용선자(실질선주)

이러한 BBCHP 구조하에서 용선자는 자신이 용선해준 선사로부터 용선료를 받아서 고정된 원리금을 상환해야 한다. 경기가 나빠져서 용선자로부터 용선료가 잘 들어오지 않으면 원리금을 갚을 수 없게 되어 EOD(Event of Default)가 발생하게 된다. 이는 계약의 해지사유이다. 본 사안에서 이러한 사정이 발생하자 동아는 채권자인 금융권을 찾아가서 용선료의 인하를 구하게 되었다. 회생절차 신청일보다 4일 전인 2019. 3. 28. 원리금을 상환하지 못하게 되어 계약위반이 되었다.[10] 금융권은 선박에 대하여 해지를 통보한 상태가 되었다. 동아는 2019. 4. 2. 서울중앙지방법원에 회생절차개시를 신청하게 되었다.

회생절차를 신청하자 법원은 포괄적 금지명령을 2019. 4. 4.에 내려주었고,[11] 4.16. 회생절차가 개시되었다.[12] 현행 채무자회생법의 관점에서 채무자인 동아가 영업기반인 선박 16척 중에서 12척을 BBCHP 형태로 계속 사용이 가능한지 여부가 문제되었다. 채권자인 금융권은 계약해지를 통보하고 형식적으로 SPC가 소유하고 있는 선박에 대한 저당권을 실행하려는 태도를 보였다.[13] 통상의 회생절

권리양수, (iii) 저당권 설정이 있다. 인도후의 수단으로는 (i) 선박에 대한 저당권설정, (ii) 장래 운임채권에 대한 질권설정, (iii) 보험금 수령권에 대한 질권설정이 있다. 자세한 내용은 김인현, 전게서, 569면; 배유진, "선박금융에서 대주보호제도에 대한 연구", 「한국해법학회지」 제40권 제1호 (2018. 5.), 187면 이하가 있다.

7) 김인현, 전게서, 190면.

8) 용선료를 SPC가 수령하고 다시 이를 금융사에게 갚아야 한다. 그런데, SPC가 가지는 용선료수입권한을 금융권이 가지도록 권리를 양도하게 된다. 이런 법적 장치를 활용하여 결국은 금융사와 BBCHP 사이의 금융대출계약이 체결되고 용선계약이 체결된 것이 된다. 결국 채무자회생절차에서 채무자에 대하여 채권자로서 금융사가 나타나게 된다.

9) 이러한 구조에 대한 이해는 대단히 중요하다. 결국 BBCHP계약은 전체로 보면 금융리스임이 확인된다. 그렇다고 하여 해상법상 BBCHP가 임대차적인 성격의 용선계약임을 부인하는 것은 아니다.

10) 자세한 경과는 신장현, 전게논문, 390면.

11) 이에 대한 자세한 내용은 신장현, 전게논문, 391면.

12) 채무자 동아의 채권자로는 수출입은행과 산업은행 등 금융사와 삼성조선 등이 있었다.

13) 법원의 명령이 있기 전인 4.2.에서 4.3. 사이에 금융채권자는 동아의 BBCHP선박에 대하여 원리금 상환채무불이행, SPC의 채무불이행으로 인한 교차채무불이행 및 용선자이면서 SPC의 채무를 보증

차의 경우 회생절차 개시시에 포괄적 금지명령에 의하여 담보권실행이 불가한데, 본 사안의 경우는 담보물인 선박의 소유권이 SPC에 귀속되어 있는 상태라서 채권자인 금융권이 채무자의 회생절차와 무관하게 선박을 회수해 갈 수 있었다는 점이 특이한 점이었다. 회생을 위해서는 선박의 이용이 반드시 필요했던 채무자인 동아의 입장에서는 기존의 형식이론에서 벗어난 다른 수단을 강구해야 했다.

2. 제2차 회생절차

이러한 상태에서 동아 측 변호사는 한 가지 혁신적인 아이디어를 내어,[14] SPC를 상대로 채권자가 회생절차를 신청하게 되었다.

우리나라 채무자회생법에 의하면 채권자도 채무자에 대하여 회생절차개시신청을 할 수 있다(법 제34조 제2항). 본 사안에서 SPC는 금융권에 대하여 대출금을 변제할 의무를 부담하는데, 그 대출금변제 채무에 대한 보증을 동아가 서게 되었다. 사실상 자신이 채무자로서 변제할 의무가 있음에도,[15] 자신이 다시 보증을 서는 이중적인 지위를 가지게 된 것이다.[16]

회생법원은 2019. 4. 17. 포괄적 금지명령을 내려주었다. 그 결과 금융권이나 다른 채권자들이 SPC에 대한 강제집행을 할 수 없게 되었다. 즉, 용선계약은 해지되었지만 선박에 대한 회수를 할 수 없게 된 것이다.[17]

법원이 이 사건에 대하여 재판관할이 있어야 하는데, 회생법원은 그것이 존재한다고 보았다. 외국적 요소가 있는 사건에서 재판관할권을 정하는 국제사법 제2조에 의하면 재판관할권을 가지려면 사건과 법원 사이에 실질적 관련성이 있어야 하는데 이것이 존재한다고 법원은 본 것이다. SPC는 사실상 종이상의 회사에 지나지 않고 채권자인 동아가 국내기업이며 채무자에 해당하는 SPC와 그 실질적

하는 동아탱커의 회생절차개시신청 등을 이유로 BBCHP계약의 해지 및 기한이익상실을 통지한 바 있다. 신장현, 전게논문, 392면.

14) 이 아이디어는 고려대 일반대학원 법학과의 수업에서 김남성 변호사에 의하여 처음으로 국내에 소개되었다.

15) 이는 해외에 SPC를 설립할 때 이미 SPC의 실질적 소유자는 자신이기 때문이다. 파나마 등의 형식상의 소유자의 이사는 모두 실질선주인 BBCHP의 직원들로 구성된다. 이 사안에서도 동아탱커의 직원들이 SPC의 이사로 등재되어 있었다. 따라서 자신이 금융채권자에 대한 채무자이면서 다시 보증인이 된 것이다. 보증인으로 책임을 부담하게 되면, 이제는 채무자인 SPC에 대하여 구상채권을 가지는 채권자 지위에 서게 되는 것이다.

16) 사실상 동일한 채무자가 한 경우는 주채무자로서 다른 경우는 보증인으로서 기능하는 것인데 동일인이 그런 동일한 채무를 부담하는 것이라서 보증인으로서 기능을 제대로 할 수 없다. 괜히 관할만 생기게 한 결과가 되었다. 이는 금융변호사의 주의 깊지 못한 구조화라고 할 수 있다.

17) 자세한 내용은 김인현, 전게 해운신문, 2019. 4. 17.자.

소유자인 금융권이 우리나라 기업이므로 사건과 우리나라 사이에는 실질적 관련성이 있다고 보아 우리나라 법원이 관할을 가진다는 판단이다.

포괄적 금지명령이 내려지자, 금융권은 당황하였다.[18] 이를 피하기 위한 도산절연의 목적으로 만든 것이 SPC제도에 기반한 BBCHP인데 실질 선주에 해당할 수 있는 인 용선자가 회생절차를 신청하는 것은 이런 애초의 약정을 위반한 것이라는 반론을 폈다.[19] 선주협회 등도 선박금융이 막힐 것을 우려하여 법원에 회생절차를 허락하지 말 것을 청원하는 내용의 탄원서를 법원에 제출했다.[20][21]

법원은 상당 기간 동안 숙고했다. 동아와 금융권을 중심으로 하는 채권단이 합리적으로 사안을 해결해 갈 것을 종용했다. 회생법원은 SPC에 대한 회생절차 개시를 허용하지 않는 판결을 2019. 5. 22. 내렸고 그에 따라 SPC에 대한 회생 사건은 종결되었다.

3. M&A

2020. 6. 19. 서울회생법원이 회생계획안을 승인하여 동아의 채무의 상당액을 펀드회사가 매입하였다.[22] 펀드사가 최대주주가 되는 형식으로 최대주주를 변경하여 경영권을 바꾸게 되었다. 초기의 어려움과 달리 금융권은 회사의 선박에 손을 대지 않고서 M&A를 통하여 경영권을 변경하여 동아를 살려내게 되었다. 선박을 회수하여 회사를 공중 분해시키지 않고 고스란히 새 주인을 찾아주었다는 점에서 채권자인 금융권이 긍정적인 역할을 했다고 평가를 내릴 수 있다.[23]

---

18) 당시 금융권의 입장은 일간지에도 잘 나타나 있다. http://www.thebell.co.kr/free/Content/ArticleView.asp?key=20190516010002725000108.

19) 만약 회생절차 개시신청이 받아들여지면 채무자인 SPC의 선박은 모두 강제집행이 금지되는 선박이 된다. 따라서 금융권으로서는 저당권을 행사할 수 없다는 문제가 발생한다.

20) 선주협회는 금융권이 선박금융대출을 중지 혹은 회수하려는 움직임을 보이자 이를 막기 위해 법원에 금융권의 입장을 옹호하는 서면을 제출했다.

21) 그러나, 필자는 BBCHP계약에서 기 납부한 선가상당의 지분에 대하여 충분히 고려된 회생절차가 되었어야 한다는 점을 분명히 했다. 제32회 선박건조금융법연구회에서 필자는 "동아탱커의 회생절차"라는 제목으로 발표를 했다(2019. 4. 26.). 김남성 변호사(리앤킴)가 토론했다.

22) 파인 트리 파트너가 600억원에 동아를 인수했다.

23) EOD가 발생하여 용선계약이 해지되고 금융권은 선박을 회수할 수 있었지만 회수하지 않았다는 점은 채권자였던 제2의 한진해운사태를 막기 위하여 금융권이 자제한 것으로 볼 수 있다.

Ⅲ. 쟁점에 대한 검토

1. 제1차 회생절차에서의 쟁점

1) 회생절차 개시신청의 이유

통상 선박회사의 회생절차는 높은 용선료를 처리하기 위한 것이었다. 해운경기가 하강국면에 들어가자 2000년대 후반에 들어서 대우로지스틱스, STX 팬오션, 대한해운 등은 해운시황이 악화되어 수입은 적고 지출은 많은 구조에 직면했다.[24] 그래서 해운회사는 금융대출금이나 선주사에게 용선료를 갚을 수가 없었다. 이에 회생절차를 개시하면서 국면 타개를 모색하게 되었던 것이다. 2010년을 전후한 해운회사의 회생절차 개시신청은 대부분 이러한 목적이었다.[25]

채무자회생법에 의하면 회생절차가 개시되면 관리인이 미이행쌍무계약에 대하여 해지를 하거나 이행을 선택할 기회를 가지게 된다(법 제119조).[26] 채무자인 해운선사는 장기운송계약 등 자신에게 유리한 계약은 이행을 선택하여 영업을 계속하게 된다. 반면, 불리한 경우는 계약을 해지하게 된다. 해지하면 장래의 미이행 용선 계약은 그의 계약위반이 된다. 장래의 용선료채무는 손해배상채무로 화하게 된다. 채무자회생법의 규정에 의하면 이 손해배상금 채권은 회생채권이 되게 된다(법 제121조 제1항).[27][28] 말하자면, 100단위의 용선료를 10단위의 손해배상금으로 처리할 수 있게 된다는 것이다. 이런 절차를 거쳐서 대한해운, STX 팬오션은 모두 회생이 되었었다.

그런데, 동아의 회생절차 개시신청은 이런 목적을 가지고 채무자가 신청을 한 것이 아니다. 회생절차가 개시되기도 전에 용선료를 납부하지 못함에 따라 이미 계약위반으로 선박을 회수당할 상황에 놓이게 되었고, 그에 따라 관리인이 용선 계약을 선택하여 해지할 기회도 갖지 못하기 때문이다. 채무자인 동아탱커는 회

---

24) 수년 전에 맺은 용선계약상 용선료는 굉장히 높았다. 그런데, 2008년 리먼브라더스 사태이후 물동량이 줄어들면서 운임지수는 BDI가 2008. 6. 11,000하던 것이 2008. 12. 633으로 하락하였다.

25) 삼선로직스는 2009. 2., 대우로지스틱스는 2009. 7., TPC코리아는 2009. 7., 대한해운은 2011. 1. 25. 그리고 STX 팬오션은 2013. 6. 7. 회생절차를 신청하게 된다. 자세한 내용은 김인현, "한진해운 회생절차에서의 해상법 및 도산법적 쟁점", 「상사법연구」 제36권 제2호(2017), 15면 이하가 있다.

26) 회생절차에서 해운회사가 활용할 수 있는 가장 중요하고 효과적인 수단이다.

27) 김찬영, "회생절차하에서 정기용선계약상 조기반선에 관한 연구", 「한국해법학회지」 제36권 제1호(2014. 4.), 146면.

28) STX 팬오션, 대한해운 등은 이 조항을 이용하여 채무를 크게 탕감받을 수 있게 되었다.

생절차의 개시를 무기로 채권자인 금융권들에게서 즉각적인 금리인하 혹은 금리변제의 방법에 대한 완화를 시도한 것으로 보인다.[29]

2) BBCHP 선박에 대한 처리

회생법원은 동아에 대한 회생절차개시신청을 받아들여주었다. 그 결과 채무자인 동아의 재산은 동결되었다. 동아가 소유하던 선박에 대하여는 더 이상 가압류, 강제집행이 되지 않는다(법 제58조).[30]

BBCHP된 선박에 대하여도 채무자회생법 제58조에 의하여 동결되는 재산인지가 문제된다. 이는 오랜 논쟁의 대상이다.[31] 일반적으로 동산에 대한 금융리스의 경우 법원은 채무자인 리스이용자의 소유로 간주한다.[32] 그러므로, 회생절차하에서 동결되는 재산이 된다. 결국 채무자의 회생에 도움이 된다. 최근 한진해운 사태에서는 BBCHP계약의 법적성질을 미이행쌍무계약으로 보았다.[33] 결국 선박소유자인 SPC와 용선자인 채무자 사이의 용선계약으로 보게 된다. 선박은 SPC의 소유이고 채무자의 재산이 아닌 것이 되어 회생절차와 무관하게 된다. 따라서, 채권자는 강제집행이 가능하게 된다.[34]

본 사안의 경우는 법원이 BBCHP선박에 대한 어떤 판단을 내린 것은 아니다. 왜냐하면 이미 선박은 동아의 계약위반으로 해지가 되어 소유자는 선박을 회수할 권리가 있었기 때문이다.[35][36]

---

29) 신장현, 전게논문, 390면.

30) 선박과 관련한 채무자회생법 제58조의 해석에 대하여는 김인현, 전게 상사법학회지, 43면 이하가 있다.

31) 자세한 논의는 김인현, 전게 상사법학회지, 36면; 김창준, 전게논문, 84면 이하가 있다.

32) 금융리스는 리스되는 물건을 형식상 소유자가 처음부터 점유하지 않고 리스이용자가 점유하고 사용하다가 소유권을 취득한다는 점, 소유권을 리스업자가 가지는 것은 대출된 금원의 담보차원이라는 점에 착안하면 금융리스된 물건의 소유자는 리스이용자로 볼 수 있다.

33) 창원지방법원의 한진샤먼호 판결(2017. 2. 23. 자 2016라308 결정)에서 법원은 이러한 입장을 취하였다. 김인현, "한진해운 회생절차상 선박압류금지명령(stay order)의 범위", 「상사판례연구」 제30권 제1호(2017. 3. 31.), 150면.

34) 한진샤먼호도 이러한 논리에 따라서 선박우선특권에 기한 임의경매가 허용되게 되었다.

35) 본 사안에서 압류금지명령이 문제되지는 않았다. 우리나라에서 인정된 회생절차가 외국에서 인정되지 않는 것이 원칙이다. 그러나, 유엔시트랄 모델법 국가에서는 외국에서 실시되고 있는 회생절차를 자국에서도 인정하는 제도를 운영하고 있다. 이를 위하여는 압류금지명령을 채무자가 외국의 법원에 신청을 해야 한다. 중국이나 파나마 등은 전혀 압류금지명령이 인정되지 않기 때문에 채무자의 선박은 압류의 대상이 된다. 그러므로, 그런 국가에는 선박이 입항하지 않도록 해야 한다. 외국의 채권자들은 모두 한국의 회생절차에 들어와서 자신의 채권을 행사해야 한다. 외국에서 채무자의 재산에 대한 강제집행은 압류금지명령 때문에 행사할 수 없게 된다. 이는 국제도산이라는 제목으로 많이 다루어진다. 자세한 논의는 김인현, 전게 상사법학회지, 40면 이하가 있다.

36) 만약, 채무자회생법의 개정이나 해석의 확대로 BBCHP선박도 법 제58조하의 채무자의 재산에 포

2. 제2차 회생절차에서의 쟁점

1) 어떻게 채무자가 SPC에 대한 회생절차의 신청이 가능한가?

제1차 회생절차가 잘 진행되지 않자 채무자인 동아는 다른 방법을 모색했다. 자신이 실질상 소유하게 될 선박이지만 금융구조상 채권자인 금융단의 지배를 받고 있는 SPC선박을 회생절차에 넣는 방법을 고안한 것이다. SPC에 대한 채무자인 동아가 한편으로는 보증인으로서 구상채권자의 지위에 있다는 점을 이용하여 SPC에 대한 제2차 회생절차를 한국 법원에 신청한 것이다. 만약, 이 절차가 인정된다면, 채무자인 SPC의 선박은 회생절차의 적용을 받게 된다. 따라서 선박을 금융권이 회수해 갈 수 없고 채무자회생법 제58조에 의해 선박은 동결되어 동아가 그 선박을 사용하는 것이 가능하게 된다.

제2차 회생절차는 SPC가 채무자로서 스스로 회생절차를 신청한 것이 아니라 SPC의 채권자인 동아가 회생절차를 신청한 것이다. 회생절차는 채무자가 회생을 위한 목적으로 신청하는 것이 일반이지만, 채무자회생법은 채무자의 채권자도 회생절차를 신청할 수 있도록 하고 있다(법 제34조 제2항). 채권자도 자신의 이익을 추구할 필요가 있기 때문이다.

2) 재판관할권을 가지는가?

동아는 우리 법원에 회생절차 개시신청을 했다. 과연 우리 법원이 재판관할을 가지는지가 문제되었다. 채무자인 12척의 SPC의 소재지는 파나마 혹은 마샬아일랜드 등이다. 피고의 주소지를 관할하는 법원이 재판관할을 가지는 것이 보통이다.[37]

그런데, 본 사안은 외국적 요소가 개입된 사안이다. 그러므로, 법원은 국제사법에 따라서 재판관할을 가지는지를 확인해야 한다. 우리 국제사법 제2조는 사건과 우리 법원이 실질적 관련성이 있을 때 재판관할을 가진다고 정하고 있다.[38]

함된다고 보았다면 채무자인 동아의 입지는 더 유리했을 것이다.

37) 민사소송법 제2조는 소는 피고의 보통재판적이 있는 소의 법원이 관할한다고 정한다. 피고의 주소지에 보통재판적이 있다.

38) 실질적 관련이란 분쟁대상이 우리나라와 관련성을 갖는 것, 즉 연결점이 존재하는 것을 말한다. 구체적인 인정여부는 개별사건에서 법원의 종합적인 판단에 의한다. 석광현, 국제사법, 박영사(2013), 65면.

본 사안에서 비록 SPC가 해외의 법인이기는 하지만, 사실상의 소유자는 한국의 은행이고 장래의 소유자 겸 현재의 용선자는 한국법인인 동아였다. 관련자들도 모두 한국인들이다. SPC의 이사들도 모두 한국인이었다. 이를 근거로 한다면 한국이 실질적 관련성을 가지므로 우리나라가 재판관할권을 가진다고 할 수 있을 것이다.[39)40)]

회생법원은 아래와 같이 판시하였다.

> 국제사법상 국제재판관할에 대하여, 국제사법 제2조 제1항은 "법원은 당사자 또는 분쟁이 된 사안이 대한민국과 실질적 관련이 있는 경우에 국제재판관할권을 가진다"고 규정하고 있다. 이 사건 기록에 의하여 알 수 있는 다음과 같은 사정들 즉, ① 채무자의 이사들이 모두 대한민국에 거주하고 있는 점 ② 대출이 이루어진 장소와 대출원리금이 변제되는 곳 및 채무자의 주된 수입인 용선료가 지급되는 곳이 모두 대한민국인 점 등을 고려하면, 이 사건은 대한민국과 실질적 관련이 있으므로, 대한민국에 재판관할권이 있다.

다음으로 법원은 제1차 회생절차를 진행하는 회생법원이 재판관할을 가지는지 보았다. 아래와 같이 1차 회생사건에서 채무자인 동아와 제2차 회생사건에서 채무자인 SPC는 동일한 채무를 부담하므로 제1차 회생절차가 진행 중인 서울 회생법원에 관할을 인정하였다.

> 채무자 회생법상 재판관할권에 대하여, 채무자회생법 제3조 제3항은 "다음 각호의 신청은 다음 각호의 구분에 따른 회생법원에도 할 수 있다"고 규정하면서 제3호에서 "다음 각 목(가. 주채무자 및 보증인 나. 채무자 및 그와 함께 동일한 채무를 부담하는 자)의 어느 하나에 해당하는 자에 대한 회생사건, 파산사건 또는 개인회생사건이 있는 경우 그 목에 규정된 다른 자에 대한 회생절차개시·간이회생절차개시의 신청, 파산신청 또는 개인회생절차개시의 신청: 그 회생사건, 파산사건 또는 개인회생사건이 계속되어 있는 회생법원"이라고 규정하고 있다.
>
> 위 규정은 서로 관련이 있는 채무자들의 경우에 동일한 법원에 회생절차개시 신청을 할 수 있게 함으로써 관련 사건의 병행처리를 가능하게 하여 회생절차의 효용성을 높이기 위한 것인바, 이 사건의 경우 신청인은 채무자의 대출채무에 대하여 연대보증하였고, 채무자는 신청인과 동일한 채무를 부담하고 있으므로,

---

39) 실질적 관련성이 우리나라에 있다고 하여 우리법원에 재판관할권을 인정한 판결은 많이 있다. 대법원 2012. 12. 25. 선고 2009다7754 판결.
40) 만약, SPC 자체가 우리나라에 회생절차 개시신청을 했다고 하더라도 우리 대법원의 선례에 의하면 실질적 관련성을 가진다고 볼 수 있을 것이다.

채무자에 대한 회생절차는 신청인의 회생사건이 계속되어 있는 서울회생법원에 그 개시신청을 할 수 있다.

3) 기각이 과연 합당한 것인가?

포괄적 금지명령을 내린 다음 법원은 반년가까이 회생절차개시결정에 대한 결정을 내리지 못하였다. 채권단과 동아 사이에 합의를 권고하였다고 한다. 회생법원은 최종적으로 기각결정을 내렸는데, 두 가지 중요한 요소인 채권자의 일반이익과 기업집단론에 대하여 언급을 했다.

(1) 채권자의 일반이익

제2차 회생절차에서 채권자는 금융권이고 채무자는 SPC이다. 회생절차를 신청한 자는 동아였다. 회생법원은 회생절차개시신청을 기각하는 사유를 법률의 규정에 의거하여 살펴보았다.

　채무자회생법 제42조는 회생절차개시의 신청을 기각해야 하는 사유의 하나로 제3호에서 "그 밖에 회생절차에 의함이 채권자 일반의 이익에 적합하지 아니한 경우"를 들고 있다. 이러한 채무자회생법의 각 규정을 종합하여 볼 때, 회생절차개시의 신청원인이 있는 경우라도 회생절차를 개시하는 것이 채권자 일반의 이익에 적합하지 아니한 경우 회생절차 개시신청을 기각하여야 한다. 여기서 "채권자 일반의 이익"이란 특정의 채권자가 아니고 채권자 전체를 하나의 그룹으로 본 경우, 이들에게 이익이 되는 것을 말한다. 이 사건에서 채권자 한국수출입은행과 한국투자신탁운용 모두 담보권 실행을 통하여 채무자에 대한 채권회수의사를 밝히면서 채무자에 대한 회생절차개시를 명백하게 반대하고 있으므로, 채무를 감축하고 재조정하는 회생절차개시가 채권자 일반의 이익에 부합된다고 볼 수 없다. 이에 대하여 신청인은 "채권자들이 이 사건 선박을 매각하여 대출금을 회수한다면 앞으로의 이자수익을 전혀 수령할 수 없는 반면, BBCHP를 통하여 이 사건 선박을 정상적으로 운항한다면 대출원리금 변제로 채무자는 더 많은 이익을 창출할 수 있으므로, 이 사건 선박에 대하여 담보권을 실행하지 않는 것이 채권자들에게 유리하다"고 주장한다. 살펴건대, ① 현재 신청인에 대하여 BBCHP 계약조건에 따른 용선료 등 채무이행에 지장이 발생하여 회생절차가 개시된 상태인 점, ② 향후 해운업 경기의 부진으로 용선료 수입이 감소되면 또다시 대출원리금 변제가 어려워질 수 있고, 그와 같은 상황에서 이 사건 선박에 대한 담보권 실행시 선박가격의 하락으로 인하여 잔여 대출원리금을 회수하지 못하여 후순위 담보권자 등을 포함한 다수채권자들에게 손해가 발생할 가능성이 있는 점, ③ 채권자들이 제출한 소명자료에 의하면 이 사건 선박에 대한 매각 등을 통한 채권회수가 무난하게 실현가능하다고 보이는 점 등을 고려하면 채권자들이 회생절차를 통하여 장차 채무자로부터 회수할 수 있는 채권액이 현재 담보권 실행을 통하여 회수할 수 있는 채권액보다 많다고 단정할 수 없으므로, 채무자에 대하여 회생절차를 진행하는 것이 채권자 일반의 이익에 적합하다고 볼 수 없다.

(2) 기업집단

동아는 SPC는 오로지 신청인에게 용선할 선박의 소유만을 위하여 설립되었다는 점 등 BBCHP 구조상 제1차 회생절차에서 채무자인 동아와 제2차 회생절차의 채무자인 SPC는 경제적으로 밀접하게 연계되어 있는 기업집단에 해당하므로, SPC에 대한 회생절차 개시요건 인정여부도 기업집단 전체를 기준으로 판단하여야 한다고 주장했다.[41] 그러나, 법원은 그 주장을 아래와 같이 받아들이지 않았다.

> 또한 신청인은, 신청인과 채무자를 포함하여 BBCHP 방식으로 설립된 12개의 특수목적법인과 같이 기업집단 내의 여러 회사의 결합정도가 높은 경우에는 경제적으로 일체인 복수의 회사를 기준으로 회생절차 개시요건 충족여부를 판단하여야 하고, 신청인의 회생절차와 채무자를 포함한 특수목적 법인들의 회생절차가 병합적으로 처리되어야 한다는 취지로 주장한다. <u>그러나, 신청인과 채권자들이 도산절연의 효과 때문에 특수목적법인인 채무자를 설립하여 이 사건 선박을 채무자 소유로 한 점, 채무자에 대한 대출 역시 도산절연의 효과로 인한 담보의 확실성을 믿고 이루어진 점 등을 고려하면, 신청인과 특수목적 법인에 대한 회생사건의 병합적 처리는 당초 도산절연을 염두에 둔 신청인과 채권자들의 의사에 반하는 것으로</u>, 신청인의 위 주장은 받아들이지 아니한다. 따라서 현 상태에서 채무자에 대하여 회생절차를 진행하는 것은 채무자 회생법 제42조 제3호의 "그 밖의 회생절차에 의함이 채권자 일반의 이익에 적합하지 아니한 경우"에 해당한다고 판단된다. 이 사건 신청은 회생절차의 요건을 갖추지 못하였다고 할 것이므로 채무자 회생 및 파산에 관한 법률 제42조 제3호를 적용하여 주문과 같이 결정한다.

선주협회와 선박금융업계를 비롯한 다수의 이해관계자들이 SPC에 대한 회생

---

41) 싱가포르에서는 채무자가 운항하고 있는 선박은 모두 채무자의 영업을 목적으로 사용되고있으므로 모두 하나로 보아야 한다는 그룹이론을 주장하는 변호사가 있다. 결국 명의와 실질이 다른 편의치적인 경우에도 싱가포르에서 법인격 부인이 쉽게 인정되게 되었다고 말한다. 2017. 2. 23. 서울에서 개최된 2017 INSOL International Seminar, Cross border insolvency in the shipping industry, Kah Wah Leung 변호사. 김인현, 전게(상사판례연구) 논문, 142면.

절차개시는 인정되면 선박금융이 어려워진다는 의견을 제시했고, 이것을 법원이 충분히 고려한 것으로 보인다.

그러나, 그 결과는 채무자인 동아에게 극히 불리한 것이 되었다. 본 선박은 BBC가 아니고 BBCHP용선으로 소유권을 취득할 것이 예정된 용선계약이었다. 해외에 설치된 SPC는 도관체라고 본다면 용선자인 동아가 금융권으로부터 건조자금을 직접 대출한 것으로 볼 수 있다. 금융리스에서 대금을 이미 50% 지급한 선박이 10척이라고 한다면, 5척에 대하여는 이미 소유권을 취득한 것과 실질적으로 동일한 것이다. 5척에 대한 사용을 회생절차에서 할 수 있도록 설계가 되었어야함에도 그렇지 못하다. 소유자와 금융권은 선박을 모두 회수하여 기 지급된 잔금은 선박을 매각한 다음 돌려줄 것이다. 그렇지만 회생절차에서는 이미 조사인은 운영할 선박이 없기 때문에 계속기업가치보다 청산가치가 높다고 의견을 제시했을 것이고 법원은 파산으로 간다는 판단을 내렸을 것이다. 기 지급된 잔금을 회생절차가 폐지된 다음에 회수를 해보아야 채무자를 회생시키기에는 이미 늦은 것이 되는 것이다.

Ⅳ. 사건에 대한 검토

1. 계약의 내용

1) BBCHP 구조의 특징

BBCHP 구조는 금융권과 실질 선주의 직접계약을 변경시켜 그 사이에 SPC를 넣었다. 정상적인 구조라면 금융권과 실질 선주의 계약하나만 있어야 할 것이지만, 금융권과 SPC 사이의 금융대출계약과 SPC와 실질 선주인 용선자 사이의 BBCHP계약이라는 두 개의 계약이 존재한다.

2) 금융대출계약

금융대출계약의 당사자는 금융권과 SPC이다. SPC는 채무자로서 선박건조대금을 대출받는다. 금융권은 대출금을 받기 위하여 SPC의 재산인 선박에 대한 저당권자의 지위에 선다.[42] 대출금을 받지 못하면 선박에 대한 강제집행으로 자신을

---

42) 금융대출계약에서 채무자는 SPC, 채권자는 금융권이다. 건조중인 선박을 담보로 하여 금융권이 저당권자가 되고 SPC는 저당권설정자가 된다.

보호하게 된다. 대출금은 할부형식으로 변제되는데 한번이라도 변제되지 못하면 대출약정계약은 해지되도록 되어 있다.[43]

대출금 상환은 용선자의 용선료로부터 이루어진다. 경우에 따라서는 금융권은 자신의 SPC에 대한 대출금을 확실하게 수령하기 위하여 보증인을 구하는데, 보증보험도 활용되지만, 실질선주가 보증인이 되는 경우도 있다.[44]

3) BBCHP 계약

SPC는 형식상의 소유자일 뿐이다. 이미 예정된 실질 선주를 용선자로 하여 선박을 20년간 BBCHP형식으로 빌려준다. 그 법적 성질은 상법상 선박임대차(나용선, 선체용선계약)이다. 다만, 용선기간의 종료와 함께 소유권을 용선자가 취득하는 점에서 단순 선체용선과 다르다.[45][46] SPC는 대출금을 변제하기 위하여는 자신이 소유하는 선박을 대출하여 줌으로써 용선료를 받아야 한다. 그는 매월 용선료를 수령하게 된다. 그 대금의 합은 정확하게 금융권으로부터 빌린 대출금과 동일하다.[47]

2. 금융구조에 대한 여러 가지 관점

1) 금융권의 관점-도산절연론

실질선주가 회생절차에 들어가도 선박이 영향을 받지 않는 구조를 선박금융을 제공하는 채권자인 금융사가 원한다.[48] 그리하여 형식상 소유자를 만든 결과가 SPC로 나타난다. 우리나라의 채무자회생법에 의하면 채무자의 소유의 재산은 회생절차에 구속받게 된다. 대출자인 은행은 이런 구조를 원하지 않는다. 대출을 실질선주에게 직접하게 되면 실질선주는 선박에 대한 소유자가 되고 그 선박은

---

43) 신장현, 박사학위논문, 115면.
44) 신장현, 박사학위논문, 82면. 본 사안이 그러했다.
45) 두계약은 금융-임대-소유권이전이라는 목적으로 이어진다. 두 계약을 연결시켜주는 당사자는 선박소유자이나 서류상의 명목상의 회사에 불과하다. 실질적인 계약의 당사자는 금융채권자와 선체용선자가 된다. 국취부선체용선의 계약에서는 선박소유자의 권리를 금융채권자가 양도받으므로 선박소유자의 권리를 금융채권자가 행사하게 된다. 신장현, 전게 학위논문, 131면.
46) Hire Purchase Option을 가진 계약은 순수한 BBCHP계약과 다르다. Mark Davis는 최종시점에 남은 용선료를 납부할 선택권을 가진다고 설명한다. Bareboat Charters, LLP, 2005, 196면. 할부금을 일정하게 납부하는 BBCHP는 Finance Bareboat Charter라고 한다. Mark Davis, op. cit., p. 209.
47) 신장현, 전게 박사학위논문, 124면.
48) 정우영 외 2인, 해양금융의 이해와 실무(한국금융연수원), 2017, 179면.

회생절차에서 채무자의 소유이므로 회생절차에 구속되게 된다. 따라서 SPC를 세우고 실질선주는 형식상 용선자가 된다. 용선자가 회생절차에 들어가 채무자가 되어도 그가 용선한 선박은 그의 소유가 아니므로 회생절차에서 자유롭게 된다.[49] 이와 같이 도산절연론은 BBCHP의 법적 성질을 금융리스로 보면 선박은 채무자의 소유로 간주되므로 주장의 근거가 없어진다.

선박에 대한 가압류나 강제집행은 채무자가 소유한 재산에 대하여만 허용된다. BBCHP구조는 선박을 채무자인 용선자의 소유로 하지 않고 SPC의 소유로 한 다음 용선자가 SPC를 빌려가게 하는 것이다. 그러므로, 용선자가 채무자가 되어도 채권자로부터 가압류나 강제집행을 당하지 않게 된다. 이러한 목적으로 선박을 장차 채무자가 될 실질선주로부터 분리시켜 두었다. 크게 보면 이런 효과도 도산절연의 일종이라고 볼 수 있을 것이다.

2) 실질 선주의 관점 - 연불금융과 기대권

BBCHP로 하는 중요한 이유는 실질선주가 신조 발주하거나 중고선 매입시 선박의 건조가액을 전액 지급할 여력이 없으므로 연불로 선가를 지급하여 차츰 차츰 소유권을 취득하려는 데에 있다. 선박건조대금이 부족한 실질선주는 연불로 선박을 건조할 수밖에 없었다.[50] 그래서 BBC가 아니라 소유권유보부 선체용선으로 선박을 건조하게 되었다. 용선자는 대금을 지급하고 점차 소유권을 취득하게 된다. 용선시간이 진행될수록 소유권취득에 대한 기대권이 더 높아지게 된다.[51] 따라서 실질적으로 우리나라 국적이 취득되지 않았지만 국적선과 동일한 자격을 부여하는 법리를 개발하였다.[52]

---

49) 木原知己, 船舶金融論, 海文堂(2016), 111면.

50) BBCHP제도는 우리나라 해운기업의 자본력이 부족하였던 시기에 일시에 자금을 필요로 하지 않는 제도를 통한 용선으로 선박을 확보하게 했고, 선가를 할부금으로 상환하게 함으로써 소유권을 점진적으로 취득하여 매입하는 선박확보 및 선박금융을 동시에 해결할 수 있게 했다. 이기환 외 3인, 선박금융원론, 도서출판 두남, 2016, 425면.

51) 한진샤먼호 사건 및 피보험이익 관련 2019년 대법원 판결에서도 BBCHP용선자의 소유권취득에 대한 기대권이 인정되었다.

52) BBCHP선박은 철광석 등 대량화물을 국내해운기업의 국적선을 우선적으로 이용하여 운송하려하였던 화물유보제도(웨이브제도)를 적용하는 경우에 선박의 원리금상환기간에도 우리나라 국적선과 동일한 위치를 부여받아 그 화물을 자유롭게 운송할 수 있는 자격을 부여받았다. 이기환 외 3인, 전게서, 424면. 해운기업보호정책의 일환으로 활용되었다는 취지이다.

3) 기타 해외에 SPC를 두는 이유

실질선주는 선박의 건조를 원한다. 자신은 건조자금이 없기 때문에 대출을 받지 않을 수가 없다. 대출을 주는 은행은 확실한 대금의 회수를 목적으로 선박에 대한 저당권을 설정해야 한다. 저당권이 확실하게 실행되어야 한다. 해외 SPC에 의하면 저당권의 실행과 선박우선특권에서 금융채권자가 유리하다.[53)54)]

해사행정이 느슨한 편의치적국에 치적을 하면 선박의 운항에 유리하다. 해외에 치적하면 자국의 엄격한 선원법의 적용을 받지 않기 때문에 선원비를 절감할 수 있어서 유리하게 된다.[55)]

3. SPC에 대한 회생절차개시 기각의 당부

1) SPC에 대한 신청이 BBCHP계약의 취지에 어긋나는가?- 도산절연

도산절연을 금융권이 희망하여 SPC를 세운 것은 실질 선주인 용선자와 합의된 사항이라고 금융권은 말한다. 이 점은 금융권이 주장하는 바와 같다. 한걸음 더 나아가 금융권은 실질선주가 채무자인 SPC를 상대로 회생절차를 신청하는 것은 도산절연에 합의한 채무자로서는 계약에 위반하는 것으로 보았다. 법원도 이를 인정하였다. 이를 뒷받침하는 주장을 본다.

> "이처럼 도산법은 채권자, 채무자, 공익의 보호라는 세 가지 역할을 종합적으로 고려하여 구체적인 사안에서 이들 보호되는 가치를 조화시키는 역할을 해야 할 것인바, 이때에도 반드시 고려해야 할 점은 계약자유의 원칙 하에서 이해관계자들이 당초 합의의 내용일 것이다. 선박금융으로 선박을 조달하여 이를 운용하는 해운사는 당초 선박금융채권자에게 해운사와 명목상 선박소유자인 SPC 간 도산절연을 전제로 유리한 조건으로 금융을 지원받았다.[56)] 그런데 해운사의 도

---

53) 선박매입시 잔금 납부와 동시에 선박등록 및 저당권설정이 가능한 점(우리나라는 며칠이 소요된다고 함)과 선박우선특권의 피담보채권에 선박저당권이 포함된다는 점을 장점으로 든다. 신장현, 전게논문, 386면.

54) 특히 파나마, 마샬아일랜드 등은 선박우선특권에서 유리하다. 우리나라의 경우 금융채권자는 선박우선특권을 가지지 못하지만, 위 국가는 금융채권자도 중간순위의 선박우선특권자가 되므로 크게 보호된다. 이것이 해외에 치적을 하는 SPC를 설치하는 이유 중의 하나이다. 일본 상법도 금융채권자에게 우선특권을 부여하지 않는다. 佐藤達朗・雨宮正啓, 船會社の經營破綻と實務對應, 成山堂書店(2017), 10면.

55) 우리나라의 경우 한국에 치적을 하면 선원법에 의거 한국선원을 원칙적으로 승선시켜야 한다. 편의치적국가는 이런 제한이 없기 때문에 선주로서는 싼 선원들을 승선시킬 수 있어서 유리하다. 김인현, 전게 해상법, 109면.

산을 계기로 해운사의 회생을 기한다는 명목 하에 당초의 이러한 합의를 깨고 SPC의 해운사에 대한 용선료 채권 담보를 위해 유보된 SPC의 소유권이 담보권에 불과하다고 보고 이를 회생계획을 통해 권리조정을 한다는 것은 도산법이 부여받은 실정체법상의 권리, 의무를 변형시키는 권한을 감안하더라도 이는 이해관계자 간 이해관계의 조정을 넘어서서 선박금융 채권자의 도산절연에 대한 신뢰, 선박 담보권이라는 재산권에 대한 침해이자 더 나아가 금융시장에서 거래하는 수많은 해운사와 채권자가 양해왔던 거래질서에 대한 훼손이 될 것이다.”고 주장한다.[57][58][59]

2) 기대권

그렇지만, 이런 주장에는 계약자유의 원칙하에서 당초 합의한 내용 중 실질선주의 의도를 간과한 것이다. BBC와 BBCHP 계약의 경우를 달리 보아야 하는데 그 특징을 고려하지 않았다. BBCHP에서 실질선주는 선박에 대한 소유권 취득에 대한 기대권을 가진다는 점이 BBC와 다른 점이다.[60] 당초 합의의 내용에는 용선기간이 종료되면 소유권을 취득하는 것과 그 대가로 용선료가 아닌 선가상당액의 금원을 매달 지급한다는 것도 포함되어 있다. 그런 자신이 가지는 권리를 행사하기 위하여 실질선주는 SPC에 대한 회생절차를 신청한 것이다. SPC에 대한 회생절차가 성공하면 그는 SPC선박을 자신의 영업에 사용할 수 있다.

상당한 선가를 납부하고 장래 소유권에 대한 기대권을 가짐에도 그 권리를 포기하고 행사하지 못하기로 한다는 당사자 사이의 약정이나 묵시적인 의사의 합치는 없었다고 보아야 한다. 그러한 권리를 인정해주어 채무자를 회생하게 해주는 것이 채무자회생법의 취지에 더 부합한다. 이런 목적으로 실질선주는 회생절차를 신청한 것으로 해석된다.[61]

---

56) 연불로 건조자금을 대출받았으므로 한꺼번에 대출을 받는 것보다 이자를 더 붙여서 대출을 해 주었을 것이다.

57) 강인원, 전게논문, 171면. 강인원 변호사는 회생절차의 주된 목적이 채무자기업의 회생에 있음과 도산법이 갖는 강행규정적 성격을 부인하지 않는다고 한다. 158면.

58) 신장현 박사도 동일한 취지이다. 해외에 SPC를 세운 제일 큰 목적이 도산절연에 있다고한다. 이를 통하여 금융대출을 해주는 은행은 위험이 한정되게 되어 저렴한 이자로 대출이 가능하게 된다는 것이다. 전게논문, 383면.

59) 이에 대하여 김창준 변호사는 “SPC와 대주단의 분리구조는 인위적으로 창설된 법적 장치이고 회생절차에서는 이런 분리구조를 해소하여 SPC와 대주단 양자를 하나의 집합적 권리주체로 파악하여 채무자인 선사의 상대방으로 보고, SPC와 대주단을 하나의 권리주체로 파악해야 한다”고 주장한다. 이렇게 본다면 도산절연이라는 개념은 아예 존재하지 않는다. 김창준, “한진해운의 도산법적 쟁점”, 「한국해법학회지」 제39권 제1호(2017. 5.), 63면.

60) 김창준, 전게논문, 67면.

요컨대, BBCHP계약을 둘러싼 2개의 계약에는 (i) SPC를 해외에 설치하여 도산절연을 시켜 자신을 보호하겠다는 금융권의 의사와 (ii) 연불로 소유권을 취득하겠다는 실질 선주의 의사가 모두 존재한다. 두 개의 권리를 모두 인정하고 조화롭게 해석을 해야 한다.

3) 금반언의 원칙

금융권은 자신이 SPC에 대하여 가지는 채권의 확보를 위하여 실질선주인 동아에게 보증인이 되도록 했다. 실질선주가 다시 SPC의 채무를 보증하게 됨으로써 장차 SPC에 대한 채권자가 될 여지를 남겨두었다. 그렇게 함으로써 실질선주는 채무자회생법에 따라 회생절차에서 채권자의 지위가 인정되어 회생절차 개시 신청이 가능하게 되었다. 구상채권의 채권자는 자신의 지위를 지킬 권리가 있다. 이러한 보증을 금융권이 자초한 것이기 때문에 실질선주는 채권자로서 회생절차의 개시를 신청하게 된 것이다.

당사자 자치의 원칙에 따라 당초 계약의 내용인 도산절연을 지켜야 한다는 입장에 따른다면 이 사안도 동일하게 적용되어야 할 것이다. 채권자인 금융권이 채무자이자 실제선주인 동아와 SPC의 채무에 대한 보증계약을 체결했다. 보증계약의 체결에는 기본적으로 권리와 의무를 행사한다는 약속이 당초에 들어 있다. 보증인이 채무를 부담하게 되면 자신에게 주어진 권리를 행사할 것은 너무나 당연하다. 만약, 그러한 권리를 인정하지 않을 의도였다면 보증의 약정에 SPC에 대한 회생절차 개시신청을 포기한다는 내용의 추가적인 약정이 있어야 한다. 민법과 채무자회생법에 따라 채무자이면서 동시에 보증인인 동아가 가지는 권리도 인정되어야 한다.

요컨대, 이러한 보증계약이 체결되지 않았다면 동아는 채무자회생법상 회생절차신청의 자격이 없었던 것이다. 금융권이 스스로 채무자인 동아에게 회생절차에서 신청할 자격을 부여하고서는 이를 부정하는 것은 금반언의 원칙에 어긋나는

---

61) 이런 행동까지 취하지 않을 것을 약정했다고 볼 수 있을까? 금융권과 SPC와의 계약에 의하면 할부금을 지급하지 않으면 EOD가 발생하고 계약은 해지된다. 그렇게 되면 채권자인 금융권은 선박을 회수해갈 수 있다. 이런 약정의 내용의 당사자는 금융권과 SPC이지 실질선주는 아니다. 다음 SPC와 실질선주와의 사이에서 체결된 계약에 의하면 동일한 내용이 있다. 실질선주가 용선료를 지급하지 못하면 용선계약은 자동 해지되고 SPC는 소유자로서 선박을 회수해가게 된다. 위 두 계약에 의하면 용선자는 선박에 대한 권리를 주장할 수 없도록 하고 있다. 그가 납부한 금원은 매각된 다음 용선자에게 환급되게 된다. 만약 이를 계약으로 이해한다면 실질선주는 대단히 불리한 계약을 체결한 것이 된다. 왜냐하면 자신이 납부한 금원은 자신의 회생절차에 사용을 못하게 되기 때문이다.

것이다.

4) 기타 회생절차에서 채무자를 보호하는 판례의 경향

한진해운 사태에서 싱가포르와 미국에서는 선체용선 및 정기용선된 선박에 대하여도 압류금지명령(stay order)을 인정해주었다.[62] 대한민국 법원에서는 채무자가 소유하는 선박에 대하여만 강제집행이 정지된다. 따라서 BBCHP, BBC 그리고 정기용선된 선박은 그 강제집행 대상에서 제외된다. 그런데, 싱가포르와 미국 법원은 그 범위를 확장하여 한진해운이 용선한 선박에 대하여도 압류금지명령을 내린 것이다. 선박소유자는 선박을 회수해갈 수 없었다. 그리고 채권자도 임의경매신청이 불가했다.

이러한 경향을 본 사안에도 적용할 수 있을까? BBCHP선박의 경우에는 싱가포르와 미국의 경우 "당초 약정한 내용의 도산절연"은 더 이상 인정되지 않는다는 해석이 가능하다. 이들 국가에서는 채무자회생법에서 채무자를 회생시키는 가치를 도산절연을 해서 금융권을 보호하는 가치보다 큰 것으로 본 것이다. 이러한 경향은 금융권 보호학설에 대한 반대논거로 작용한다.

5) 소 결

위의 모든 관점을 종합적으로 보면 도산절연이라는 약정을 금융권과 실질선주가 같이 만들었기 때문에 회생절차를 신청하는 것은 계약위반이라는 논거는 절대적인 것은 아니다. 채무자인 실질선주는 SPC 선박의 소유권취득에 대한 기대권을 가지고 연대 보증인으로서 SPC에 대해 구상채권을 가지므로 이러한 점도 고려에 넣어야 한다. 회생절차 개시의 신청을 기각해야 하는 사유라고 법원이 인정한 채무자회생법 제42조에서 말하는 "채권자 일반의 이익에 적합하지 아니한 경우"를 판단함에는 위의 다양한 요소를 참조해야 한다. 채권자의 한 사람인 실질선주의 선박의 소유권에 대한 기대권이 크기 때문에, 법원의 기각결정은 온당하지 않다는 결론에 이른다.

---

62) 2016. 9. 14. 싱가포르 지방법원은 정기선의 경우에도 압류금지명령을 내렸다. 이에 대한 자세한 논의는 김인현, "한진해운 회생절차상 선박압류금지명령(stay order)의 범위", 「상사판례연구」 제30권 제1호(2017. 3. 31.), 136면.

V. 개선 방안

1. 도산절연과 기대권의 조화가 필요함

BBCHP선박에 대하여 도산절연을 확보할 목적으로 해외에 SPC가 설치되었다. 금융사가 대출금을 해운사에 직접 빌려주게 되면 금융리스가 되어 회생절차에 들어가는 경우 선박은 회생절차에 묶이게 되어 금융사는 저당권을 실행할 수 없게 된다. 이를 막기 위하여 SPC라는 도관체를 만들었다.[63) 채무자가 회생절차에 들어가도 더 이상 선박은 채무자의 것이 아니고 SPC의 것이므로 회생절차와 무관하게 선박에 대한 저당권의 실행등 강제집행이 가능하게 되어 금융사는 보호된다.[64)

한편, 이 구조에서 용선자는 단순 선체용선을 한 것이 아니라는 점에 유의해야 한다. 일시에 선가를 지불할 수 없는 용선자는 연불형식으로 선박을 소유하게 되는 약정을 체결한 것으로 볼 수도 있다. 선가에 해당하는 금액을 할부금으로 나누어서 용선료로 지급하는 것이다. 용선기간이 지남에 따라 용선자는 소유권에 한걸음씩 더 다가가게 된다. 마지막 용선료를 납부할 때에 소유권을 취득하게 된다. 그는 기대권을 가진다고 할 수 있다.[65) 이렇듯 금융권과 용선자가 가지는 각각의 이익이 채무자인 용선자가 회생절차에 들어갈 때 그가 사용 중이던 BBCHP 선박의 처리에 있어 충돌하게 된다.

금융권의 채권을 회생담보권으로 보는 입장은 용선자의 기대권을 강조하는 입장을 취하는 것이다. 채무자인 용선자가 선박에 대한 소유권을 가지는 것으로 입론하게 된다. 금융사는 대출자로서 선박에 대하여 저당권을 가진다. 그가 가지는 금융대출금채권은 회생절차에서는 회생담보권이 되는 것이다. 한편 회생담보권을 부정하고 BBCHP를 단순한 미이행쌍무계약으로 파악하는 것은 도산절연을 강조하는 입장과 잘 어울린다. BBCHP계약은 임대차계약의 일종으로서 쌍무계약이라고 본다. 따라서 선박의 소유자는 SPC 혹은 채권자인 금융사가 된다. BBCHP는 실질선주와 금융기관이 도산절연을 합의하여 법적안정성을 가져와서 금융조건을 유리하게 하도록 정한 것이므로 이런 사정이 충분히 반영되어야 하고 이를 뒷받

---

63) 강인원, 전게논문, 158면; 신장현, 전게논문, 381면.
64) 또한 대출금 회수를 위하여도 입금하는 금액이 SPC 한척에 집중되어 관리가 편하게 된다.
65) BBHP선박관련 피보험이익을 용선자가 가지는 가에 대하여 서울고등법원은 그 기대권을 인정하였다(서울고등법원 2017. 1. 10. 선고 2015나2029365, 2029372 판결); 김창준, 전게논문, 67면.

침하는 이론이 선박임대차 및 미이행쌍무계약이라는 주장한다.[66][67]

첨예하게 대립하는 이익을 어떻게 처리할 것인지 문제된다. 이 논의를 채무자 회생과 관련하여 보면 아래와 두가지 경우로 나누어 볼 수 있다.

첫째, BBCHP 선박이 채권자로부터의 저당권 행사의 대상이 되는가? 이는 채무자회생법 제58조의 해석과 관련된다. 법원이 금융리스로 BBCHP를 해석하면 제58조에 따라 동 선박은 채무자의 소유로 간주되므로 채권자로부터 강제집행당하지 않게 된다. 도산절연을 강조하는 금융권의 입장을 반영하여 일정기간 동안만 BBCHP선박에 대한 강제집행이 불가하고 이 기간이 지나면 강제집행이 가능하도록 제58조를 개정할 수 있다. 이렇게 하면 도산절연의 입장과 기대권의 입당을 절충적으로 반영한 것이 될 것이다.

둘째, 채무자가 BBCHP 선박을 자신의 영업에 계속 사용할 수 있는가? BBCHP 계약은 미이행쌍무계약으로 해석되므로 관리인의 판단에 따라 이행을 선택하면 BBCHP선박을 계속 사용할 수 있다. 본 사안과 같이 계약의 불이행으로 계약이 해지된 경우에는 위 규정을 적용할 수 없다. 이 때 BBCHP의 기대권을 회생절차에 반영해야 한다는 것이 필자의 주장의 요지이다. 이와 관련 동아측은 SPC에 대한 회생절차를 개시하였지만, 법원은 이를 인정하지 않았다.

회생절차개시 결정이 난 다음은 미이행쌍무계약의 처리에 의하면 될 것이다 (법 제119조). 관리인이 이행의 선택권을 가지고 그 경우에도 금융권은 채권자로서 공익채권자로 보호되므로 이익이 균형있게 보호된다. 회생절차 개시신청에서 개시결정의 기간 동안 채무자가 채무불이행을 하는 경우에는 원칙적으로 계약이 해지되어 채권자는 환취권을 가질 것이지만, 채권자는 계약의 해지를 개시결정까지 못하도록 입법하여 채무자를 보호한다. 다만, 개시신청 전에 계약이 해지된 경우에는 보호조치를 법률상 취할 수가 없다. 이런 경우가 발생하지 않도록 해운협회 등에서 기금을 마련하여 채무자를 위하여 마치 DIP금융과 같이 대금을 빌려주는 형식으로 도움을 줄 수 있을 것이다. 금융계약과 용선계약상 EOD가 발생한 경우에도 계약해지에 대한 유예기간을 최소한 15일정도 주도록 한다. 이런 조치는 위에서 본 도산절연과 기대권이라는 이익을 적절히 조화한 것으로 판단된다.

---

66) 신장현, 전게논문, 383면.

67) 필자가 주장하는 변제한 만큼의 대출금을 회생절차에서 활용할 수 있도록 하자는 것은 자세히 들여다보면 중도안이다. 선박을 조각을 내어 활용할 수 없지만, 다행히 여러 척의 선박을 같은 금융사가 채권자의 지위에 있다면, 실현이 가능하게 된다.

이런 조치가 충분히 취한 다음에도 SPC를 채무자로 하는 회생절차의 신청은 불허되어도 마땅하다. 용선자의 BBCHP 선박의 소유권에 대한 기대권은 충분히 반영되었음에도 채무자인 용선자가 이행을 하지 못했기 때문이다.

2. 해외 SPC제도 운영에서 수정할 점 – 실질선주를 보증인으로 세우지 말 것

금융변호사들은 도산절연을 목적으로 실질선주의 선박을 해외에 치적하게 된다. 도산절연이라는 목적자체가 금융의 관점에서는 이해가 되기도 하지만, 해상법상 일반 채권자의 입장에서는 자신의 채권확보에 지장을 주는 구조로 이해될 수 있다.[68] 회생절차에서 불리한 지위에 놓이게 되더라도 도산절연 말고도 이를 보험제도 등으로 보완할 수 있다.

SPC의 실질 소유자는 BBCHP 용선자가 된다. 그 실질소유자가 사실상 금융을 일으킨 장본인으로서 금융채무자이다. 그런데 그가 책임을 회피하기 위하여 BBCHP를 취하여 SPC로부터 선박을 빌리는 것으로 한다. 그가 다시 보증인이 되고 결국 보증인으로서 채무자에 대한 구상채권을 가지게 됨으로써 채무자회생법상 회생신청권자가 된 것이다.[69] 만약, 실질선주가 보증인이 되지 않았다면 이런 신청 자체가 불가했을 것이다. 은행권과 금융변호사가 구조를 잘 못 설정했기 때문에 발생한 사안인 것이다.[70]

VI. 결 론

BBCHP계약 구조하에서 금융권이 말하는 도산절연은 두가지 형태가 있다고

---

68) 선박소유자는 1척의 선박만을 SPC를 통하여 임차하여 운항하는 경우, 사실상 10척의 선박이 모두 자신의 것이라고 해도, 각각의 선박은 독립되어 가압류 등의 대상이 되지 않는다.

69) 일본의 경우에도 실제선주가 연대보증을 선다고 한다. 木原知己, 전게서, 109면.

70) 국내에 SPC를 설치하는 경우도 있다. 최근 컨테이너 박스의 소유 및 보유와 관련하여 수출입은행이 국내에 SPC를 설치했다. 모든 당사자들이 국내와 연결되고 해외에는 연결되지 않는다면 국내에 SPC를 설치 못 할 바 없다는 것이 금융권의 설명이다. 금융권 보호 학설에 의하면, 당사자들의 당초의 약정내용은 소유구조를 실질선주로부터 분리시켜서 도산에서 분리시킨다는 것이므로, 이는 당해 선박이 해외에 등록되건 국내에 등록되건 무관하다고 보아야 한다. 그런데, 이런 주장이 국내 법하에서도 인정될 것인가의 문제가 있다. 도산절연의 약정은 무효로 보는 경향이 강하게 대두되고 있다. 채무자가 회생에 들어가면 모든 채권자는 채무자의 계속기업가치로부터 청산가치보다 높은 변제를 받기 위하여 공평한 희생을 보게 되는데, 단지 이런 희생에서 제외된다는 약정이 있었다는 이유로 그러한 약정을 채무자회생절차에서 인정하여 해당 채권자에게 특혜를 준다는 것은 허용될 수 없다고 본다. 수많은 거래를 이런 식으로 한다면 채권자들은 모두 도산절차의 적용을 받지 않게 되고 채무자회생은 불가하게 된다.

본다. 채무자회생법에서 인정되는 것과 당사자의 의사에 의한 것이다. 전자는 채무자회생법 제58조로 나타난다. 채무자 소유의 재산에 대하여 채권자들이 강제집행을 할 수 없다. 원래 채무자의 소유여야 할 것을 해외에 SPC를 세움으로서 채무자의 소유가 아닌 것으로 하여 채무자회생법 제58조의 적용을 벗어나게 되었다. 이것은 법적 근거를 가지고 도산절연을 만든 것이다. 그런데 도산절연을 전제로 금융이 구조화되었고 이를 채무자로서 실질선주인 용선자도 합의한 것이라는 주장을 근거로 하는 후자는 인정하기 어렵다. 명문으로 약정화된 것도 없다. 그런 약정은 소위 Ipso Facto 조항으로 일본, 미국 등에서 무효로 판시되고 있다.[71]

도산절연이 인정되었기 때문에 금융비용이 싸게 설계되었다는 주장은 일견 성립된다. 그렇지만 지금부터는 도산절연이 되지 않을 수 있다는 전제하에서 그 위험을 회피하여야 한다. 대출이자의 인상을 통하여 혹은 보험제도를 통하여 해결할 일이다. 그럼에도 불구하고 BBCHP로 기대권을 가지는 자에게 권리행사를 못하게 하는 것은 잘못이다. 이렇게 사회적으로 법률적으로 현상을 반영하면 최종적으로 운임에 전가될 것이 용인되어야 한다.

요컨대, BBCHP계약에서 용선자, 채무자회생법에서 채무자인 실질선주는 용선기간중 선가를 할부로 납부하면서 소유권에 대한 기대권을 가진다는 점을 충분히 반영하도록 실무가 변경되고 이것이 판결에 반영되어야 한다. 이러한 관점에서 본 회생법원의 판결은 선박금융권을 보호하는 판결이라고 본다. 기업결합의 주장을 너무 간단히 배척하였고 기대권에 대한 언급도 법원이 하지 않은 점은 유감이다.

금융이익보호와 선주이익보호가 충돌되는 사안이므로 충분한 상호토론을 거친 다음 입법적으로 해결할 필요가 있다. 대외적으로는 채무자회생법 제58조에 일정한 기간 동안 BBCHP 선박에 대한 강제집행이 되지 않도록 하고, 대내적으로는 채무자회생법에 회생절차개시 신청에서 개시 결정의 기간 동안 채무불이행이 있어도 계약해지를 하지 못하게 하고, 개시신청이전까지는 유예기간을 두어 금융권과 용선자의 기대권을 함께 보호하면 좋을 것이다.

---

71) Shin-Ichiro Abe, "A Look into Recent Maritime Insolvency Cases in Japan", ABL 23(Spring 2019), p. 25; Richard Singleton, "United States Bankruptcy Law and Maritime Liens", ABL 23(Spring, 2019), p. 83.

제 2 장

국적취득조건부 선체용선의 역사적 배경과 어원*

신장현 한국해양진흥공사 선주사업팀장

Ⅰ. 서 설

우리나라는 세계에서 일곱 번째로 선박을 많이 보유하고 있는 국가이다.[1] 일제강점기 및 국가의 내전을 겪으면서 선박보유량은 거의 전무하다시피 하였음에도 불구하고 불과 60여 년 만에 세계에서 손꼽히는 선박 보유국이라는 성과를 이루어 냈다. 이처럼 단기간에 선박을 많이 확보하기 위해서는 해운산업에 자본공급이 원활하게 이루어져야 하고, 우리의 법과 제도가 뒷받침되지 아니하면 아니 된다. 그토록 단기간에 많은 선박을 보유할 수 있게 된 계기가 무엇인지 해운과 관련된 역사적인 배경을 중심으로 살펴보는 것이 본 절에서 다루고자 하는 내용이다. 특히, 선박 보유를 촉진할 수 있었던 국적취득조건부 선체용선과 관련된 국내외의 배경과 초기의 선박임대차 형태에 대하여 살펴보도록 한다. 그리고 과거의 역사적 배경을 간략하게 살펴보는 과정에서, 국적취득조건부 선체용선이라는 용어를 해석해 봄으로써 대략적인 계약의 모습을 설명해 보고자 한다.

---

* 본고는 고려대학교 대학원 법학과 신장현 박사학위논문 「국적취득조건부 선체용선(BBCHP)에 관한 법적 연구 ―선박금융과 관련된 법적문제를 중심으로―」(2018. 12.), 6-14면에 게재된 것이다.
1) UNCTAD, 「Review of Maritime Transport 2017」(United Nations, 2017), p. 28.

Ⅱ. 역사적 배경

1. 국내 상황

우리나라는 일본으로부터의 독립과 한국전쟁 이후의 어려움 속에서도 산업화를 통한 국가 경제를 재건하기 위하여 부단한 노력을 하였다. 특히 산업화를 통한 경제성장의 핵심은 수출과 무역중심으로의 공업화를 이루는 것이었다.[2] 경제성장의 기틀을 마련하기 위하여 해외로부터 들여온 원료 및 원자재를 저렴한 노동력으로 재상산 및 가공하거나, 선진국으로부터 일감을 도급받아 완성된 제품ㆍ반제품으로 수출하는 것이 국가 경제성장의 전략이었다.[3] 이는 일본의 제2차 세계대전 이후 피폐해진 경제를 조속히 회복하기 위한 국가재건전략을 우리 실정에 맞게 도입한 것이었는데, 수출을 위한 기반 인프라 구축도 이와 유사하였다. 예컨대, 원료 및 제품을 원활하게 수송하기 위한 가공 및 조립공장을 연안에 조성하고(임해공업단지), 원료와 수출품을 저렴하게 운송할 대형 전용 선박을 우선적으로 확보하기 위해 설계기술 개발과 계획조선제도 등을 활용하는 것이다.[4] 이러한 상황에서 수출지향 및 무역중심의 경제성장을 이루기 위해서는 해운정책을 선박확보정책에 방점을 둘 수밖에 없었다. 문제는 선박을 확보할 만한 자본 즉, 해외로부터 선박을 매입할 외화가 절대적으로 부족하다는 것이었다. 기업은 물론이거니와 정부 또한 자립된 국가경제로서의 기반을 구축하지 못하였기 때문에 해외로부터 차관을 도입할 만큼의 신용을 확보하지 못하였기 때문이다. 해외원조를 통하여 외화를 확보한다고 하더라도 자금수요가 다양한 방면으로 걸쳐있는 상황이어서 한정된 자금을 적절하게 배분하는 것도 쉽지 않았다.[5] 정부가 보유한 외화에다 해외로부터의 차관을 도입하여 중고선 8척, 총톤수 8만 톤의 선박 도입을 1962년부터 실행하였으나, 결국 3년 동안의 노력이 무산된 만큼 정부 차원에서

---

2) 김두얼, "한국의 산업화와 근대경제성장의 기원, 1953~1965", 「경제발전연구」 제22권 제4호(2016), 56-59면.

3) 오학균ㆍ김진권ㆍ류동근ㆍ김명재, 용선론(도서출판 두남, 2013), 310면.

4) (사)한국선주협회, 한국해운60년사(한국선주협회, 2007), 290-292면.

5) 이원철, "국적취득조건부 나용선이 한국해운에 미친 영향에 관한 소고", 「해운물류연구」 제6권 (1988. 5.), 12면; 1970~1980년대, 재무부는 외자도입법과 외환관리법을 통하여 국적취득조건부 선체용선의 도입을 매년 일정한 수준으로 제한하였다. 또한 1976년에 시행한 계획조선제도의 도입으로 외화규모를 매년 제한하였기 때문에 선박수요에 부응하지 못하였으며, 국내 통화팽창을 방지하기 위하여 국적취득조건부 선체용선을 통한 선박확보를 일시적으로 제한한 적이 있다(오학균ㆍ김진권ㆍ류동근ㆍ김명재, 전게서, 313-315면).

의 선박확보도 쉽지 아니한 과제이었다.[6)

이러던 중, 우리나라가 본격적으로 선대를 확충하게 된 계기는 1962년부터 시작된 경제개발 5개년 계획이 수립되면서부터이다.[7)] 정부주도의 수출주도형 산업경제가 성공적으로 수행되고, 대외무역이 급증하기 시작함에 따라 우리나라 해운정책은 선복량 확보중심으로 진행되기 시작하였다.[8)] 더구나 주변국의 해운산업변화에 따라 우리나라가 선박을 대규모로 확보할 수 있는 기회를 마련하게 되었는데, 그 방법 중 하나가 바로 국적취득조건부 선체용선을 통한 것이었다. 즉, 국적취득조건부선체용선은 해외로부터 차관을 도입할 수 있을 만큼의 충분한 신용이 확보되지 못했던 상황에서 선박을 임차한 이후 용선기간이 만료되면 염가에 확보할 수 있는 방법으로 우리나라 선박확보의 돌파구가 된 것이다.

최초의 선체용선은 제2차 세계대전 이후 미군의 전시 표준 수송선을 처리하는 과정에서 도입된 3,700톤급의 유니온스타(Union Star)호로 알려져 있다.[9)] 그러나 이 선박은 1962년에 도입하였지만, 1967년에 반선됨에 따라 본격적인 국적취득조건부선체용선의 시초라 할 수는 없었다. 유니온스타호가 도입된 이후인 1964년에 서울해운이 전시 표준 수송선인 서울호를 선체용선으로 도입하였다가 국적을 취득하게 됨으로써 비로소 우리나라 최초의 국적취득조건부 선체용선이 시작된 것이다.[10)] 이후, 1960년대 말까지는 선체용선을 통한 선박 확보 방법이 활성화되지 않았으나, 1970년대 초부터 본격적으로 이루어지기 시작하였고, 중고선박 도입을 규제하기 시작한 1980년대 중반까지의 선복확대의 대부분은 국적취득조건부선체용선의 방식으로 도입된 것이었다.[11)

---

6) 선령 5년 미만의 중고선 8척을 정부보유 외화 500만 달러와 해외차관 930만 달러로 매입하는 계획이었으나 결국 무산되고, 차관 없이 정부보유 외화로 선령 10년 정도의 선박 4척을 1965년에 도입하였다((사)한국선주협회, 전게서, 235-239면).

7) 제1차에서 제3차에 이르기까지 총 236만 7천 총톤의 선박확보계획을 수립하였는데, 이러한 목표를 달성하기 위한 시책으로 정부보유외화의 대부, 중고선 도입의 허용확대, 대일 민간상업차관의 배정, 구미차관의 승인, 국내조선의 장려 외에도 국적취득조건부 선체용선의 허용을 시행하였음을 주목할 만하다(이원철, 전게논문, 18면).

8) 이원철, 전게논문, 12-13면.

9) (사)한국선주협회, 전게서, 233면; 제2차 세계대전이 종료되면서 미국이 전쟁 중 발주한 전시 표준 수송선이 더 이상 필요하지 않게 되자 1946년 상선매각법(Merchant Ship Sale Act 1946)을 통하여 미국 시민 및 미국 동맹국의 시민에게 매각하였다. 이 법을 계기로 해외에 매각한 선박은 총톤수 1,100만 톤에 달한다고 전해진다((사)한국선주협회, 전게서, 31면).

10) 이 선박은 1967년 11월에 국적을 취득하였다(이원철, 전게논문, 19면).

11) 이원철, 전게논문, 21-23면.

2. 국외 상황: 일본을 중심으로

1960~1970년대 당시 일본은 수출주도형 선진공업국으로서 국가경제가 비약적으로 발전하고 있었다. 이로 인해 국민경제 수준이 급격히 상승함에 따라 노동비용 역시 증가하였는데 특히, 해운에 있어서는 선원비가 크게 증가하였다. 전통적인 해운 강국 이었음에도 불구하고 개인의 평균적인 생활수준 향상으로 인해 해양직업 기피 현상이 선원공급을 줄어들게 하였고, 이로 인해 높아진 선원비로 일본 해운산업의 경쟁력은 크게 저하되고 있었다.[12) 선원비는 고정비용 중에서도 자본비 다음으로 비중이 크며, 운항 준비를 위한 비용(running cost) 항목에서 가장 높은 비중을 차지한다.[13) 해운산업이 불황을 겪고 있는 시기에는 운항과 관련된 비용을 조금이라도 절감하는 것이 해상기업의 경쟁력이 된다. 그러므로 원가 절감을 통한 경쟁력 개선이 일본해운 산업으로서는 절실하였다.

일본해운이 경쟁력을 유지하는 방법으로, 첫째 노후 비경제 선박을 해외에 매각하는 방법, 둘째 증가하는 해상화물에 대처하기 위하여 해외에 매각한 선박을 재용선(sale and charter back)하여 자신의 운송 사업에 사용하는 방법, 셋째 해외의 해상기업에 선체용선으로 임대하지만 인건비가 저렴한 선원이 승선한 선박을 재용선하였다가, 임대(용선)기간이 완료되면 임차인에게 소유권을 이전시키는 방법이 그것이었다.[14)

상기 세 가지 방법을 조합해보면 결국 일본 해상기업 입장에서는 증가한 선원비와 노후 비경제선의 처리, 그리고 저렴한 운송수단 확보라는 문제를 해결하기 위한 방법으로써 이웃해 있는 우리나라 해운의 선박확보라는 절실한 상황을 활용한 것이다. 특히 중고선의 경우에는 일본 대형화주가 10년 이상의 적하보증이 완료됨으로써 매물로 나온 선박이 많았는데, 일본의 종합무역상사의 우량한 신용이 개입됨으로써 리스와 유사한 형태의 금융이 부가된 구매조건으로 선박을 확보할 수 있었다.[15)

---

12) 민성규 · 최재수, "선박국적제도의 국제법상 의의와 국적취득조건부 나용선 선박의 통관 문제", 「한국해법학회지」 제26권 제2호(2004. 11.), 485-486면.
13) 김규형 · 김상진 · 박찬재, 선박금융론(박영사, 2011), 129면.
14) (사)한국선주협회, 전게서, 294-300면.
15) 오학균 · 김진권 · 류동근 · 김명재, 전게서, 314-315면.

3. 국내외 상황을 활용한 선박확보

우리나라와 같이 자본이 부족한 상황에서도 해운산업을 성장시켜야 하는 입장에서는 일본 해운산업을 적극 활용한 점이 유효했다고 본다. 예컨대, 우리나라 정규 교육기관에서 훈련받은 고등선원이 승선할 선박이 많지 않았으나, 일본의 근대화된 선박에 승선하여 해기능력을 배양하고 외화를 벌어들인 점,[16] 일본의 선박운항 방식과 경영기법을 습득하여 향후 해상기업의 경영에 적용할 수 있는 점 등을 들 수 있다.

또한 일본이 중고선을 해외에 매각하는 과정에서 일본의 상사를 통한 금융조달은 우리나라 해상기업이 선대를 확장하는데 큰 기여를 했다. 국내 우수한 선원의 공급, 경제성장으로 인한 해상 운송수요 증가, 이로 인한 국내 신조선 발주 및 일본 중고선에 대한 수요는 오늘날의 국적취득조건부 선체용선이 자리 잡게 된 배경이 된 것으로 보인다. 요컨대, 국적취득조건부 선체용선의 구조는 우리나라 해상기업이 파나마 같은 국가에 선적된 선박을 선체용선으로 임차하고, 그 기간 동안 선가의 분할금 성격의 용선료를 임차 대가로 모두 지급하고 나면 선박이 확보되는 구조이다.[17]

국적취득조건부 선체용선이 도입될 초기, 우리나라 정부입장에서도 용선기간이 만료되면 한국적으로 소유권이 이전·등록될 것이 확실시되므로, 비록 해외 선주로부터 용선한 선박이지만 해외 선박으로 취급할 것이 아니라 국적선에 준하는 행정절차의 필요성이 증대되었다. 또한 국내 해상기업 입장으로서는 선체용선으로 확보한 선박을 외국적선으로 두게 되면 선원송출의 제한, 엄격한 외환관리, 화물유보제도(waiver 제도)에 의한 영업제한[18] 등으로 정상적인 영업을 할 수 없으므로 우리나라 선박에 준하는 조치가 필요하게 되었다.[19] 그래서 우리 정부는

---

16) 한국해양대학은 해방직후(1945년 11월) 설립되었지만 승선할 한국선박이 부족하여 해기사로서 진출하지 못하고 다른 분야에 취업하는 사례가 당시에는 빈번하였지만 세계적으로 무역이 신장하면서 고급해기사가 부족해짐에 따라 해운선진국에 진출할 수 있는 기회가 되었다(민성규·최재수, 전게논문, 485-486면).

17) 서울고등법원 2017. 1. 10. 선고 2015나2029365, 2029372 판결에서와 같이 현재와 같은 실무에서는 흔히 사용되는 형태는 아니지만 선박을 매도하기 위한 방법으로 사용되기도 한다.

18) 철광석, 석탄, 원유 등과 같이 국가적으로 필수적인 대량화물을 운송할 때에는 국적선 우선정책에 따라 우선적으로 국적선박을 통하여 운송하게 하였으며, 만일 국적선이 가능하지 아니한 경우에는 이를 면제하는 제도를 시행하였는데 국적취득조건부 선체용선으로 확보한 선박도 국적선과 동일한 지위를 부여함으로써 해운산업을 보호하였다. 그러나 이 제도는 우리나라가 OECD 및 WTO에 가입하면서 폐지하였다(오학균·김진권·류동근·김명재, 전게서, 310-311면).

① 선박도입 자격으로 외항해운업면허를 가진 자, ② 용선기간이 만료되어 소유권을 취득하면 한국 국적을 취득하는 조건, ③ 허가 받은 선박은 한국선박과 동일한 대우와 행정 처리를 하는 것을 조건으로 선체용선을 통한 선박확보를 허가하였다.[20]

Ⅲ. 국적취득조건부 선체용선 용어해석

1. 국적취득조건부 나용선

'나용선(裸傭船)'은 선박이 운항할 수 있을 정도의 최소 의장만 갖춘 빈 배(bareboat)를 용선자에게 임대하는 Bareboat Charter의 일본식 표현이다. 나용선이라는 용선형태가 해운업계에서 널리 사용되고 있었음에도 불구하고 2007년 상법 개정 전까지 이를 정의하고 있지 아니하였다. 대신 '선박임차' 및 '선박임대차'라는 표현으로 나용선의 의미를 짐작하게 할 뿐이었다.[21] 또한 선박임대차에 대한 정의규정 없이 선박임차인의 임대차등기 협력 청구권이나[22] 선박임차인의 제3자에 대한 권리의무관계[23]만을 규정해두고 있어 실제 실무적으로 사용되고 있는 나용선이 이에 해당되는지가 모호하였다. 2007년에 상법개정에 와서는 나용선이 선박임대차와 표현을 달리하지만 법적 성질은 유사한 것으로 전제하여 선체용선이라는 표현으로 편입하였다.[24] 2006년 1월 17일, 정부가 '상법 일부(해상편)개정 법률안'으로 제출할 당시에는 '나용선'으로 선박임대차를 대신하였으나, 나용선이라는 일본식 용어라는 점 때문에 국회심의 당시 '선체용선'으로 명칭이 변경되었다.[25][26] 선체용선이라는 용어가 상법에 편입되어 법률용어로 정의되었음에도 불

---

19) (사)한국선주협회, 전게서, 300면.
20) 민성규·최재수, 전게논문, 487면; 오학균·김진권·류동근·김명재, 전게서, 309-311면.
21) 2007년 개정전 상법 제765조(선박임차인의 등기청구권, 등기의 효력) ① 선박임차인은 선박소유자에 대하여 임대차등기에 협력할 것을 청구할 수 있다. ② 선박임대차를 등기한 때에는 그 때로부터 제3자에 대하여 효력이 생긴다.
22) 2007년 개정전 상법 제765조.
23) 2007년 개정전 상법 제766조(선박임차와 제3자에 대한 법률관계) ① 선박임차인이 상행위 기타 영리를 목적으로 선박을 항해에 사용하는 경우에는 그 이용에 관한 사항에는 제3자에 대하여 선박소유자와 동일한 권리의무가 있다. ② 제1항의 경우에 선박의 이용에 관하여 생긴 우선특권은 선박소유자에 대하여도 그 효력이 있다. 그러나 우선특권자가 그 이용의 계약에 반함을 안 때에는 그러하지 아니하다.
24) 채이식, "2005년 상법 제5편 해상편 개정안에 대한 소고", 「한국해법학회」 제27권 제2호(2005), 459면.
25) 양석완, "개정 상법상 선체용선의 법적 지위", 「상사법연구」 제27권 제2호(2008), 195면.

구하고 지금도 나용선이 실무적으로 많이 사용된다.

'국적취득조건부'라는 표현은, 상기에서 살펴보았듯이, 경제개발 5개년 계획이 성공적으로 수행되면서 선박확보를 위한 정부시책의 일환과 외국선박에 국적선과 동등한 지위를 부여하려는 의도에서 비롯된 행정적 명칭이다. 증가하는 해운 물동량 수요에 대처하기 위하여 우리가 지배하고 있는 선박이 절실히 필요하였으나, 국내에 외화가 부족한 상황에서 매입대금을 조달하기가 어려웠다. 그래서 한 번에 매입대금을 지급하는 방식이 아닌 용선료(분할금)형식의 할부매매로 선박을 확보하는 방법이 정부의 허가 아래 인용된 것이다. 도입 허가 자격은 외항운송면허를 가진 자로, 그 조건은 용선기간이 만료되면 용선자가 선박소유권을 취득하게 되는 동시에 한국적으로 등록하여야 하고, 허가 효과로 도입허가를 받은 선박은 행정적으로 국적선과 동일한 대우를 받는 것이었다.[27] 타인의 선박을 선체용선하여 자신의 선박처럼 사용하지만, 파나마와 같이 제3국에 등록되어 있어 현실적으로는 우리 정부의 행정력이 미칠 수 없는 상황이 문제점으로 부각되었다. 결국 용선기간이 만료되면 소유권이전이 되면서 대한민국으로의 국적변경이 확실시 되니 국적선과 동일한 대우와 행정규제를 하는 것으로 봐야 하고 이러한 행정조치로 '국적취득조건부(國籍取得條件附)'가 등장한 것이다. 즉, 국적취득조건부 나용선은 선체용선의 형태를 가지고 있지만 할부로 매입하는 조건이 붙어 있는 선박임대차임을 정부에 신고하는 과정에서 행정상 편의를 위하여 사용했을 용어로 보인다. 이러한 면에서 '국적취득조건부'라는 표현은 법률적인 용어가 아니라 행정적인 편의상 사용되어진 용어이므로, 사법적(私法的) 소유권 귀속에 관한 부분이 선체용선계약의 핵심사항이므로 '소유권이전조건부'가 적절하다는 주장도 있다.[28]

국적취득조건부 선체용선은 행정적 필요에 의하여 명칭이 등장하였다. 생각건대, 외국적 선박이라 하더라도 국적선과 동일한 혜택을 부여하기 위해서는 우리나라 법체계에 편입시킬 수밖에 없었으며, 이로 인해 공법적 측면에서 국적선과 동일한 권리의무를 이행하여야 하는 대상으로 본 것이다. 때문에, 공법적 측면에서는 국적취득조건부 선체용선이, 사법적 측면에서는 소유권이전조건부선체용선

---

26) 해운실무에서는 '나용선'이 많이 활용되고 있으므로 상법 개정당시의 법무부 개정위원들은 동일하게 사용할 것을 특별하게 희망하였으나, 국회 심의 통과과정에서 토의 없이 선체용선으로 변경되었다고 한다(김인현, 해상법연구 Ⅲ(법문사, 2015), 142면 주석 73).

27) 민성규·최재수, 전게논문, 487-488면.

28) 이정원, "소유권취득조건부 선체용선계약의 법적 성질과 관련된 몇 가지 문제에 관한 고찰", 「법학연구」 제53권 제2호, 2면.

이 맞는다고 본다.

2. 베어보트차터하이어퍼처스(bareboat charter hire purchase: BBCHP)

국적취득조건부 선체용선의 실무적인 영문 표현은 '베어보트차터하이어퍼처스 (이하 'BBCHP')'이다. 용어를 분설해 본다면, '베어보트차터(bareboat charter)'의 우리말 표현은 '선체용선'이 맞지만, '하이어퍼처스(hire purchase)'는 '국적취득조 건부'가 될 수 없다. 영국 케임브리지 사전(Cambridge Dictionary)에 의하면 '하이 어퍼처스'란 매수자가 무엇인가를 구매하기 위한 하나의 지급방법으로, 구매비용 의 일부를 즉시 지급하지만 완전히 지급을 완료할 때까지 소액을 정기적으로 지 급하는 방식을 의미한다. 즉, 매수자는 그 물건을 사용·수익할 수 있지만, 구매 비용 지급을 완료할 때까지 법적으로는 소유권자가 아니다.[29] 영국법에서는 매입 선택권(purchase option)이 부가된 임대차(lease) 및 선체용선계약은 하이어퍼처스 약정(hire purchase agreement)으로 간주된다.[30]

일반적인 계약에서는 임대기간이 종료되는 경우, 물건을 매입할 수 있는 선택 권이 주어지지만 반드시 행사하여야 하는 것은 아니다. 매수 선택권이 행사되면 비로소 매수자로서의 지위에 있게 된다.[31] 다시 말해 사전적인 의미로 해석해 본 다면 '국적취득조건부'라는 표현은 어울리지 아니하고, 소유권 취득에 초점이 맞 춰져 있다는 관점에서 '소유권취득조건부'라는 표현이 적절할 수 있다. 그러나 사 견으로는 구매대금을 한꺼번에 지불하는 방식이 아니라 매매대금 일부를 정기적 으로 지급하여 그 대금 전액이 납부하여 취득하는 구조이므로, 하이어퍼처스를 해석한다면 오히려 '할부판매조건부'라는 표현이 더 정확하다고 생각된다.

현재는 실무에서 국적취득조건부 선체용선[32]과 BBCHP를 혼용하여 같이 사 용하고 있는 것이 일반적이지만 최초로 이러한 형태의 용선이 도입되었을 때, 국적취득조건부 선체용선과 BBCHP 중에서 어느 표현에서 비롯되었는지는 분명

---

29) A method of paying for something in which the buyer pays part of the cost immediately and then makes small regular payments until the debt is competely paid. The buyer can use the product, but does not legally own it until all payments are made. https://dictionary.cambridge.org 2018.7.19. 검색
30) Mark Davis, 「Baraboat Charters(2nd edition)」, LLP Informa, p.210.
31) Sarah Paterson·Rafel Zakrzewski, *The Law of International Finance*(2nd edition), Oxford University Press, p.1028.
32) 업계 실무에서는 국적취득조건부 나용선을 많이 사용하고 있다.

하지 아니하다. 예상컨대, 우리나라 최초로 국적취득조건부 선체용선의 형태로 '서울호'를 용선하였을 때, 영문으로 계약을 작성하였다면 '베어보트차터(bareboat charter)'로 명시하여 용선계약의 성질을 분명히 하였을 것이며, 약정된 용선료를 모두 지급하고 나면 소유권이 용선자로 이전되는 '하이어퍼처스(hire purchase)'의 조건이 부가되었을 것으로 보인다.

Ⅳ. 소   결

우리나라의 국적취득조건부 선체용선계약의 시초는 1960년대 무렵으로 거슬러 올라갈 수 있는데, 이때는 선박을 매입할 만큼의 자본 특히, 외화가 충분히 확보되지 아니한 상황에서 국내외의 경제발전으로 인한 해운산업에 대한 수요와 정부의 묵시적인 동의하에 자연적으로 발생한 선박 확보 형태로 볼 수 있다. 우리나라 첫 번째 국적취득조건부 선체용선으로 국적을 취득한 선박은 서울해운이 1964년에 선체용선으로 임차계약을 체결하였다가 1967년에 매입한 서울호로 알려져 있다. 이후 1980년대에 이르러 정부가 중고선 도입을 규제할 때까지 우리나라 해운산업 초창기에 선박을 확보한 주된 방법의 하나로 자리매김을 하였다.

'국적취득조건부'라는 어원에서도 확인할 수 있는 것처럼, '하이어퍼처스(hire purchase)' 방법으로 임대기간이 만료되면 소유권을 취득할 수 있는 선택권이 주어지므로, 우리 정부는 행정 조치상 국적선과 유사한 지위를 부여하게 함으로써 오늘날의 용어로 확정된 것으로 보인다.[33] 국적취득조건부 선체용선은 외국적 선박을 대한민국선박으로 간주하는 행정적 편의와 공법적인 측면에서 사용되는 용어이므로 사법적인 관계에서는 소유권이전조건부 선체용선용선으로 사용해야 한다는 주장이 있다. 실무적으로는 BBCHP라는 용어가 일반화되어 있다.

---

[33] 우리나라 법에서는 선박안전법에 유일하게 정의하고 있다.

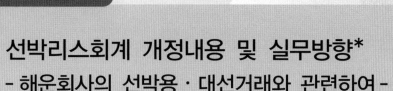

제 3 장

선박리스회계 개정내용 및 실무방향*
- 해운회사의 선박용·대선거래와 관련하여 -

이연호 다산회계법인 파트너 회계사

Ⅰ. K-IFRS 리스기준서의 개정

국제회계기준위원회(IASB)에서 IFRS 16 'Leases'를 2016년 1월에 발표한 것에 맞추어 한국회계기준원은 종전 K-IFRS 제1017호 '리스'에 대체하여 2017년 5월 22일 K-IFRS 제1116호 '리스'를 새로이 제정하였다. 그리고 리스와 관련한 다음의 종전 해석서가 모두 새로운 리스기준서로 대체되게 된다.

· K-IFRS 해석서 제2104호 '약정에 리스가 포함되어 있는지의 결정'
· K-IFRS 해석서 제2015호 '운용리스: 인센티브'
· K-IFRS 해석서 제2027호 '법적 형식상의 리스를 포함하는 거래의 실질에 대한 평가'

리스기준서의 개정은 리스거래로 노출되는 위험, 영업에 사용하는 자산 및 레버리지에 대한 투명성 높은 정보를 제공함으로써 재무보고의 질과 비교가능성을 제고하기 위해 다음과 같은 종전 리스회계처리의 문제점을 개선하고자 하는 데 의도가 있다.

■ 운용리스도 금융리스와 마찬가지로 약정이 발생되나 IAS 17 '리스'에 따르면 리스이용자는 이를 재무상태표에 표시하지 않게 되어 영업에 사용하는 자산과 레버리지에 대해 오도하는 정보를 제공하게 됨.

---

* 본고는 필자가 선박건조금융법연구 제24회(2017. 9. 29.) 및 제34회(2019. 8. 31.)에서 발표한 내용을 정리한 것임.

■ 운용리스와 금융리스의 회계처리가 크게 달라 부외회계처리가 가능한 운용
리스로 분류하기 위한 거래 구조화(structuring) 유인이 존재함.

리스기준서의 당초 개정취지는 다음과 같았다.

□ 금융리스와 운용리스 분류를 제거함으로써 리스에서 발생하는 현금흐름에 대한
비교가능성을 높이고 이용자에게 유용한 정보를 제공
• 즉, 모든 리스계약에 따른 자산 및 부채를 재무상태표에 인식하기 위한 새로운
리스회계기준 개발
□ (현행기준) 리스를 금융리스와 운용리스의 두 가지 범주로 분류
• 리스가 금융리스로 분류되면 자산과 부채를 재무상태표에 인식하고, 운용리스
로 분류되는 경우 리스이용자는 자산과 부채를 인식하지 않고 리스기간 동안
지급리스료를 비용으로 인식
─ 현행 IFRS의 이러한 접근방법은 운용리스와 달리 금융리스는 자금을 차입해서
자산을 구입하는 것과 유사하기 때문에 재무상태표에 인식되어야 한다는 가정
에 근거
□ (문제점) 재무제표가 운용리스의 효과를 명확히 보여주고 있지 못함
• 금융리스와 운용리스의 구분은 경제적으로 유사한 거래가 매우 다르게 회계처
리 될 수 있음
□ (새로운 리스회계기준) "모든 리스계약이 재무제표에 인식되어야 하는 자산과 부
채를 발생시킨다"라는 기본 원칙을 수립

개정내용의 핵심은 운용리스인 경우에도 리스이용자는 해당 리스계약에 의해
리스료를 지급할 의무(리스부채)와 리스 기초자산의 사용권을 나타내는 자산(사용
권자산)을 각각 자산과 부채로 계상하여야 한다는 점이다. 이에 따라 리스이용자
회계모형을 변경하여 종전 기준서에서는 위험과 보상의 이전 여부에 따라 금융리
스와 운용리스로 회계처리하는 위험과 보상모형을 적용하였던 반면, 개정기준서
에서는 금융리스와 운용리스 구분을 제거한 사용권자산모형(단일모형)으로 변환하
였다. 리스이용자의 모든 리스에 대하여 자산과 부채를 인식하는 단일 리스이용
자 회계모형을 적용하면 리스이용자의 자산과 부채를 충실히 표현하고 기업 간
비교가능성을 높일 것으로 예상하고 있다. 반면 리스제공자의 회계처리는 실질적
으로 바꾸지 않은 채 종전과 동일하게 금융/운용리스에 따른 이중모형을 계속 적
용하게 된다.

개정기준서를 적용함에 있어서 특히 유의할 사항으로는 위 사용권자산모형의 채택에 따라 종전에 비용으로 처리하던 운용리스비용을 사전에 자산화하여 상각과정을 거쳐야 하는 효과 외에 리스의 정의를 구성하는 여러 요소에 대한 여러 지침을 상세히 제공하면서 종전 기준서에서 식별되었던 리스와 개정기준서에서 식별되는 리스의 범위에 차이가 발생한다는 점이다. 이 차이를 해운회사가 선주 또는 용선주의 지위로 참가하게 되는 선박용·대선거래에서 어떻게 작용하는지 여부를 살펴보고자 한다.

Ⅱ. 리스의 정의 및 식별

1. 리스의 정의 및 식별

개정기준서는 리스거래에 대하여 적용되며, 이때 '리스'란 "대가와 교환하여 자산(기초자산)의 사용권(right to use)을 일정 기간 이전하는 계약이나 계약의 일부"로 정의된다. 종전 K-IFRS 제1017호에서는 "리스제공자가 자산의 사용권을 합의된 기간 동안 리스이용자에게 이전하고 리스이용자는 그 대가로 사용료를 리스제공자에게 지급하는 계약"으로 정하고 있었으며, 양자의 정의는 거의 유사하다고 할 수도 있다. 그러나 개정기준서에서는 리스의 정의를 구성하는 여러 요소에 대한 여러 지침을 제공함으로써 그 식별기준에서 다른 차이를 나타내고 있다.

개정기준서에 따르면 계약의 약정시점에 계약 자체가 리스인지 또는 계약이 리스를 포함하는지를 판단하여야 하며, 계약에서 대가와 교환하여 ① 식별되는 자산의 ② 사용통제권을 일정 기간 이전한다면 그 계약은 리스이거나 리스를 포함한다.

리스정의의 핵심요소로서 계약 약정시점에 다음을 평가하여 계약이 리스인지, 계약에 리스가 포함되어 있는지 판단하여야 한다.

리스의 식별	판단 기준
① 식별되는 자산 [Ⓐ, Ⓑ 모두 충족]	Ⓐ 식별되는 자산이 존재 : 자산이 계약에 분명히 특정되거나 암묵적으로 특정됨
	Ⓑ 공급자가 자산을 사용기간 내내 대체할 실질적인 능력*1)이 없거나 자산 대체의 경제적 효익이 없음*2) *1) 대체 자산을 구하기 쉽고, 고객이 대체를 막을 수 없음

		*2) 대체 원가 > 대체 효익	
② 식별되는 자산에 대한 사용통제권 이전 [Ⓐ,Ⓑ 모두 충족]		Ⓐ 사용기간 내내 자산의 사용으로 생기는 경제적 효익의 대부분을 얻을 권리를 고객이 가짐 * 예: 고객이 자산을 배타적으로 사용	
	Ⓑ 고객이 사용 지시권을 가짐 [둘 중 하나 충족]	사용기간 내내 자산의 사용 방법 및 목적을 지시할(바꿀)* 권리가 고객에게 있음	
		자산의 사용 방법 및 목적이 미리 결정되고, 다음 중 어느 하나에 해당 1) 고객이 사용기간 내내 자산을 운용할 권리를 가지며, 공급자는 그 운용지시를 바꿀 권리가 없음 2) 고객이 사용기간 내내 자산을 사용할 방법 및 목적을 미리 결정하는 방식으로 자산을 설계	

  * 변경에 관련되는 의사결정권(산출물 유형, 생산 시기, 생산 장소, 생산 여부 생산량 변경 권리).
 ** 공급자의 방어권(공급자의 인력 보호, 법규 준수의무 등)은 사용권의 범위를 정할 뿐, 고객이 자산의 사용 지시권을 갖는 것을 막지 못함.

리스의 정의 및 식별기준은 해운업의 경우 선박의 용선이 리스거래에 해당하는지 여부를 판단하여 선박용선에 따른 자산·부채 및 수익·비용을 인식하는 중요한 기준이 된다. 이때 고객이 식별되는 자산의 사용 통제권을 계약기간 중 일부 기간에만 가지는 경우에 그 계약은 그 일부 기간에 대한 리스를 포함한다.

이러한 판단은 법적 형식이 아니라 거래의 실질에 따라 이루어져야 한다. 또한 거래의 실질이 사용통제권의 이전이 아니라 기초자산의 통제를 이전하는 계약이라면 그 계약은 리스에 해당하지 않는다. 이러한 사례로서 BBCHP계약을 들수 있는바, BBCHP계약에서는 선박의 사용통제권을 이전하는 것이 아니라 선박 그 자체의 통제를 용선사에게 이전하는 것이기 때문에 리스가 아니라 일반적인 경우 선박의 연불판매로 분류할 것이다.

2. 식별되는 자산

자산이 식별되는지 여부에 대한 판단에 있어서 암묵적으로 자산이 특정되는 경우까지를 포함하여야 한다. 예를 들어, 해운사가 여러 선박을 보유하고 있더라도 용선사 등이 선박을 운용하고자 하는 지역에서 임대되지 않고 남아 있는 선박이 하나밖에 없다면 남아 있는 선박이 특정된다. 또한 선박을 특정하지는 않았지만 용선사 등이 요구하는 선박 제원이나 기능을 모두 갖춘 선박이 제한된다면 또한 자산이 식별된다고 할 것이다. 이 지침은 용선계약서상 용선하는 선박명을 지정하지는 않지만 선박의 필수제원, 선령, 규정적합성 등을 한정하고 있으며, 해당 선박에 대한 사전통보의무 및 승인절차를 명시하는 계약 등에 있어서 리스판단의 주요한 변수가 된다.

그리고 계약상 자산이 특정되기는 하나 특정자산을 전부 사용하는 것이 아니라 일부분만을 사용하는 경우에는 다음 중 하나에 해당하는 경우에 자산의 식별요건을 충족한다.

- 물리적으로 구별되거나
- 사용할 수 있는 일부분이 그 자산 용량의 대부분이어서 그 자산의 사용으로 생기는 경제적 효익의 대부분을 얻을 권리를 제공하는 경우

따라서 화주가 선복의 일부만을 임차하여 화물을 운송하고자 할 경우에는 리스에 해당할 여지가 없다.

다음으로 자산을 특정하더라도 공급자가 그 자산을 다른 자산으로 실질적으로 대체할 수 있는 권리를 사용기간 내내 가진다면 자산은 식별할 수 없는 것이고, 따라서 리스계약에 해당하지 않는다. 공급자가 실질적인 대체권을 가지는지를 쉽게 판단할 수 없는 경우에는 그 대체권이 실질적이지 않다고 본다.

다음 조건을 모두 충족하는 경우에만 공급자의 자산 대체권이 실질적인 것으로 본다.

① 공급자가 대체 자산으로 대체할 실질적인 능력을 사용기간 내내 가진다 (예: 고객은 공급자가 그 자산을 대체하는 것을 막을 수 없고 공급자가 대체 자산을 쉽게 구할 수 있거나 적정한 기간 내에 공급받을 수 있음).
② 공급자는 자산 대체권의 행사에서 경제적으로 효익을 얻을 것이다(자산 대체에 관련되는 경제적 효익이 자산 대체에 관련되는 원가를 초과할 것으로 예상된다).

3. 식별되는 자산에 대한 사용통제권

계약이 식별되는 자산의 사용 통제권을 일정 기간 이전하는지를 판단하기 위하여는 고객이 사용기간 내내 다음 권리를 모두 갖는지를 판단하여야 한다.

- 식별되는 자산의 사용으로 생기는 경제적 효익의 대부분을 얻을 권리

▪ 식별되는 자산의 사용을 지시할 권리

그리고 식별되는 자산의 사용을 통제하려면, 고객은 사용기간 내내 자산의 사용으로 생기는 경제적 효익의 대부분을 얻을 권리를 가질 필요가 있다(예: 사용기간 내내 그 자산을 배타적으로 사용함). 고객은 그 자산의 사용, 보유, 전대리스와 같이 여러 가지 방법으로 직접적으로나 간접적으로 자산을 사용하여 경제적 효익을 얻을 수 있다. 자산의 사용으로 생기는 경제적 효익은 주요 산출물과 부산물 (이 품목에서 얻는 잠재적 현금흐름을 포함함), 제삼자와의 상업적 거래에서 실현될 수 있는 자산의 사용으로 생기는 그 밖의 경제적 효익을 포함한다.

경제적 효익의 대부분을 얻을 권리와 관련하여서 고려할 점은 다음과 같다.

▪ 공급자 이익을 보호하기 위해 사전에 고객의 자산사용권 범위가 지정되었더라도 지정된 사용권 범위 내에서의 경제적 효익만을 고려하여야 함
▪ 자산의 사용으로 생기는 현금흐름의 일부를 공급자에게 지급하여야 하는 경우에도 그 현금흐름은 고객이 자산의 사용으로 얻는 경제적 효익의 일부로 보며, 공급자에게 지급하는 금액은 자산 사용권에 대한 대가로 봄

다음으로 자산을 사용하는 방법 및 목적을 지시할 권리가 고객에게 있는지 여부를 판단할 때에는 자산의 사용을 통해 발생하는 경제적 효익에 가장 큰 영향을 미치는 의사결정권이 있는지를 평가하여야 하며, 다음과 같은 예시를 들고 있다.

⑴ 자산이 생산하는 산출물의 유형을 변경할 권리(예: 운송 컨테이너를 재화의 수송에 사용할지, 저장에 사용할지를 결정하거나, 소매점포에서 판매되는 상품의 구성을 결정할 권리)
⑵ 산출물이 생산되는 시기를 변경할 권리(예: 기계나 발전소를 사용할 시기를 결정할 권리)
⑶ 산출물이 생산되는 장소를 변경할 권리(예: 트럭이나 선박의 목적지를 결정하거나, 설비를 사용하는 장소를 결정할 권리)
⑷ 산출물 생산 여부와 그 생산량을 변경할 권리(예: 발전소에서 에너지를 생산할지를 결정하고 그 발전소에서 생산하는 에너지 양을 결정할 권리)

만약 자산사용에 대한 계약상 제약 때문에 자산을 사용하는 방법 및 목적이 사전에 미리 정해진 경우에는 다음 중 어느 하나에 해당하는 경우에만 고객은

사용기간 내내 식별되는 자산의 사용을 지시할 권리를 가진다.

⑴ 고객이 사용기간 내내 자산을 운용할 권리를 가지며, 공급자는 그 운용지시를 바꿀 권리가 없음
⑵ 고객이 사용기간 내내 자산을 사용할 방법이나 목적을 미리 결정하는 방식으로 고객이 자산을 설계하는 경우

4. 리스판단의 순서도

다음 순서도는 계약이 리스인지, 리스를 포함하고 있는지를 판단할 때 도움을 줄 수 있다.

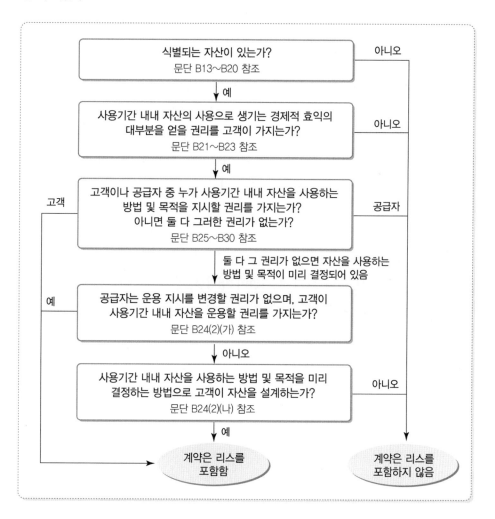

Ⅲ. K-IFRS 제1116호의 실무방향

1. 영향추정

개정기준서를 적용하면 일부 예외 및 면제규정을 제외하고 리스이용자의 모든 리스에 사용권자산과 리스부채를 인식하고 사용권자산의 감가상각비와 리스부채의 이자비용을 구분하여 표시하기 때문에 종전 운용리스 리스이용자의 재무제표에 다음과 같은 변화가 있을 것으로 예상된다.

재무상태표	손익계산서	현금흐름표
자산(사용권자산) 증가 부채(리스부채) 증가	영업비용 감소(리스자산의 감가상각비) 금융원가 증가(리스부채의 이자비용)	영업활동 현금유출 감소 재무활동 현금유출 증가

아울러 한국회계기준원에서는 종전 기준서에서도 약정에 리스가 포함되는지 판단 규정을 제공하고 있으므로, 새로운 기준서의 도입 때문에 과거에 기준서를 잘못 적용한 경우가 아니라면 리스가 추가로 식별되는 경우는 많지 않을 것으로 검토하고 있으나 다음에서와 같이 리스의 정의가 민감하게 개정된 효과로 인해 업종별로 리스유사거래에 대하여 리스의 정의를 충족하는지 면밀히 검토할 필요가 있다.

리스이용자 입장에서 운용리스에도 사용권자산과 리스부채를 인식해야 하므로 K-IFRS 제1116호 적용으로 해운업·항공업은 큰 영향을 받을 것이고, 부동산, 자동차 리스 등과 관련하여 다양한 기업이 영향을 받을 수 있으나, 리스료 상승 등의 현실적인 문제를 고려하면 리스 인식 면제 규정을 적용하기 위하여 리스기간을 12개월 이내로 수정하기는 쉽지 않을 것이다. 다만, 리스계약의 체결시점이나 리스기간 등의 의사 결정은 종전보다 더 신중하고 전략적으로 이루어질 것으로 예상된다.

[그림 1] 업종별 新리스기준 적용 효과 비교(연결재무제표 기준)

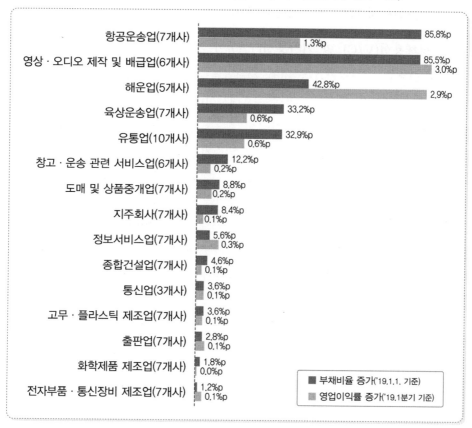

개정기준서에 따라 상장해운회사에 미치는 재무제표효과 중 예를 들어 부채비율에 미치는 영향은 개정 첫해에 다음과 같이 나타났다.

〈표 1〉 상장해운사 부채비율 변동효과

(단위: 백만원)

해운사	사용권자산	리스부채	총부채	부채비율	효과	비고
현대상선	1,899,506	2,094,366	4,981,849	561.6%	235.9%	리스자산 전부
팬오션	27,287	28,375	1,477,393	54.7%	1.1%	리스자산 전부
KSS해운	–	–	652,689	258.9%	–	건물만 대상
대한해운	73,531	73,531	1,655,786	249.2%	11.1%	리스자산 전부
흥아해운	3,083	3,083	729,620	1,405.2%	5.9%	선박만 대상

주1 : 2019년 1분기 개별검토보고서 인용
주2 : 사용권자산 및 리스부채는 2019년 1월 1일 기준, 총부채 및 부채비율은 1분기말 기준

2. 해운회사에 대한 리스기준서 적용

1) 항해용선(V/C) 및 기간용선(T/C)인 경우

개정 기준서가 해운회사에 미칠 영향으로는 용·대선계약(BBC, COA, CVC, T/C 또는 V/C계약 등)이 리스기준의 적용대상이냐 여부에 따라 달라진다. 예를 들어, 리스의 정의규정이 개정되고 새로이 해운선사의 용선계약이 이에 해당한다고 판단되면 해당 선박에 대하여는 개정된 리스기준을 적용하여 자산·부채 및 수익·비용을 계상하여야 한다.

전형적인 BBC계약은 특정 자산의 사용권을 이전하고 대가를 받는 점에서 단기리스로 분류되는 경우를 제외하고는 리스거래로 볼 것이다.

그리고 T/C계약은 선주가 선원이나 선박유지에 대한 별도의 용역을 계속적으로 제공하여야 하는지 외에 선박의 대체공급이 가능한지 여부 등에 따라 리스의 정의를 충족하는지 여부를 판단하여야 한다.

개정 기준서에서는 선박 용·대선계약과 관련하여 다음 2가지 사례를 제시하면서 리스 해당 여부를 판단하고 있다(K-IFRS 제1116호 '리스' 적용사례).

■ 사례 6A

고객은 선주(공급자)와 특정 선박으로 로테르담에서 시드니까지 화물을 운송하는 계약을 체결한다. 선박은 계약에 분명히 특정되어 있고 공급자는 대체권이 없다. 화물은 선박 용량의 대부분을 차지할 것이다. 계약에서는 선박으로 운송될 화물과 인수 및 배달 일정을 정한다.

공급자는 선박을 운행하고 유지하며 선박에 실린 화물을 안전하게 운반할 책임을 진다. 고객이 계약기간에 그 선박에 다른 운행자를 고용하거나 직접 선박을 운행하는 것은 금지되어 있다.

▶ 리스의 판단 :

이 계약은 리스를 포함하지 않는다.

이 계약에는 식별되는 자산이 있다. 선박은 계약에 분명히 특정되어 있고 공급자는 그 특정 선박을 대체할 권리가 없다.

고객은 사용기간에 걸쳐 그 선박의 사용으로 생기는 경제적 효익의 대부분을 얻을 권리를 가진다. 고객의 화물은 선박 용량의 대부분을 차지할 것이므로, 다른 당사자가 그 선박의 사용으로 생기는 경제적 효익을 얻는 것을 막는다.

그러나 고객은 그 선박의 사용을 지시할 권리가 없으므로 선박의 사용 통제권을 가지지 못한다. 고객에게는 그 선박의 사용 방법 및 목적을 지시할 권리가 없다. 선박의 사용 방법 및 목적(특정 기간에 로테르담에서 시드니까지 특정 화물을 운송하는 것)은 계약에 미리 정해져 있다. 고객에게는 사용기간에 선박의 사용 방법 및 목적을 변경할 권리가 없다. 고객은 사용기간에 선박의 사용에 대한 다른 의사결정권이 없고(예를 들면 고객은 선박을 운행할 권리가 없다), 고객이 선박을 설계하지 않았다. 고객은 선박의 사용에 대하여 선박으로 화물을 운송하는 많은 고객 중 하나와 같은 권리를 가진다.

■ **사례 6B**

고객은 공급자와 5년간 특정 선박을 사용하는 계약을 체결한다. 이 선박은 계약에 분명히 특정되어 있고 공급자는 대체권이 없다.

고객은 계약에 규정된 제약에 따라 사용기간 5년 내내 어떤 화물을 운송할지를 정하고 항해 여부와 언제, 어느 항구로 출항할지를 정한다. 그 제약은 고객이 해적의 위험이 높은 해역으로 선박을 운행하거나 위험한 물질을 화물로 운반하는 것을 막는다.

공급자는 선박을 운행하고 유지하며 선박에 실린 화물을 안전하게 운반할 책임을 진다. 고객이 계약기간에 그 선박에 다른 운행자를 고용하거나 직접 선박을 운행하는 것은 금지되어 있다.

▶ **리스의 판단 :**

이 계약은 리스를 포함한다. 고객은 5년간 선박 사용권을 가진다.

이 계약에는 식별되는 자산이 있다. 선박은 계약에 분명히 특정되어 있고 공급자는 그 특정 선박을 대체할 권리가 없다.

고객은 다음과 같은 이유로 사용기간 5년 내내 선박의 사용 통제권을 가진다.

(1) 고객은 사용기간 5년에 걸쳐 선박의 사용으로 생기는 경제적 효익의 대부분을 얻을 권리를 가진다. 고객은 선박을 사용기간 내내 독점적으로 사용한다.

(2) 기초자산의 사용을 지시할 권리 보유조건이 존재하기 때문에 고객은 선박의 사용을 지시할 권리를 가진다. 선박이 항해할 수 있는 곳과 선박으로 운송할 화물에 대한 계약상 제약은 고객의 선박 사용 범위를 정한다. 그 제약들은 공급자의 선박 투자와 공급자의 직원을 보호하는 방어권이다. 사용권의 범위에서, 고객은 운송할 화물뿐만 아니라 항해 여부와 언제, 어디로 선박을 운행할지를 결정하므로 사용기

간 5년 내내 선박의 사용 방법 및 목적에 관련되는 결정을 내린다. 고객은 사용 기간 5년 내내 이 결정을 변경할 권리를 가진다.

비록 선박의 운행과 유지가 효율적인 사용에 반드시 필요할지라도, 이와 관련한 공급자의 결정이 선박의 사용 방법 및 목적을 지시할 권리를 주지는 않는다. 그 대신에 공급자의 결정은 선박의 사용 방법 및 목적에 대한 고객의 결정에 좌우된다.

사례6A는 전형적인 항해용선(V/C)에 근접하고, 사례6B는 기간용선(T/C)에 근접한다고 할 것이다. 위 사례에서는 모두 선박이 특정된 경우를 들고 있으나 통상적으로 T/C계약에 있어서는 용선하는 선박이 특정되며, 해당 선박이 감항능력을 상실할 때 등 외에는 선주에 의해 일방적으로 대체되지 않는 점에서 자산이 특정하여 식별된다고 할 것이다. 반면, V/C계약은 화물운송계약과 같은 성격을 가지며, 선주가 배선권을 행사하는 점에서 자산이 식별되지 않을 수도 있다.

그리고 통상적인 V/C 계약의 경우 화주는 그 선박의 사용을 지시할 권리 또는 그 선박의 사용 방법 및 목적을 지시할 권리가 없으므로 선박의 사용 통제권을 가지지 못한다. 반면, T/C계약 및 전용선계약에 있어서는 선주가 행사하는 방어권의 범위 내에서 용선사는 선박의 사용을 지시할 권리를 가지며, 사용권의 범위에서 용선사는 운송할 화물뿐만 아니라 항해 여부와 언제, 어디로 선박을 운행할지를 결정하므로 사용기간 내내 선박의 사용 방법 및 목적에 관련되는 결정을 내린다.

그리고 개정 기준서에서는 리스이용자에게 리스와 용역계약이 다른 점으로서 용역계약에서 생기는 것과는 다른 권리 및 의무가 리스에서 생긴다고 결론내리고 있다. 이는 리스이용자가 기초자산을 사용할 수 있는 시점에 리스이용자는 사용권자산을 얻고 통제하기 때문이다. 리스제공자가 리스이용자에게 기초자산을 사용할 수 있게 할 때 리스제공자는 자산 사용권을 리스이용자에게 이전할 의무를 이행한 것이 되며, 리스이용자는 이제 그 사용권을 통제한다. 따라서 리스이용자는 그 사용권에 대하여 지급할 무조건적인 의무가 있다.

이와 달리, 전형적인 용역계약에서 고객은 계약 개시시점에 고객이 통제할 자산을 획득하지 못한다. 그 대신에 고객은 용역이 수행되는 때에만 용역을 획득한다. 따라서 고객은 보통 그때까지 제공된 용역에 대해서만 지급할 무조건적인 의무가 있다. 더욱이 비록 용역계약을 이행하는 데 흔히 자산의 사용이 필요하겠지만, 일반적으로 이 이행은 계약기간 내내 고객이 그 자산을 사용할 수 있게 만들 필요는 없다.

개정 기준서의 시행 이전까지 해운업계는 T/C계약에 대하여 용역제공거래이 므로 K-IFRS 제1115호로 대체되기 전인 K-IFRS 제1018호 '수익'에 따라 용역제 공거래의 결과를 신뢰성 있게 추정할 수 있을 때 보고기간 말에 진행기준으로 수익을 인식하여 왔다. 또한 용선사는 운용리스 회계처리에 준하여 지급한 용선 료만을 비용으로 인식하여 왔다.

그러나 T/C계약이 리스거래로 분류될 때에는 BBC와 동일하게 새로운 리스기 준에 따라 자산·부채 및 수익·비용을 계상하여야 하고, 그 결과는 해운회사의 재무제표 및 경영성과에 큰 영향을 미칠 것으로 보인다.

기간용선(T/C) 및 항해용선(V/C)의 차이점을 다시 대비하면 다음과 같다.

	기간용선(Time Charter)	항해용선(Voyage Charter)
현황	· 화주와 선주간 5년간 특정선박을 사용하는 계약 체결 · 선박은 특정되고 선주는 대체권 없음 · 화주는 계약상 정한 제약 하에서 운송할 화물, 항해 여부, 선적항과 도착항 등을 결정 · 선주는 선박을 운용, 유지하며 안전운항에 대한 책임 부담 · 화주는 선원을 교체하거나 직접 선박운용 금지	· 화주와 선주간 특정한 선적항 및 도착항을 지정하고 특정선박을 이용한 운송계약 체결 · 선박은 특정되고 선주는 대체권 없음 · 화주는 선박에 어떠한 변경도 하지 않으며, 화물은 선박용량의 대부분을 차지함 · 운송할 화물과 선적일, 하역일은 계약서에 명시 · 선주는 선박을 운용, 유지하며 안전운항에 대한 책임 부담 · 화주는 선원을 교체하거나 직접 선박운용 금지 · 화주는 운송경로나 일정을 변경할 수 없음
판단 및 근거	리스에 해당	리스에 해당하지 않음
식별되는 자산	충족	충족
경제적 효익의 지배	화주는 선박을 계약기간 내 독점적으로 사용하고 경제적 효익의 대부분을 획득	화주는 선박을 사용기간 내 선박사용에 따라 발생하는 경제적 효익의 대부분을 획득
사용통제권	화주는 사용기간 내내 자산을 사용하는 방법 및 목적을 지시할 권리 보유(방어권의 범위 내)	화주는 선박사용을 지시할 권리가 없음 선박의 사용방법 및 목적(운송기간 및 선적항, 도착항은 사전에 계약 명시)을 화주가 지시할 권리가 없음

2) 연속항해용선인 경우

항해용선(V/C)의 확대된 용선형태로 연속항해용선(CVC: Consecutive Voyage Charter)계약이 있다. 연속항해용선계약은 항해용선 계약이 여러 회 정도 반복하여 이루어지는 계약을 말한다. 이러한 연속항해용선계약도 항해를 기준으로 하고, 적하를 대상으로 이루어지는 계약이므로 선박과 항해는 특정지만, 동일항로로 국한되지 않고 여러 항로를 항해하는 경우도 많다. 그러나 대체로 선적지와 양하지가 동일한 항로를 반복하는 것이 일반적인 운송형태이다.

먼저, 리스의 식별요건 중 식별되는 자산의 존재 유무를 장기운송계약 등에 연관하여 보면 CVC 계약이나 전용선계약은 대부분 용선하는 선박이 특정되는 것이 일반적이다. 그러나 장기운송계약은 화물의 운송을 목적으로 하는 계약이고 항해용선(single V/C)이 단순히 반복되느니만큼 실질적으로 항해용선의 범주 내에서 운항이 이루어지며, 용선사(화주)의 요청에 따라 선사가 배선권을 행사하여 투입선박을 지명하고 통보(declare)한 후 선박을 투입하게 되므로 투입선박이 특정되지 않을 수 있다.

다음으로 용선사는 장기운송계약이나 CVC, 전용선계약 어느 것을 통하여서나 사용기간에 걸쳐 그 선박의 사용으로 생기는 경제적 효익의 대부분을 얻을 권리를 가진다는 것은 동일할 것이다.

그리고 대부분의 경우 COA 계약이나 CVC 계약에 있어서 운송할 화물의 종류 그리고 선적항이나 하역항(선적항이나 하역항은 당일 항구일 수도 있고 여러 항구일 수도 있음) 등은 사전에 정하여져 있는 것이 일반적이다. 그러나 COA 계약의 경우 선사가 배선권을 행사하고 선적시기나 항로, 선원의 채용, 피항 여부의 결정 그리고 연료유 보급장소 등을 선사가 결정하게 되는 점에서 선박의 사용(또는 운용)을 지시할 권리가 선사에게 있다고 볼 것이다. 반면 전용선계약은 대부분 운임이 화물운송량에 비례하는 것이 아니라 원가보상방식에 따라 결정되므로 용선사가 선적항, 하역항이나 항로 등의 결정에 있어서 더 많은 사용지시권을 행사하게 된다. CVC 계약은 선박을 특정하는 외에는 기본적으로 V/C의 특성을 유지하여 COA 계약과 유사한 선사와 용선사 간 역할을 부담한다고 할 것이다.

참고로 CVC 계약에 대한 리스회계 적용에 대하여 금융위원회가 내린 지침은 다음과 같다.

제목: 「新리스기준서 시행(2019년) 전후 해운사·화주 간 장기운송계약(CVC) 회계처리 관련 감독지침」 발표

1. 현황 및 문제점

□ 해운사와 화주간 CVC계약*은 ❶ 선박을 사용하게 해주는 계약+❷ 운항비, 인건비, 연료비 등을 부담하는 용역계약으로 구분 가능

→ ❶을 리스로 회계처리 하느냐 여부가 핵심 쟁점

 * 연속항해용선계약(Consecutive Voyage Charter): 일정 선박을 이용, 일정 화물을, 일정 장소로 운송하는 여러 회차로 이어지는 조건의 용선계약

□ 舊리스기준은 ① 특정 자산 사용 그리고 ② 사용통제권 이전(ⓐ 또는 ⓑ 또는 ⓒ) 요건 충족시 리스로 판단하나, 사용통제권 이전 기준을 新리스기준에 비해 구체적으로 기술하고 있지 않음

> ◆ 계약이 ① 특정 자산 사용, ② 자산 사용통제권이 이용자에게 이전(ⓐ자산의 운영(지시) 능력이나 권리 or ⓑ 물리적 접근 통제 or ⓒ 산출물에 대해 지불할 가격) 되는지 등을 모두 검토하여 리스여부를 판단한다고 하였음(☞ 참고 舊리스기준, p5)

○ 그간 해운사는 舊리스기준 하에서 CVC 계약 전체를 운송계약으로 회계처리하면서 매출로 인식(감사인 이견 無/2018년 보고서도 적정의견)

 * 대만(IFRS채택), 중국(IFRS와 유사한 CAS채택) 해운사도 CVC계약을 舊리스기준서 하에서 리스요소가 포함되지 않는다고 판단

□ 新리스기준은 ① 식별되는 자산(ⓐ 그리고 ⓑ) 그리고 ② 고객의 사용통제권 보유(ⓒ 그리고 ⓓ) 조건 충족시 리스로 판단하며, 그 판단을 위한 구체적 기준을 제시

> ◆ 계약이 ① 식별되는 자산(ⓐ 자산 특정 and ⓑ 공급자의 실질적 자산 대체권 없음), ② 고객(이용자)이 사용통제권 보유시(사용기간 내내 ⓒ 고객이 경제적 효익의 대부분 향유 and ⓓ 고객이 자산 사용·지시권 보유) 리스요소가 포함된다고 명시(☞ 참고 新리스기준, p5)

○ 해운사는 新리스기준 하에서 CVC 계약의 내용 中 일부(❶*)가 (금융)리스로 해석될 수 있어 매출로 인식되지 않을 것을 우려

 * CVC계약: ❶ 선박을 사용하게 해주는 계약+❷ 운항비, 연료비 등을 부담하는 용역계약

□ 新리스기준 시행(2019년) 전후 CVC 계약 회계처리를 둘러싸고 해운사와 일부 회계법인간 이견이 존재 → 시장 불확실성 有

○ 해운사는 新·舊리스기준서 해석·적용시 CVC계약이 리스요소를 포함하지 않는다고 주장하고 있는 반면,

○ 일부 회계법인은 新리스기준상 일부 CVC 계약은 리스를 포함하고 있으며, 舊리스기준으로도 리스를 포함한다고 볼 여지가 있다고 주장

2. CVC계약 회계처리관련 감독지침

감독지침의 내용

□ 新리스기준서 및 舊리스기준서는 계약이 리스를 포함하고 있는지 검토하도록 규정하고 있으며, 리스요소 포함시 리스회계처리 필요

〈2019년 이전 체결된 CVC 계약〉

□ 2019년 시행된 新리스기준서의 경과규정*은 舊리스기준에 따라 계약을 리스가 포함되지 않았다고 판단했고, 판단 오류가 없다면 리스로 회계처리하지 않을 수 있다는 의미(회계기준원)

* 회사는 경과규정 적용여부를 선택하는 것이 가능(舊기준에 따라 리스 포함여부를 판단하기 어려운 경우에는 해당 경과규정을 적용하지 않고 新기준을 적용해도 됨)

〈新리스기준서 부록 C. 경과규정 – 리스의 정의〉

C3 실무적 간편법으로 최초 적용일에 계약이 리스인지, 리스를 포함하고 있는지를 다시 판단하지 않을 수 있다. 그 대신에 다음과 같이 할 수 있다.

(2) 기업회계기준서 제1017호와 기업회계기준해석서 제2104호를 적용하여 종전에 리스를 포함하는 것으로 식별되지 않은 계약에는 이 기준서를 적용하지 않을 수 있다.

□ 회사는 舊리스기준에 따라 리스를 포함하고 있는지를 검토하고, 감사인도 기업의 판단을 점검하는 것은 필요

○ 검토 및 점검은 舊리스기준 적용 당시의 이용가능한 정보와 상황에 기초하여 합리적 근거에 따라 판단해야 하며,

– 외부감사인은 舊리스기준을 적용한 기업의 판단을 최대한 존중하되, 그 판단 과정*(Due Process)에 미흡한 부분이 있는지를 점검

* 평가방법 및 근거자료의 객관성·중립성·일관성, 외부용역의 전문성·독립

성 등

□ 추후 재무제표 심사시 회사·감사인이 협의하여 舊리스기준에 따라 리스가 포함된 것으로 판단하여 수정한 경우 위반내용이 중대하지 않다면 계도 조치(경고, 주의 등) 예정

○ 오류가 있는 경우에는 과거 재무제표를 소급하여 재작성 필요

* CVC계약은 동아시아 일부 국가에서만 있어 보편적인 해외사례가 없고, 계약의 특성상 운송용역적 성격을 포함하고 있어 국내해운사들은 운송계약으로 회계처리하는 관행이 형성 → 오류 정정시 '제재 보다는 지도' 차원에서 경고 등 계도조치

> ⇨ 2019년 이전에 체결한 CVC계약을 舊리스기준에 따라 운송계약으로 판단한 회계처리에 오류가 없는 경우에는 해당 계약이 종료될 때까지 운송계약으로 회계처리 가능

〈2019년부터 체결된 CVC 계약〉

□ 2019년 이후 체결한 CVC계약은 新리스기준상 계약별*로 판단하도록 되어 있으므로, 이에 맞춰 회계처리

* K-IFRS 제1116호 문단9에 따라 리스인지, 리스를 포함하는지는 계약별로 판단해야 함

同 감독지침의 성격

□ 국제회계기준의 합리적인 해석범위 내에서 감독업무의 구체적 지침을 마련, 이를 관련 업계와 공유하여 시장의 불확실성을 해소하기 위한 것으로서, 새로운 회계기준이나 기준 해석이 아님

□ 회사는 개별 상황에 따라 합리적인 이유를 근거로 동 지침과 달리 판단하여 회계처리 할 수 있음

제 4 장

기업구조조정제도와 선박금융*
- 기업구조조정촉진법과 주채무계열제도를 중심으로 -

윤희선 김·장 법률사무소 변호사

Ⅰ. 서 론

우리나라의 기업구조조정제도 및 구조조정실무는 은행을 중심으로 하여 설계 되고 시행되어 왔다. 법제화된 기업구조조정제도의 중심축인 「기업구조조정촉진 법」에 따른 공동관리절차와 은행법의 하위 법규인 은행업감독규정상의 주채무계 열제도도 채권은행이 절차를 주도하는 방식을 취하고 있다.

그 밖에 법제화된 기업구조조정 관련 규정으로서 「한국산업은행법」에서 기업 구조조정을 한국산업은행의 업무로 정한 사항과 「한국자산관리공사 설립 등에 관한 법률」에 따른 부실징후기업에 대한 경영정상화 지원제도 등이 있으나 이 경우에도 채권자인 은행이 주체이거나 은행과 밀접하게 관련되어 이루어지는 구 조조정제도라고 할 수 있다.

그동안 정부는 은행을 중심축으로 한 기업구조조정제도를 재편하기 위해 자본 시장을 통한 구조조정제도 활성화를 꾀하는 등 다양한 정책적 입안과 실무 집행 을 시도해 왔다.[1] 그 예로서 2016년 산업은행이 주도하여 한국성장금융투자㈜를 출범하고 이를 통해 기업구조혁신펀드 출자업무를 진행하여 해당 펀드가 3호까 지 조성되었다. 이 기업구조혁신펀드를 통해 STX조선해양, 동부제철 등 기업구조 조정절차에 있는 회사들에 대한 투자를 통해 기업의 정상화가 이루어지는 성과를 거두었다.

---

* 본고는 필자가 선박건조금융법연구 제25회(2017. 12. 16.)에서 발표한 내용을 정리한 것임.
1) 관계부처합동, 기업 구조조정 추진현황과 향후 계획, 2016. 4. 26.자 보도자료.

또한, 기업구조조정과 관련된 채권시장의 민영화와 활성화를 위한 방안도 추진해 왔는바, 이에 따라 유암코를 중심으로 하여 민간 부문에서 구조조정 대상회사에 대한 채권의 매입 또는 회사에 대한 투자가 이루어져 왔다.

그럼에도 불구하고 현재 법제화된 기업구조조정제도의 가장 중요한 틀은 기업구조조정촉진법상의 공동관리절차와 은행업감독규정상의 주채무계열제도라고 할 수 있으며, 이에 따라 본고에서는 이 제도들이 선박금융에 미치는 영향 내지는 선박금융과의 관련 요소들에 대해 검토하기로 한다.

II. 기업구조조정촉진법이 선박금융에 미치는 영향

1. 기업구조조정촉진법 개관

1) 입법 및 개정 연혁과 주요 내용

기업구조조정촉진법은 1997년의 외환위기 이후 금융기관 간에 부실기업의 워크아웃을 위하여 체결되었던 1998년의 '기업구조조정을 위한 금융기관 협약'을 법제화한 것으로서 2001년 8월 14일 최초로 한시법으로 제정되어 2001년 9월 15일부터 시행되었고, 그후 재입법을 거듭해 오면서 꾸준히 개선되어 왔다.[2]

최초의 입법을 포함하면 현재까지 총 6차례의 기업구조조정촉진법이 제정되었는데, 그 동안 기업구조조정촉진법의 시한을 두지 않는 상시법화가 논의되었으나 성사되지는 못하였다. 그럼에도 불구하고 기업구조조정촉진법에서 규정한 공동관리절차는 부실기업에 대한 법정외 채무조정 내지 구조조정 절차로서 한 축을 담당해 왔다. 이 공동관리절차도 채권자의 이익 극대화를 위한 절차라는 점에서는 사적자치의 법리가 그대로 적용되는 것으로 보인다.[3]

기업구조조정촉진법이 제정 및 재입법의 과정을 거쳐오는 동안 내용면에서의 변경이 꾸준히 이루어져 왔는데, 중요한 틀은 부실징후기업에 대해 사전적인 판단을 위한 신용위험 평가제도와 신용위험 평가의 결과에 따라 문제가 있는 기업에 대해 채권자 주도의 절차를 진행하여 기업개선을 도모하는 공동관리절차이다. 그 과정에서 다음 사항들이 채권자들과 채무자 기업간의 채권·채무 관계에 중

---

2) 한민, "기업구조조정촉진법의 재입법과 개선과제, 기업구조조정촉진법의 성과와 시사점", 서울회생법원 개원 1주년 기념 논문집, 도산법연구회 등, 93면.
3) 오수근, "기업구조조정촉진법의 성격", 「도산법연구」, 2021, 11면.

요한 영향을 미치게 된다.

- 채무조정: 금융채권자는 공동관리기업의 기업개선을 위하여 필요하다고 판단하는 경우 금융채권자협의회의 의결에 따라 해당 기업에 대한 채무조정을 할 수 있다. 채무조정의 방법으로 출자전환의 방법도 가능하다.

- 신규 신용공여: 금융채권자는 공동관리기업의 기업개선을 위하여 필요하다고 판단하는 경우 금융채권자협의회의 의결에 따라 해당 기업에 대하여 신규 신용공여를 할 수 있다. 신규 신용공여로 인한 금융채권은 법정담보권 다음으로 금융채권자협의회를 구성하는 다른 금융채권자의 금융채권에 우선하여 변제받을 권리를 가진다.

2) 현행 기업구조조정촉진법

현행 기업구조조정촉진법은 종전에 시행 중이던 기업구조조정촉진법의 시한만료 이후인 2018년 10월 16일에 제정되어 같은 날부터 시행되었다. 이를 제6차 기업구조조정촉진법이라고 부르는데, 현행법도 한시법으로 제정되어 존속기간을 5년으로 정하고 있으므로 2023년에 효력이 상실되게 된다. 다만, 최근 코로나19 사태 이후의 각종 금융지원제도들이 정리되고 있는 상황에서 금융위원회를 중심으로 하여 워크아웃제도를 다시 활성화할 필요성에 대해 검토가 이루어지고 있어서, 현행 기업구조조정촉진법의 기간 연장 또는 재입법의 가능성을 배제할 수 없는 것으로 보인다.

현행 구조조정촉진법에서도 위에서 본 바와 같은 공동관리절차를 통한 채무조정 및 신규 신용공여 등의 방법을 두고 있어서 이러한 사항들이 선박금융에 미치는 영향에 대한 검토가 필요하다.

2. 기업구조조정촉진법의 선박금융과의 관련성

1) BBCHP의 신용공여 해당 여부

2016년 3월 18일에 제정된 제5차 기업구조조정촉진법은 종전의 법률과는 다른 변경사항들이 많았는데, 그 가운데에는 신용공여의 개념과 범위를 재정비하는 내용이 포함되었다. 기업구조조정촉진법 자체에서는 종전 법률의 신용공여 정의를 그대로 사용하였으나, 다음에서 살펴보는 바와 같이 법률의 적용대상인 채권자의 범위가 채권금융기관에서 금융채권자로 확대되었기 때문에 신용공여의 개념을 재정비할 필요가 있었다.

이에 따라 기업구조조정촉진법 시행령에서 금융거래의 개념을 정의하고 이를 신용공여와 연계시켰으며, 금융위원회 감독규정에서 금융거래의 구체적인 유형을 예시적으로 열거하였다.

감독규정 제3조 제1항 제3호에는 신용공여에 해당하는 것으로서 "시설취득자금에 대한 거래와 밀접한 관련이 있는 시설대여"가 열거되어 있는데, 금융위원회에서는 BBCHP구조상의 채권이 신용공여에 해당함을 명시하기 위한 규정이라고 설명하고 있다.[4] 금융위원회의 설명자료에 의하면, 기업구조조정촉진법에서 BBCHP 채권을 위와 같이 취급하는 것은 BBCHP를 「채무자의 회생 및 파산에 관한 법률」 제119조의 쌍방미이행 쌍무계약으로 보아 공익채권으로 인정하는 회생절차와 달리 취급하기 위한 것임을 명확히 하였다.[5]

이에 따르면, 우리나라 해운회사가 기업구조조정촉진법에 따른 공동관리절차를 진행하는 경우 해당 해운회사가 당사자인 BBCHP계약상의 채권은 채무조정의 대상에 포함된다.

2) 적용대상 채권자의 범위

앞에서 언급한 바와 같이 제5차 기업구조조정촉진법에서는 공동관리절차의 적용대상이 되는 채권자를 종전의 채권금융기관에서 금융채권자로 변경하였다. 금융채권자란 금융채권을 보유한 자를 가리키고, 금융채권은 기업 또는 타인에 대한 신용공여로 해당 기업에 대해 행사할 수 있는 채권을 뜻하는 것으로 규정하였는데, 이에 따라 종전에 공동관리절차의 적용대상이 되는 채권자가 실질적으로 금융기관에 한정되던 것이 위 개정에 따라 비금융기관까지 포함하는 것으로 대폭 확대되었다. 또한 금융채권자를 국내 채권자로 한정하는 내용을 두지 않아, 제도적으로는 해외 금융채권자들에 대해서도 공동관리절차가 관련될 수 있는 가능성을 열어 두었다.

3) 관련 사례

제5차 기업구조조정촉진법이 시행된 이후 규모가 있는 국내 해운회사가 이 법

---

4) 금융위원회, 기업구조조정촉진법 설명자료, 2016. 3. 11., 18면.
5) 상게자료 같은 면.

에 따른 공동관리절차를 신규로 진행한 사례는 알려져 있지 않다. 따라서, BBCHP 선박금융채권이 공동관리절차에서 어떻게 처리되었는지에 대한 실무 사례는 없는 것으로 보인다. 다만, BBCHP 선박금융 신규거래 건의 구조 검토 단계에서, BBCHP채권이 기업구조조정촉진법상의 공동관리절차 대상 채권에 해당되어 채무조정의 위험성이 있는지 여부에 대해서는 논의가 이루어진 예들이 있다. 이 경우 쟁점 가운데 하나는 BBCHP계약의 당사자로서 해운회사의 채권자인 편의치적 SPC가 금융채권자에 해당되는지 여부이다. 앞에서 본 바와 같이 현행 기업구조조정촉진법에서는 해외 채권자에 대해서도 적용이 가능하고, 가령 SPC가 대주인 금융기관들에게 BBCHP채권을 담보목적으로 양도한 경우에도 SPC 또는 대주인 금융기관들이 모두 금융채권자에 해당될 수 있어서 공동관리절차 적용이 가능한 것으로 보인다.

4) BBCHP채권에 대한 채무조정 방안

공동관리절차에서 BBCHP채권이 채무조정의 대상이 되는 경우 담보채권으로 분류할지 또는 무담보채권과 동일하게 취급할지 여부에 대해서는 앞에서 본 바와 같이 실무 선례가 없는 것으로 보인다. 기업구조조정촉진법은 채무조정과 관련하여 "권리의 순위를 고려하여 공정하고 형평에 맞게 이루어져야 한다"고 원칙적이고 포괄적인 내용만을 규정하고 있다. 또한, 추가자금지원에 대하여 현행 기업구조조정촉진법에서는 금융채권자 협의회에서 달리 정하지 않는 한 원칙적으로 신고된 금융채권액에 비례한다라고 규정하고 있어서 BBCHP채권자가 신규자금공여 부담의 대상이 될 가능성도 배제할 수 없는 것으로 보인다.

III. 주채무계열제도와 선박금융

1. 주채무계열제도 개관

1) 시행 및 변경 연혁과 주요 내용

주채무계열 재무구조개선약정 제도는 외환위기 과정에서 대기업그룹 기업들이 상호지급보증을 통하여 도산위험을 공유하는 현상을 가지고 있었기 때문에 도입되어, 그동안 감독당국이 은행을 이용한 대기업군에 대한 구조조정 수단으로 사용하여 왔다.[6]

이 제도는 은행법과 「은행감독기구설치 등에 관한 법률」을 기반으로 1999년 4월부터 시행되었으며,[7] 현재는 은행업감독규정 및 은행업감독규정시행세칙에 근거를 두고 있다. 이 규정들에 근거하여 주채무계열 및 그 소속기업체에 대해 재무구조개선을 유도하기 위한 구체적인 평가방법 및 재무구조개선을 위한 약정 등의 상세한 내용을 정하는 '주채무계열 재무구조개선 운영준칙' 및 '주채무계열 소속기업체의 평가준칙'을 은행연합회에서 제정하고, 각 은행들이 이 준칙들을 내규에 반영하여 시행하고 있는 것으로 알려져 있으나 위 준칙들의 내용은 공개되어 있지 않다.

주채무계열제도도 채권은행들을 중심으로 하여 운용되도록 설계되어 주채무계열에 대한 주채권은행이 절차 진행을 주도하게 된다. 종전에는 주채무계열에 해당되는 기준을 금융기관으로부터의 신용공여 잔액 규모를 기준으로 하였는데, 2020년 은행업감독규정의 개정으로 총차입금 규모 기준이 추가되었다. 이는 기업들의 자금조달이 금융기관으로부터의 차입에 한정되지 않고 자본시장 등을 통한 조달 등으로 그 수단이 늘어난 상황을 반영하기 위한 것이었다. 그러나, 주채무계열제도의 전반적인 운용은 아직 채권은행들을 중심으로 하여 이루어지고 있다.

주채무계열의 대상은 금융기관들로부터 신용공여를 많이 받고 있는 기업집단이라고 볼 수 있다. 주채무계열의 단위가 되는 계열기업군 및 그 소속기업체의 범위는 원칙적으로 「독점규제 및 공정거래에 관한 법률」에서 정한 기업집단을 따르도록 되어 있다. 다만, 2020년 은행업감독규정 개정에 따라 「자본시장과 금융투자에 관한 법률」에 따른 경영참여형 사모집합투자기구가 투자한 기업의 경우에는 해당 기업을 「독점규제 및 공정거래에 관한 법률」에 따른 동일인으로 보아 계열기업군 및 그 소속기업체를 달리 정할 수 있도록 규정하여, 기업집단과는 다른 주채무계열의 분류가 가능하도록 하였다.

2) 현행 주채무계열제도

주채권은행은 주채무계열에 대해 부채비율 등의 지표를 이용하여 재무구조를 평가해서 기준점수에 미달하는지 여부를 판단한다. 만약, 기준점수에 미치지 못

---

6) 최두열, "재무구조개선약정 제도의 문제점과 개선방안", 「KERI Insight」, 한국경제연구원(2010. 8. 20.), 1면.
7) 모미령·정헌주, "금융과 대기업규제: 주채무계열제도의 제도적 특성과 한계를 중심으로", 「사회과학연구」, 2014, 49면.

하는 경우에는 해당 주채무계열과 재무구조개선약정을 체결하고, 기준점수는 초과하나 기준점수의 110%를 하회하는 경우에는 대상 주채무계열과 정보제공약정을 체결한다.

재무구조개선약정에는 부채비율 감축계획, 재무구조 평가 달성 계획 등과 함께 목표달성을 위한 구체적인 내용으로 계열사 매각, 계열사 통폐합 등 계열구조조정계획이 포함된다. 통상 재무구조개선약정은 3년의 기간으로 체결되며, 계획의 이행상황에 따라 기간이 조정될 수 있다. 만약 재무구조개선약정을 준수하지 않는 경우에는 신규여신 중단이나 기존 여신의 회수 등 제재조치가 취해질 수 있다.

2. 주채무계열제도의 선박금융과의 관련성

1) 선박금융의 신용공여 해당 여부

주채무계열의 판단기준이 되는 신용공여에는 대출채권, 유가증권 취득, 지급보증 등 신용리스크가 수반되는 모든 유형의 채권이 포함된다. 이와 관련하여 해운회사는 선박금융 거래의 경우 BBCHP계약에 따라 선박 편의치적을 위한 SPC에게 채무를 부담하는데, 이는 SPC를 계열기업군의 소속기업체로 볼 것인지의 문제와 관련이 된다. 그런데, 앞에서 본 바와 같이 2020년 은행업감독규정이 개정되어 총차입금 규모 기준이 추가됨에 따라 리스부채로 인식되는 BBCHP채무가 총차입금 계산에 포함되게 되어 이 문제는 실무상으로는 정리가 된 것으로 보인다.

조선사의 경우에는 선박 발주처로부터 받은 선급금과 관련하여 금융기관을 통해 발급한 선수금환급보증에 따른 우발채무가 신용공여 산정 시 포함된다.

따라서, 선박금융의 의존도가 높은 해운회사들의 경우에는 신용공여 규모가 커져 주채무계열에 해당될 가능성이 높으며, 조선사들의 경우에도 선박건조계약의 성격상 신용공여 규모가 다른 업종에 비해 클 가능성이 높다.

2) 관련 사례

위와 같은 이유로 대형 해운회사 및 대형 조선사의 경우에는 주채무계열에 해당될 여지가 크고, 기준점수 산정 시 중요한 요소가 되는 부채비율도 높게 계산될 위험성이 상당하다.

실제로 그동안 규모가 큰 해운회사들과 조선사들이 주채무계열에 해당되고 높은 부채비율로 인해 재무구조개선약정체결의 대상이 된 사례들이 있었다. 특히 2010년 현대상선이 포함된 현대그룹이 주채무계열로서 재무구조개선약정의 체결 대상인지 여부에 대해서 논란이 있었고, 법적인 분쟁을 거친 끝에 현대그룹이 금융권 신용공여액을 2조1,700억원 수준에서 1조300억원 정도로 줄여 주채무계열 대상에서 제외된 사례가 있었다.[8]

이와 같이 기업구조조정을 강제하는 주채무계열제도가 부채비율을 근간으로 하여 기준점수를 평가한다는 점에서 선박금융을 주된 선박조달의 수단으로 활용하는 해운회사들의 선박확보 수단을 보다 다양화해야 할 필요성을 시사하고 있다.

IV. 결　어

법적인 기업구조조정제도는 기업의 재무상황을 점검하여 적시에 필요한 조치를 하기 위한 제도로서 순기능을 갖고 있다. 반면에 채권자들이 주도하는 강제적인 구조조정이라는 측면에서 대상 기업들에게는 부정적인 측면이 있어 왔다. BBCHP 선박금융의 경우 우리나라 금융기관들뿐만 아니라 해외 금융기관들도 우리나라 해운회사들을 상대방으로 하여 활발하게 취급하고 있는 상황을 고려할 때, 우리나라의 특유한 법적 구조조정제도인 기업구조조정촉진법상의 공동관리절차가 BBCHP 선박금융채권에 적용될 수 있다는 점은 상당한 리스크 요소로 보여질 수 있다. 따라서, 금융권과 해운업계에서는 내년에 효력이 만료될 예정인 기업구조조정촉진법이 연장될지의 여부에 관심을 기울이고, 필요한 경우 이해관계자들의 입장을 적극 반영할 수 있도록 사전 준비를 해야 할 것으로 생각된다.

주채무계열제도에 대해서도 그동안 대형 해운회사 및 조선사들에 한정해서 관심을 가져 왔으나, 해운회사들에 대해 사모펀드 등의 투자가 늘어나고 있는 경향과 관련하여 주채무계열제도에 대한 이해도를 제고하여 관련되는 문제점들에 대해 미리 인식하고 대비하는 것이 바람직할 것으로 생각된다.

---

8) 머니투데이, 2011. 4. 6.자 기사.

제 5 장

컨테이너의 해상법상 지위와 활용도 증대방안에 대한 연구*

김인현 고려대학교 법학전문대학원 교수

Ⅰ. 서   론

해운업은 정기선과 부정기선으로 나눌 수 있다. 정기선의 대표적인 선종은 컨테이너 운송이다. 컨테이너 운송은 컨테이너 박스에 상품을 넣어서 선박으로 실어 나르는 것이다. 컨테이너 운송에는 컨테이너 박스가 필수적으로 필요하다.

개품운송에서는 예외 없이 운송인이 컨테이너 박스를 제공하고 박스에 송하인이 상품을 넣어서 운송인에게 넘겨준다. 송하인이 스스로 준비한 박스에 상품을 넣어서 운송인에게 넘겨주는 것이 아니기 때문에 운송인이 박스를 제공할 준비가 되지 않으면 운송에 차질을 주게 된다.

운송인이 그 많은 컨테이너 박스를 모두 준비하려면 상당한 자금이 필요하다. 그럼에도 컨테이너 박스는 담보가치가 낮아서 대출의 목적으로 사용되기도 쉽지 않다. 운송인에게 큰 부담을 안겨준다.

최근 미국에서 코로나로 인하여 하역작업이 제대로 되지 않자 공(空) 컨테이너 박스가 한국이나 중국 등으로 돌아오지 않고 있다.[1] 이에 더 많은 컨테이너 박스가 필요한 상황이 되었다. 운송인이 컨테이너 박스를 제공하지 못하자 운임은 폭등하게 되었다.[2] 이렇게 중요한 설비임에도 우리 해상법은 컨테이너 박스를

---

* 이 논문은 선박건조금융법연구회에서 발표한 것을 수정하여 「한국해법학회」 2021년 봄호에 실은 것이다. 학회의 승낙을 얻어 본서에 게재한다.
1) 서울경제 2020. 12. 21.자 "철강사 컨테이너선 대란에 벌크선이라도"에서는 컨테이너 박스 확보가 어렵고 해상운임마저 급등하자 철강사가 일부 제품수출을 벌크선으로 변경한다는 설명을 하고 있다.
2) 일본의 시각에 대하여는, 마츠다 타쿠마, "컨테이너 해상운송에 관한 일본의 제반문제", 「월간 해

물적 설비에 포함시키지 않고 있을 뿐만 아니라 우리 수출입화물의 운송에 필요한 만큼 컨테이너 박스가 필수적이라는 관념이 법률에도 나타나 있지 않다.

과연 컨테이너 박스에 대한 이러한 우리나라와 세계해운의 입장이 과연 최적의 제도인지 강한 의문이 제기된다. 변화를 제안한다.[3][4][5]

II. 해상기업과 설비

1. 상인과 해상기업

상법은 상인과 상인, 상인과 비상인 사이의 거래에 적용된다(제1조, 제3조). 상법 제46조의 기본적 상행위를 영리로 자기의 이름으로 하는 자가 당연상인이 된다(제4조). 임대차, 운송, 보험 등은 모두 제46조에 열거되어 있다. 이들 거래는 상(商)의 색채가 있기 때문에 민법을 적용하지 않고 상법을 적용한다. 반복성, 대량거래, 영업소의 존재, 보통거래약관의 이용으로 인한 정형화 등이 상(商)의 색채이다.[6] 상법을 통하여 상인은 보호되고 거래의 상대방도 보호된다.[7]

상법은 해상편(해상법)을 두고 있다. 선박을 이용한 영리활동을 하는 자는 해상의 상인(해상기업)으로 불린다.[8] 해상기업의 영리활동은 용선계약과 운송계약이 있다. 이들 개별의 영업은 상법 해상편까지 갈 것 없이 상법 제46조의 임대차와 운송에 이미 포함된다. 상법 총칙이나 상행위편으로도 규율이 가능하지만, 해상운송은 대규모이고 국가적으로도 중요하기 때문에 특별히 상법은 제5편 해상편을 두었다.[9]

양한국」 제571호(2021년 5월호) (http://www.monthlymaritimekorea.com/news/articleView.html?idxno=29974)를 참고바람.

3) 컨테이너 박스의 부족현상으로 인한 해결을 위하여 2021. 1. 20. 개최된 2021년 해운물류산업 법적 쟁점, 전망과 해결방안을 위한 신년 좌담회, "COVID-19 이후 해운물류조선산업의 안정화방안 제3차 좌담회(고려대 해상법연구센터 주최)"에서 논의된 바 있다. 김인현 교수의 발제에 이어서 김현 변호사와 정병석 변호사가 토론을 하였다.

4) 한세희(해양진흥공사) 차장도 컨테이너 박스의 법적지위에 대한 발표를 2020. 12. 19. 고려대학교 해상법전문가 강좌에서 발표한 바 있다.

5) 컨테이너 선박금융과 관련한 학위논문으로는 한세희, 「컨테이너 금융활성화를 위한 법적 연구」, 고려대학교 법학석사학위논문(2020)이 있다. 이 논문은 컨테이너 박스의 금융 활성화에 초점이 맞추어져 있다.

6) 김정호, 상법총칙 상행위법(법문사, 2020), 6면.

7) 이철송, 상법총칙 상행위법(박영사, 2018), 18-20면.

8) 김인현, 해상법(법문사, 2020), 43면.

9) 전게서, 28면.

2. 상법총칙에서의 인적설비와 물적설비

기업은 혼자서는 영리활동을 하지 못한다. 설비가 필요하다. 상업사용인－지배인이라는 인적설비가 필요하다. 상호, 영업소와 같은 물적설비도 필요하다. 지배인에게는 대리권을 부여하고 지배인의 거래행위는 상인(영업주)에게 법률효과가 귀속된다(제11조). 상호가 등기를 하면 배타적 효력, 재산상의 효과를 부여하여 보호한다(제22조).

3. 해상법상의 인적설비와 물적설비

상법총칙에서의 인적설비와 물적설비는 당연히 해상기업에게도 적용된다.[10) 이에 추가하여 해상법에는 선장이라는 특별한 인적설비를 가진다(제745조). 선장은 지점의 지배인과 동일한 효력이 부여되어 있다(제749조). 선장과 거래하면 해상기업인 선박소유자에게 효력이 귀속된다. 선장은 임의대리인이지만 그 대리권의 범위는 광범위하게 법정되어 있다. 그러므로 대리권의 범위를 확인할 필요가 없게 한다.[11) 대리의 법리에 의하면 대리권이 수여받은 수권의 범위가 아닌 거래를 하면 무권대리가 되어 영업주에게는 효력이 없다. 이렇게 되면 제3자는 피해를 보게 되는데, 해상법은 이를 피하게 하여 영업주와의 거래로 인정하여 효력이 있도록 의제하여 거래의 상대방을 보호한다.[12)

해상법은 선박이라는 특별한 물적설비를 가진다. 20톤 이상의 선박만 등기가 가능하게 하고(제740조), 선박은 동산이지만 질권의 대상으로 하지 못하게 한다(제787조). 선체용선계약에서 선박소유자가 "선박과 선원"을 용선자에게 인도해야 한다(제847조). 정기용선계약에서도 선박소유자가 "선박"을 용선자에게 인도해야 한다(제842조). 선박우선특권의 대상은 "피담보채권을 발생시킨 선박 그 자체"이다(제777조).

해상법에서는 물적설비를 가지지 않으면 해상기업이 아니므로 선박소유자책임제한의 이익을 누릴 수 없다는 점에서 의의가 있다.[13)

---

10) 본사가 서울에 있는 HMM은 부산에 지점을 두고 지배인을 두게 된다. 상법 제12조에 의하여 지배인이 체결한 운송계약은 HMM에게 효력이 귀속된다.
11) 전게서, 142면.
12) 이균성, 해상법대계(KMI, 2010), 250면.
13) 인적설비와 물적설비가 없다고 하여 반드시 상인이 아닌 것은 아니지만, 상법이 정한 이익을 누릴 수 없기 때문에 영리활동이 활성화되지 못하는 점이 있다.

III. 컨테이너 박스와 운송인의 법적 지위

1. 컨테이너 박스

컨테이너 박스는 20피트와 40피트짜리 두 가지 종류가 있다.[14] 철제로 제작되어 비바람에 차단되는 수밀성을 유지한다. 상품이 박스 안에 실린 상태로 운송된다. 갑판하에 적재되기도 하고 갑판상에 적재되기도 한다.[15] 컨테이너 박스는 개당 가격이 200만원에서 1,000만원대인 것으로 알려져 있다. 냉동컨테이너박스는 냉동장치가 필요하므로 더 비싸다.

정기선사는 통상 자신의 선복의 1.5배 내지 2배되는 박스가 필요하다.[16] 우리나라 특정 선사가 60만 TEU라고 하면 약 100만 TEU의 박스가 필요하다. 개당 300만원에 100만개를 소유하고 있다면 그 가격은 3조원에 해당한다. 1/2은 임대한다고 하여도 소유에는 상당한 자본이 필요하다.

상법상 포장당 책임제한제도에서 컨테이너가 언급되어 있다.[17] 컨테이너라고만 되어 있다. 컨테이너 박스 안에 여러 개의 포장으로 되어 있고 이것이 선하증권에 명기되지 않는 한 한 개의 포장으로 본다(상법 제797조 제2항 제1호). 따라서 운송인은 666.67SDR 혹은 kg당 2SDR 중 큰 금액으로 책임을 제한할 수 있다.

컨테이너 박스는 선박에 장착된 부착물이나 속구가 아니다.[18] 선박을 매각한 경우에 컨테이너 박스까지 매각했다고 할 수 있는가? 전혀 별개의 것이다. 선박을 매각했다고 하여 현재 시점에 그 선박에 실려있는 공 컨테이너가 매수인의

---

14) 한세희, 전게 학위논문, 6면.

15) 갑판(deck)하에 운송되는 것이 더 안전하다. 선창덮개에 의하여 수밀이 되기 때문이다. 그러나 컨테이너 박스 자체가 가볍기 때문에 갑판하의 공간은 모두 차지만 여전히 선박의 적재무게는 남은 상태임로 갑판상의 공간을 활용하는 운송방법이 개발되게 되었다. 이와 같이 갑판적을 하는 운송방법으로는 컨테이너선박, 원목선이 있다. 자동차 운반선은 갑판상의 공간을 철판으로 덮어씌운 형태로 운송된다. 이렇게 갑판적된 선박은 무게중심이 위로 올라가서 전복의 위험이 높아진다.

16) 한세희, 전게논문, 25면. 2018년 전 세계의 컨테이너 선복량은 20,675,000TEU였지만 컨테이너 공급수량은 39,190,000TEU로 1.9배에 달하였다.

17) 로테르담 규칙에서는 컨테이너에 대한 정의규정이 나와 있다. 제1조 제26호에 의하면, "운송물을 통합하기 위하여 사용되는 모든 형태의 용기, 운송가능 탱크 또는 플래트, 수웝보이 또는 이와 유사한 적재단위 또는 그러한 적재단위에 부수하는 다른 장비를 말한다"고 정한다.

18) 선박의 속구목록에 기재한 물건은 선박의 종물로 추정된다(상법 제742조) 다른 의사표시가 없으면 주물의 처분의 효력은 속구에도 미친다(민법 제100조 제1항). 주물(선박)에 대하여 임대차 계약이 설정되면 종물에도 그 효력이 미친다. 속구는 선박우선특권의 대상도 된다(상법 제777조). 속구는 별개의 독립된 물건이면서도 선박에서 상용하기 위하여 부착시킨 물건을 말한다. 항해설비, 구명설비 등이 있다. 정해덕, 주석상법(사법행정학회, 2015), 80면. 따라서 컨테이너 박스는 선박에서 이동되어 움직이므로 속구라고 볼 수 없다. 동지 한세희, 전게 학위논문, 18면.

것이 되는 것도 아니다. 마찬가지로 선박을 가압류한 경우에 공 컨테이너까지 가압류된 것은 아니다.

특히 얼라이언스하에 있는 선박이 운항하는 경우에 선박에는 3명 혹은 5명의 운송인의 컨테이너박스가 실려있게 된다. 오션 얼라이언스(Ocean Alliance)의 경우에는 대만의 에버그린(Evergreen), 중국의 코스코(COSCO) 그리고 프랑스의 CMA-CGM이 공동운항한다.[19] 디 얼라이언스(The Alliance)의 경우 한국의 HMM, 독일의 하파크로이드(Hapag Lloyd), 일본의 디원(THE ONE), 그리고 대만의 양밍(Yang Ming)이 공동운항한다. 한 선박에는 이들이 운송인인 컨테이너 화물이 박스에 들어간 상태로 운송된다.

2. 컨테이너 운송인의 법적 지위

컨테이너 운송은 개품운송의 대표적인 예이다.[20] 개품운송계약으로 운송계약이 체결된다. 컨테이너박스 안에 실린 개개의 상품에 대한 장소적 이동을 운송인이 약속하고 이에 대한 대가를 지급할 것을 송하인이 약속함으로서 성립하는 계약이다.[21] 항해용선계약은 선박 한척을 송하인에 해당하는 용선자가 빌린다. 즉 운송인에 해당하는 선박소유자는 용선자(화주)에게 선박을 빌려준다. 용선자인 화주는 선박이라는 공간을 사용한 권리를 갖는다.[22] 개품운송에서는 빌려주는 대상은 없고 운송인이 개개의 상품에 대한 운송을 약속하는 것이다. 화주는 완전히 수동적인 위치에 있다.[23]

개품운송에는 선하증권이 발행되는데 운송인이 일방적으로 발행한다. 따라서 부합계약의 성질을 가지므로 운송인의 상대방인 화주를 보호하는 것이 국제해상운송조약의 입장이다.[24] 다만, 최근의 운송 상황은 이와 다르다. 대기업의 자회사인 2자 물류회사가 개입하여 계약운송인이 되기 때문에 실제운송인인 해상운송

---

19) 예를 들면, 최근 수에즈운하에서 발생한 Ever Given호의 경우에 Evergreen 회사가 운항하였지만, 동 선박에는 COSCO와 CMA-CGM의 컨테이너 박스도 실려 있는 점이 사진으로도 확인된다.
20) 이균성, 전게서, 481면.
21) 최종현, 해상법 상론(박영사, 2014), 233면.
22) 그렇기 때문에 재운송계약이 체결될 여지가 있다. 용선자가 다시 자신이 빌린 선박에 대하여 화주와 운송계약을 체결할 수 있다.
23) 김인현, 전게서, 55면.
24) 헤이그 비스비 규칙 제3조 제8항으로 대표되는 강행규정이 있다. 규칙에서 정한 운송인의 의무와 책임보다 감면되게 되면 그렇게 체결된 운송인과 송하인 사이의 약정은 무효가 된다. 이 우리 상법도 이를 반영하여 상법 제799조를 두고 있다.

인은 더 약자인 경우도 있다.[25]

컨테이너를 운송하는 운송인은 개품운송인으로서 상법 혹은 국제조약이 정한 운송인으로서의 책임과 의무를 부담한다.[26] 포장당 책임제한, 항해과실 면책, 화재면책 등의 이익을 누리고 선박소유자책임제한의 이익도 누리게 된다. 공동해손이 발생하면 자신이 지급한 비용을 화주와 공동으로 분담하는 경우도 있다.

컨테이너 운송은 정기선운항의 대표적인 예이다.[27] 출항시간과 도착시간이 정해져서 미리 공표된 스케줄에 의한다. 정시에 도착하고 출항하기 위하여는 항구에 입항하여 자신의 선박이 사용할 전용부두가 필요하다.[28] 컨테이너 운송에 필요한 고가의 선박을 마련해야 하고 컨테이너 박스도 마련해야 한다.

동일 노선에 2개 회사의 각 1척의 선박이 투입되지만, 선박공간의 1/2만 사용되는 예를 보자. 1개회사의 1척의 선박만 사용하되 2개 회사의 화물을 같이 운송하면 선박공간의 100%가 활용된다. 그리고 여유가 생긴 한척의 선박을 다른 노선에 투입할 수 있다. 이런 목적으로 공동운항이 생겨났고 이를 얼라이언스라고 한다.[29] 운송인으로서도 비용이 절감되므로 더 낮은 가격의 운송서비스를 제공하게 된다.

현재 세계는 이러한 3개의 큰 얼라이언스 체계하에서 미주, 유럽항로의 운항서비스가 제공된다. 2M의 2개사, 디얼라이언스의 4개사, 오션얼라이언스의 3개사 등 총 9개사로 과점화된 시장이 되었다.

이들의 영업행위는 경쟁법의 적용대상이 된다. 얼라이언스 선사들이 공동으로 배선을 하거나 운임을 조절하면 공동행위(cartel)가 되는 것이지만 정기선해운의 특성을 반영하여 이에 대하여 경쟁법의 적용에서 면제하는 국가도 있다.[30] 장기 운송계약인 서비스계약(service contract)을 체결한 경우에는 경쟁법 적용의 대상에서 제외되어 있다.[31]

---

25) 모회사인 화주로부터 대량의 화물을 확보한 2자물류회사들은 자신이 체결한 운송계약상 의무를 이행하기 위하여 실제운송인을 이행보조자로 하는 제2의 운송계약을 다시 체결하게 된다.

26) 감항능력주의의무(상법 제794조)와 운송물에 대한 주의의무(상법 제795조)가 대표적이다.

27) 이균성, 전게서, 481면.

28) 김인현, 전게서, 130면.

29) 이균성, 전게서, 464면.

30) 우리나라는 해운법 제29조에서 이를 허용하고 있다. 미국은 1998년 해운법 제5조에 따라 FMC에 신고를 한 경우의 공동행위에 대하여 반독점금지법의 적용을 면제한다. 이에 대한 자세한 내용은 김인현·이현균, "정기선해운에 대한 경쟁법 적용과 개선방안", 「유통법연구」 제17권 제2호(2020. 12.), 209면.

31) 여러 당사자 중 일방에게 특별하게 싼 운임을 제공하는 것은 경쟁법상 불공정행위에 해당하게 된

3. 운송인과 컨테이너박스의 관계

우리 상법상 컨테이너 박스와 컨테이너 운송인의 의무에 대하여 살펴본다. 실무상 컨테이너박스는 개품운송인(정기선사)이 제공한다. 상법에 근거규정은 없다. 상법상 컨테이너 박스는 물적설비가 아니다. 그럼에도 불구하고 운송인들이 컨테이너 박스를 화주에게 제공한다.[32] 전 세계적인 공통현상이다. 송하인이 제공할 수도 있지만 운송인이 제공한다. 이것은 운송인이 제공하는 것이 상거래상 더 편리하고 저렴하기 때문일 것이다. 개개의 화주가 상품의 수출을 위하여 컨테이너 박스를 마련하는 것은 대단히 불편하고 비효율적이다. 특히 여러 수출자가 모여서 하나의 컨테이너 박스를 채우게 되는 LCL화물의 경우는 극명하게 단점이 나타난다.

컨테이너 운송은 계약서가 없고 수령한 다음부터 운송인의 의무가 발생하기 때문에,[33] 그 이전 단계에서 일어나는 컨테이너 박스의 제공의무를 언급할 여지가 없다. 따라서 계약에 의한다고 할 수도 없다. 법적 근거를 찾는다면 그것은 상관습이라고 볼 수밖에 없을 것이다.[34]

현재의 운송은 다양한 형태로 진행된다.

1) 송하인과 정기선사가 직접 운송계약을 체결하는 경우

이 경우에는 위에서 살펴본 바와 같이 정기선사인 운송인이 컨테이너 박스를 송하인의 창고에 제공하게 된다.[35] 송하인은 여기에 상품을 적재하여 운송인에게 가져다준다.[36]

다. 그렇지만, 장기운송계약(service contract)는 시장의 안정에 이바지 하므로 각국은 이를 허용한다. 우리나라 해운법(제29조의2)도 동일하다. 김인현·이현균, 전게논문, 210면.

32) 컨테이너 박스의 제공주체에 대하여는 해상법 교과서에는 언급을 찾기 어렵다. 일본의 해상법 교과서도 동일하다.

33) 상법 제795조는 운송인의 의무는 운송물의 수령에서부터 시작된다고 한다. 그러므로 수령이전에 발생하는 컨테이너 박스의 제공은 상법 제795조의 규율대상이 아니다.

34) 컨테이너 박스가 제때에 공급되지 않은 것에 대하여 운송인에게 지연손해를 청구할 수 있는가? 상관습법상 운송인은 의무를 부담하므로 손해배상책임을 부담한다고 본다.

35) 상법 제795조의 운송인의 의무에 대하여 운송물의 수령, 선적 의무에 대하여 우리 교과서는 컨테이너 박스의 제공의무는 언급이 없다. 주석서, 499면. 적부의무는 선내에 적재할 의무에 관한 것이다. 주석서, 501면.

36) 상법 제792조는 송하인에게 운송물의 제공의무를 부과하고 있지 컨테이너 박스를 제공한다는 등의 의무에 대한 언급은 없다. 상법 주석서도 운송물제공의무만 기술한다. 주석서, 483면.

2) 화주 → 계약운송인 → 실제운송인으로 계약이 이어지는 경우

최근의 운송은 계약운송인이 등장하여 송하인과 실제운송인 사이에 존재하게
된다. 정기선사는 실제운송인이 된다. 이러한 경우에 계약운송인이 컨테이너 박
스를 제공하는 것이 아니라 실제운송인인 정기선사가 제공한다. 운송주선인이나
2자물류회사 등은 송하인과 운송계약을 직접 체결하여 자신이 운송인(계약운송인)
의 지위에 있게 된다. 자신은 운송계약을 직접 실행할 수 없기 때문에 이행보조
자로서 실제운송인과 제2의 운송계약을 체결하게 된다. 실제운송인은 독립계약자
로서 운송인으로서의 지위에 있다. 실제로 운송은 모두 실제운송인이 행하게 된
다. 계약운송인이 컨테이너 박스를 제공하는 것이 아니라 실제운송인이 제공한
다. 계약당사자와 컨테이너 박스 제공자가 달라지게 된다. 이 경우에도 상법상
명문의 규정이 있거나 계약상 근거가 있는 것이 아니다. 상관행이라고 보아야 할
것이다. 상법상 계약운송인이 컨테이너 박스를 제공하지 못하게 하는 법제도는
없다.[37)]

3) 복합운송의 경우

수출품은 항공-해상, 해상-육상-해상 등 다양한 복수의 운송수단을 이용하
여 수출이 된다. 이러한 다양한 운송수단을 활용하는 경우에도 수출품은 해상운
송인이 제공한 컨테이너 박스에 넣어서 운송된다.

4. 물적 담보로서의 컨테이너 박스

선박은 건조시부터 선순위담보에 활용된다. 선박은 동산이지만 부동산으로 보
아 등기되기 때문에 저당권설정이 가능하다(상법 제787조 제1항).[38)] 담보설정시
저당권의 대상으로 하므로 점유를 채권자에게 이전할 필요가 없고 등기부에 기록
을 하면 된다.[39)] 점유가 이전되지 않기 때문에 소유자인 선박소유자가 선박을 담
보로 제공하면서도 계속하여 선박을 운항할 수 있다. 또한 항구에 입출항하는 선
박은 쉽게 가압류의 대상이 된다. 운송인에게 선박은 필수적인 영업수단이다. 선

---

37) 특별한 경우 2자 물류회사와 같이 규모가 있는 회사는 자신의 컨테이너 박스를 제공하기도 한다.
38) 상법은 선박의 운송수단으로서의 활용도를 높이기 위하여 질권 설정은 하지 못하도록 규정하고 있
    다(상법 제789조).
39) 이균성, 전게서, 126면.

박이 가압류가 되면 운항에 지장이 있으므로 운송인은 가압류시 바로 선박에 대한 해방조치를 취하게 된다.

이에 반하여 컨테이너 박스는 여전히 동산으로서 질권의 대상이 된다.[40] 운송 중인 정기선사가 소유하는 컨테이너 박스는 담보의 목적으로 한 경우 질권의 대상으로 하면 더 이상 운송인이 그 박스를 사용할 수 없게 되기 때문에 질권설정을 할 수 없다. 그래서 실무에서는 점유가 이전되지 않는 양도담보를 활용한다.[41] 점유를 양도담보 설정자에게 그대로 둘 수 있기 때문이다. 컨테이너 박스는 위치의 추적도 어렵고[42] 개개의 박스를 환가하기도 쉽지 않은 측면이 있다.[43]

Ⅳ. 개선방안

1. 상법상 물적설비로 인정하고 등록제도를 도입하는 방안

컨테이너 박스를 상법상 물적설비로 격상시킬 것을 제안한다.[44] 컨테이너 박스를 선박과 동등한 지위로 만드는 것이다. 이렇게 되면 법적 제도적 장비로서 보호받게 되고 활용도도 증대시키게 된다.

컨테이너 박스에 대한 정의규정을 둔다(제743조의2).[45] 개품운송에서 운송물을 담는 용기라는 내용이다. 컨테이너 박스는 정기선에만 필요하고 부정기선에는 없는 것이므로 이를 분명히 하기 위해 개품운송이라는 수식문구를 넣는다.

현행	개정안
없음	상법 제743조의2 컨테이너란 개품운송에서 운송물을 담는 용기를 말한다

컨테이너 박스를 등록하도록 하는 방안을 강구하자. 현재 컨테이너 박스는 각

---

40) 현행 상법상 컨테이너 박스는 선박과 달리 질권의 대상으로 하지 못한다는 규정이 없다.
41) 한세희, 전게논문, 48면.
42) 컨테이너 박스는 항구에서 내륙 깊숙이 수입자의 문전에까지 배달되기 때문에 세계 곳곳에 흩어지게 된다.
43) 컨테이너 박스의 중요성을 강조한 필자의 논문으로는 김인현, "21세기 전반기 해운환경변화에 따른 해상법의 제문제 – 컨테이너, SPC, 무인선박", 「상사법연구」 제35권 제2호, 107면 이하가 있다.
44) 일본 상법도 컨테이너 박스를 물적 설비로 보지 않고 있다. 中村眞澄・箱井崇史, 海商法(成文堂, 2013), 39면.
45) 상법에서는 이미 컨테이너라는 법률용어를 사용하고 있기 때문에 여기서는 컨테이너 박스대신에 컨테이너라는 용어를 사용한다.

정기선사가 PreFix라는 제도를 통하여 국제적 사적 단체에 신고하고 관리되고 있다.[46] 등록제도는 선박의 국적을 부여하고, 행정청의 안전관리와 소유권 등의 처리목적으로 사용된다.[47] 컨테이너 박스는 자체로서 위험성을 가지는 것은 아니기 때문에 행정관청이 관리할 필요성은 떨어진다.

그런데, 소유권등 담보설정의 목적으로 등록을 고려할 필요가 있다. 현재 컨테이너 박스의 소유권은 점유함으로써 취득하는 것이지 공적인 장부를 통하여 이루어지는 것이 아니다. 동산으로 취급되기 때문에 그러하다. 등록이라는 공시방법을 둠으로써 소유관계를 확실히 할 수 있다. 현재 컨테이너 박스는 선의취득의 대상이 되지만, 공시방법을 가지게 되면 선의취득이 허용되지 않아서 안정화된다. 컨테이너 박스가 가압류가 된 경우에도 컨테이너 박스는 등록부상으로만 이루어지기 때문에 운송인은 박스를 자신의 운송에 계속 사용할 수 있는 길이 열리게 된다.

우리 법에 의하면 선박은 등기(법원)와 등록(해수부)으로 이원화되어 있다.[48] 등기부는 선박의 소유권 변동과 저당권 설정에 사용된다. 이에 반해 등록은 선박의 국적의 부여와 행정의 목적으로 사용된다.[49] 자동차와 항공기는 등록으로 일원화되어 소유권관리와 행정감독 동시에 이루어진다.[50] 즉, 등록하나로 소유권과 저당권 문제도 한꺼번에 처리한다. 우리나라 자동차는 전국적으로 약 2,500만대 정도이다.[51] 컨테이너박스가 우리나라는 200만 TEU 정도로 추정된다(전 세계 3,000만 TEU). 따라서 수치상으로 실무상 등록업무가 불가능한 것은 아니라고 본다. 해양수산부가 관리하도록 하여 항구가 있는 각 지방청에 컨테이너박스 등록부를 두어 관리한다. 이를 통하여 동산저당이 가능하도록 한다. 컨테이너박스는 "저당권의 목적으로 할 수 있다"는 규정을 상법에 추가하는 것을 검토한다.[52] 현

---

46) 예를 들면 고려해운의 경우 KMTU로 시작하는 번호를 부여받아서 일련번호를 컨테이너 박스 하나하나에 붙인다.
47) 임동철, 해사법규요론(한국해양대학 해사도서출판부, 1992), 53면.
48) 등기는 선박등기법에 의하여 등록은 선박법에 의하여 규율된다.
49) 임동철, 전게서, 54면.
50) 자동차는 자동차관리법에 의하여, 항공기는 항공법에 의하여 규율된다. 자동차의 소유권득실변경은 자동차등록원부에 등록하여야 효력이 생긴다(자동차관리법 제6조). 압류사실도 등록원부에 등록한다(제14조). 민사집행법에 따라 법원으로부터 압류등록의 촉탁이 있는 경우가 이에 해당한다. 항공안전법 제7조에 의하면 항공기를 소유하거나 임차하여 항공기를 사용할 수 있는 권리가 있는 자는 국토교통부장관에게 등록하여야 한다. 제7조에 따라 등록한 항공기는 대한민국의 국적을 취득한다(제8조). 제9조에 의하면 등록함으로써 소유권을 취득한다.
51) 2020년 12월말 기준 우리나라 자동차 등록대수는 2,437만대이다.
52) 질권 설정을 할 수 없다는 규정을 두지 않는다. 질권설정이 필요한 경우도 있기 때문이다.

재 자동차등 특정 동산저장법에 의하여 20톤 미만의 선박이나 항공기 등의 저당권 설정이 가능하다.[53)54)]

현행	개정안
없음	선박법 제8조의3 ① 선박용 컨테이너 소유권의 득실변경은 등록을 하여야 그 효력이 생긴다. ② 임차인도 임대차등록을 해야 한다.
없음	상법 제787조의2 컨테이너는 특정동산저당법의 규정에 따라 저장권의 목적으로 할 수 있다

우리나라에 등록이 되면 컨테이너 박스에 대하여도 우리나라 국적을 부여할 수 있다. 선박과 달리 국적이 필요할 지는 의문이다. 다만, 선박이 편의치적이 되어 실제 우리나라 소유자가 외국에 선박을 등기하고 등록하는 것과 마찬가지로 컨테이너 박스도 형식상 외국 회사가 가지는 경우가 있다. 소유권유보부매매를 하는 경우에 나타난다.[55)] 이런 경우에도 현재 외국에 컨테이너박스를 등록하는 제도가 없기 때문에 우리나라에 임차인도 등록이 가능하도록 하면 될 것이다.[56)]

2. 컨테이너 박스 제공의무

제공의무를 누구에게 부과할 것인지 문제된다. 현재 상법에는 아무런 규정이 없다. 개정안으로 컨테이너 박스는 "특별한 약정이 없는 한" 운송인이 제공한다고 정한다(제792조의2). 이렇게 함으로써 화주, 혹은 계약운송인도 컨테이너 박스를 제공할 여지를 두게 된다.[57)] 반납의무와 지체료를 상법상 부과한다(제807조의

---

53) 자동차 등 특정동산저당법의 규정도 이에 따라 개정되어야 한다. "선박법에 따른 선박용 컨테이너"를 각 조문에 추가해야 한다.

54) 동산·채권 등의 담보에 관한 법률에 의하여도 동산에 대한 담보가 가능하다. 그런데, 제3조에 의하면 특정동산저당법의 적용을 받는 경우는 적용의 대상이 아니므로, 두가지 법률중 하나의 제도만을 이용해야 한다. 최세련·김인현은 전자의 법률에 따라 컨테이너 박스를 저당의 대상으로 하는 방안에 대하여 설명하고 있다. "선박운항과 관련된 담보제도 및 개선에 대한 연구", 「금융법연구」 제9권 제1호(2012), 418면.

55) 선박의 BBCHP와 같은 형태이다. 컨테이너 박스에 대한 임대차이지만 일정기간이 지나면 임차인에 해당하는 정기선사가 소유권을 취득하게 된다.

56) 다만, 홍콩에는 컨테이너 박스를 등록하여 관리한다. 우리 선사들이 홍콩에 박스를 등록한 다음 은행으로부터 이를 담보로 제공하여 대출을 받는다.

57) 양석완 교수는 컨테이너 제공의무에 대하여 가정적으로 운송인이 제공하는 경우와 화주가 제공하는 경우로 분류하여 전자는 운송인은 감항능력주의의무를 부담하고 후자는 컨테이너를 운송물로 보아 운송인은 운송물에 관한 주의의무를 부담하는 것으로 이론 구성을 하고 있다. 양석완, "컨테이너 운송의 법적 쟁점", 「국제거래법연구」 제23집 제2호, 57면.

2). 현재 상법에는 공(空)컨테이너의 반납의무 규정이 없다. 관습과 계약에 의존한다. 운송계약에서 운송인과 송하인 사이에 송하인에게 반납의무가 있다고 보아야 한다. 그러나, 현실적으로 송하인이 반납하는 것은 불가하다. 개정안으로 "특별한 약정이 없는 한" 수하인에게 반납할 의무를 부과한다.[58] 이렇게 함으로써 반납 근거와 지체료 청구 근거가 마련되게 한다.[59]

현행	개정안
없음	상법 제792조의2 특별한 약정이 없는 한 컨테이너는 운송인이 제공한다
없음	상법 제807조의2 특별한 약정이 없는 한 수하인은 신속하게 컨테이너를 운송인에게 반납해야 한다.

3. 컨테이너 박스 보유자의 다변화

시장에는 항상 큰 불확실성이 존재한다. 장기운송계약의 체결비율은 우리나라의 경우 50% 정도이다. 운송인으로서는 자신이 확실하게 운송해줄 의무가 있는 컨테이너화물의 수량을 예측하기가 어렵다. 장차 운송되어질 물량의 예측을 바탕으로 컨테이너박스가 준비되어야 한다. 현실은 그렇지 못하다. 박스가 부족하게 되면 운임이 대폭 인상되게 될 뿐만 아니라 적기에 수출입이 되지 않으므로 큰

---

58) 컨테이너 박스를 송하인에게 제공하면 송하인이 박스를 반납할 의무를 부담하는데, 제3자를 위한 계약으로 수하인이 반납의무를 부담하는 것으로 해석할 여지가 있다. 그러나 제3자를 위한 계약은 수익이 되는 것이어야 하는데 여기에서는 의무의 부과이므로 적용이 어렵다고 본다. 선하증권에 송하인은 컨테이너 박스의 반납의무를 부담한다고 규정하면 선하증권의 배서양도의 효력에 의하여 소지인이 의무를 부담한다는 해석은 가능하다. 법률로서 의무를 부과하는 것이 간편하다.

59) 한진해운의 경우 각 화주는 적용 테리프에 규정된 적절한 기간 내에 한진해운에 장비를 반환할 의무를 부담한다(선하증권 이면약관 제10조). 이 기간 내에 장비를 반환하지 못하는 경우에는 화주는 그 반환비용을 포함하여 테리프 규정에 따른 지체료(detention)를 지급하여야 한다. 선하증권 이면약관 제5조에 화물운송계약에 테리프 편입·적용에 관한 규정이 명기되어 있다. 각 테리프는 각사의 홈페이지에 공표되어 있다.
한국지역의 경우 수입일반화물의 경우 체화료(demurrage)는 약 8일의 Free time(컨테이너 야드에 하역한 때로부터 수하인이 이를 가지고 갈 때까지의 허용기간)을 부여한다. 지체료의 경우 약 6일의 Free time(컨테이너 야드에서 수하인이 반출하여 간 다음 운송인에게 반납까지 허용기간)을 부과하고 있다. 한국의 경우 일일당 10,000원에서 60,000까지 부과하고 있다. NYK 선하증권에도 이에 대한 규정이 있지만, HMM의 경우에는 이를 찾을 수 없다. 한편, 운송인이 육상에서 컨테이너를 반출하는 육상운송인과 공 컨테이너 반환에 대한 약정을 체결하기도 한다. 이 방법은 실제로는 수하인이 부담해야 할 지체료 등을 중간역할을 할 뿐인 육상의 운송인에게 전가하는 것으로 좋지 않은 방법이다. 김인현, 전게논문(상사법연구), 116면.

문제가 발생한다.

이러한 측면에서 컨테이너 박스는 고속도로나 철도와 같은 공공재의 성격을 가진다고 판단된다. 정기선 운항에 필요한 도구들은 하루아침에 제작되어 공급될 성질이 아니다. 특별한 여유분을 정부, 관련자(정기선사, 계약운송인, 2자 물류회사, 화주)가 협의하여 비용을 분담하여 두어야 한다. 외국과의 공조체제도 필요하다.

선하증권을 발행하면서 운송인이 되는 계약운송인(2자 물류회사)은 물적설비나 인적설비를 제공하지 않는다는 점에서 실제운송인과 많이 다르다.[60] 상법상 포장당 책임제한, 특히 선박소유자책임 제한은 해상기업의 위험을 완화해주기 위하여 인정되는 것이다. 우리 상법상 운송주선인에게는 포장당 책임제한권을 부여하지 않는다. 계약운송인에게는 포장당 책임제한은 인정해주고 있다(상법 제798조). 계약운송인이 선박소유자책임제한의 이익을 누릴 수 있는가에 대하여 부정설이 다수설이다.[61] 컨테이너박스와 같은 물적설비를 제공하면 이익의 향유가 가능할 것이다. 현재 대형 컨테이너 선박에서 대형사고들이 발생하는바 계약운송인의 선박소유자책임제한의 원용가능성이 중요한 이슈가 될 것이라서 시사성이 있다.[62]

현재 우리 상법상 계약운송인이 되려면 선박이라는 물적 설비는 보유하지 않아도된다. 컨테이너 박스는 제공이 가능하도록 하면 좋다. 2자 물류회사가 소유자가 되는 방안도 있다. 현재도 화주 소유컨테이너(Shipper's Own Container)개념이 있다.[63][64]

선박이 대형화되면서 정기선사들은 Hub항만에 기항하고 Spoke에 해당하는 항구로는 피더선이 다니면서 운송을 하게 된다. 피더선운송사는 대형정기선사의 이행보조자의 지위에 있다.[65] 이들은 이미 컨테이너 박스에 들어 있는 운송의 일부를 이행하는 것이다. 운송계약상 책임은 대형정기선사가 책임을 진다. 그 운송

---

60) 2자 물류회사의 법적지위와 개선방안에 대하여는 김인현, "2자 물류회사의 법적 지위와 개선방안". 「상사법연구」 제38권 제2호(2019. 8.), 221면 이하가 있다.

61) 김인현 교수와 최종현 교수는 부정설의 입장이다. 김인현, 전게서, 73면; 최종현, 전게서, 86면. 서동희 변호사도 부정설의 입장이다. 한국해운신문, 2007. 2. 12. 부정설은 이균성 교수, 278면이 있다.

62) 이에 대한 자세한 내용은 김인현, "갑판적 컨테이너 박스 유실의 해상법적 쟁점", 한국해운신문, 2021. 2. 4.를 참고바람. http://www.maritimepress.co.kr/news/articleView.html?idxno=303543.

63) 2자물류회사들이 자신이 소유하는 컨테이너박스를 운송에 사용하기도 한다. 주로 육상운송에 국한된다.

64) 2자 물류회사가 계약운송인으로서 컨테이너 박스를 제공하면 진정한 해상기업으로 인정받을 수 있고, 전 세계적인 물류망을 가지므로 컨테이너 박스 회수도 실제운송인들보다 더 잘 할 수 있다.

65) 자세한 내용은 김인현, 전게서, 303면.

으로 인하여 댓가를 수령한다. 피더 구간에서 사고가 발생하면 정기선사는 피더선사에게 구상청구를 할 것이다. 이러한 한도에서 피더선사도 컨테이너 박스와 관련이 있다.

정기선사, 피더선사, 2자물류회사, 화주가 공동투자하여 컨테이너박스 보유회사를 만들어서 이를 대여하는 영업을 하는 것이다. 비상시를 대비하여 항상 10% 정도의 여유분을 관리하는 기능을 하면 될 것이다. 이 10%는 공적개념이므로 국비로 관리가 되어야 할 것이다. 박스 하나하나에 대하여도 관련 당사자들이 지분으로 소유권을 가지도록 하는 방안도 있다. 컨테이너 운송에 관련된 자들이 공유하는 방법도 있다. 이렇게 하면 전체로 보아서 컨테이너 여유분을 가질 여지가 생긴다. 정기선사들의 컨테이너 박스의 제공의무를 감하여 줌으로써 비용의 절감효과도 가져올 수 있다.

4. 컨테이너 박스의 담보가치를 향상하는 방안

컨테이너 박스 보유방법은 직접 소유, 소유권유보부, 리스의 형태가 있다.[66] 직접 소유의 경우 현금이 지급되고 대출금이 필요하다. 소유권유보부는 선박에서의 BBCHP형태와 유사하다. 해외에 SPC를 설치하고 SPC가 소유자가 된다. 금융사는 SPC에 대출하고 양도담보권자가 된다.[67] 정기선사는 가액을 나누어 지급 후 소유권을 추후에 취득하게 된다. 박스자체가 담보로서의 가치가 약하다.

리스형태는 금융사가 리스회사가 되어 컨테이너 박스를 소유하고 이를 정기선사에 대여하는 형식이다. 정기선사는 용기료를 리스회사에게 지급한다. 소유자와 소유권유보부의 임차인도 자신의 재산가치를 제대로 평가받는 담보제도의 설립이 필요하다. 등록제도가 되면 컨테이너 박스의 담보가치가 향상될 것이다.

담보의 실행이 어려운 측면도 있다. 이를 위해서는 언제나 추적이 가능하도록 장치를 컨테이너박스에 부착하는 방안이 있다.[68] 집행이 가능하게 하는 국제적인 망이 필요하다.[69]

---

66) 자세한 내용은 한세희, 전게 학위논문, 25면.
67) 선박에서는 등기가 되므로 저당권자가 되지만 컨테이너 박스는 이런 제도가 없기 때문에 양도담보권자가 될 뿐이다.
68) 현재 국내에서는 남성해운이 그런 장치를 컨테이너 박스에 부착하고 있다.
69) 환가에 편리를 제공하기 위하여 국가간에 상호간에 집행에 도움을 줄 필요성이 제기된다.

5. 운송주권의 관점에서의 컨테이너 박스

2020년 후반부터 시작된 컨테이너 선박대란, 컨테이너 박스대란에서 운송주권의 개념이 부각되고 있다. 북미서향의 컨테이너 화물의 20%만 우리 정기선사가 운송한다.[70] 전체 선복의 6%정도만 우리 선사가 보유한다. 80%라는 외국 정기선사의 비중이 너무 크다.

컨테이너 박스도 원활하게 공급되지 않고 있다. 비상시 컨테이너 박스의 공급도 필요하다. 과거 진도 등 컨테이너 박스 제조공장이 활발하게 영업을 했지만,[71] 수지가 맞지 않는다는 이유로 중국으로 공장을 이전했다.[72] 현재 우리나라에서는 건조가 되지 않는다.[73] 급박한 상황임에도 우리나라에서는 건조가 되지 않으니 중국에 의존할 수밖에 없다.[74] 수출입화물의 원활을 위하여는 예비선박이나 예비 컨테이너 박스를 준비해두어야 한다.

예비 컨테이너 박스를 가지는 것은 박스에 대한 수요가 줄 경우에 정기선사들에게는 관리비등 어려움이 가중되므로 조심스럽게 접근할 필요성 있다. 공익적인 목적이므로 정부가 개입할 부분이다. 박스가 일정부분이 남는다고 하여 운임에 큰 지장을 초래하는 것은 아니다.[75] 정기선운항은 공공재적 성격을 가짐에 공감대 형성이 필요하다.

2020년부터 시행된 "해운항만기능유지법"과 유사한 접근이 필요하다. 다목적 선박의 보유 혹은 예비 선박보유(관련자들이 모두 투자하여 비용분담), 컨테이너 박스의 화주 및 2자 물류회사 소유 및 제공방안을 검토할 시점이다.

---

70) 한국선주협회 자료에 의함.
71) 한라컨테이너는 국내시장판매부분 시장점유율 40%를 점유하고 있었다(한국해운신문, 2004. 8. 4.).
72) 김영무 한국선주협회 상근부회장 인터뷰 기사, "컨박스 국내공장설립 심사숙고해야", 한국해운신문, 2021. 3. 11.
73) 김정균 차장(한국해양진흥공사)의 발표 자료에 의한다. "컨테이너 박스 시장동향과 해양진흥공사의 지원현황", 제41차 선박건조금융법연구회 – 컨테이너 부족현상과 대책(2021. 4. 9.), 40면.
74) 중국 상위 4개 기업이 제조를 과점하고 있다. 중국의 CIMC 42%, Dongfang 27%, CXIC 15%, FUWA 7%이다. 김정균, 전게발표자료, 40면. 중국 코스코가 소유한 1~2위의 기업을 중심을 타 기업과의 가격/생산량 담합 지속중이라고 한다.
75) 박스가 부족하면 운임은 대폭 상승할 것이지만, 박스가 남는다고 하여 운임이 대폭 하락하는 것은 아니라고 판단된다. 박스자체의 가격이나 임대료는 낮아질 것이다. 그 자체로 운임의 폭등을 가져오지는 않는다고 본다.

6. 컨테이너 제조 및 관리회사를 해운부대산업으로 인정해야

컨테이너 박스가 운송이외의 목적으로 사용되기도 한다. 그렇지만, 컨테이너 박스의 고유의 목적은 해상운송에 사용되는 것이다. 컨테이너 박스를 제조하여 소유하고, 임대하는 것도 일종의 해운부대사업으로 인식해야 한다. 해운법은 선박을 중심으로 만들어졌다. 그래서 선박을 이용하여 운송업을 하는 자를 해상운송사업자로 규정하여 규율한다. 컨테이너 박스는 적용대상이 아니다.

해양진흥공사법은 해운업을 지원하기 위하여 설립된 기관이다.[76] 컨테이너 박스의 제조자를 직접 지원하지 못한다. 해운업에 속하지 않기 때문이다. 컨테이너 박스 관련 사업도 해운부대사업의 하나로 지정해서 정부로부터 지원도 받고 규제도 받는 사업이 되어야 한다. 해운법에 컨테이너 제조업자 및 컨테이너 대여업자라는 제도를 만들 수 있다.[77][78]

정기외항화물운송사업자는 해운법에 의한 등록을 해야 한다(제27조). 사업등록을 하기 위하여는 일정한 물적설비를 갖추고 있어야 한다. 별표3에 의하면 1만 총톤수 이상의 선박을 가지고 있어야 한다는 요건이 있다. 정기선의 경우에는 컨테이너 박스의 수량도 추가해야 한다. 이렇게 함으로써 컨테이너 박스의 중요성을 강조하고 금융지원이 가능하도록 해야 한다.

현행	개정안
없음	해운법 제2조 정의 12. 컨테이너 임대 혹은 관리업이란 해상화물운송사업자에게 컨테이너를 대여하거나 관리해주는 업을 말한다.
없음	해운법 제27조 시행령 제19조 제1항 별표3 외항정기화물운송사업자 면허를 신청하는 경우 시행규칙이 정하는 수량의 컨테이너박스를 보유해야 한다.

계약운송인에게도 컨테이너 박스를 구비할 의무를 부과할 것인지가 문제된다.

---

76) 제11조 공사의 업무에 의하면 선박과 항만터미널을 중심으로 한다.
77) 현행 해운법은 선박을 중심으로 하는 해상운송사업자(제24조)와 해운중개업 · 해운대리점 · 선박대여업 · 선박관리업(제33조) 등을 적용대상으로 하므로, 컨테이너 박스관련 사업은 적용의 대상 밖에 있다.
78) 상법상으로는 제조 및 임대차업이 되어서 이들은 상법의 적용을 받는 상인이 된다. 상법 제46조 기본적 상행위 제3호(제조, 가공에 관한 행위)에 해당하게 된다.

계약운송인은 현재 해운법의 적용대상이 아니다.[79] 아무런 물적 설비도 없이 운송인이 된다. 일반 포워더들은 물적 설비를 갖출 여력이 없기 때문에 제외하고 2자물류회사들인 계약운송인도 해운법의 적용대상으로 하고 면허를 받을 때에는 일정량의 컨테이너 박스를 구비할 의무를 부과할 수 있을 것이다.

V. 컨테이너 박스의 공급과 관리에 대한 법률

상법이나 선박법 등 단행법을 개정하는 작업이 어려울 것으로 예상된다. 대안으로 컨테이너 박스를 하나의 물적 설비로 보는 상법상의 규정을 두고 이를 실행하는 단행법을 만들어 관리하는 것도 개별 개정작업의 대안으로 가능하다고 본다.[80]

> **제1조 (목적)**
> 이법은 수출입화물의 안정을 위하여 컨테이너가 적절하게 제공되고 관리될 것을 목적으로 한다.
>
> **제2조 (정의)**
> 컨테이너란 화물의 운송에 사용되는 용기를 말한다.
> 컨테이너 임대업이란 컨테이너를 소유하면서 해상화물운송업자에게 대여하는 업을 말한다.
> 컨테이너 관리업이란 컨테이너의 이동, 수리 및 보관 등 관리 서비스를 제공하는 업을 말한다.
>
> **제3조 (등록)**
> ① 컨테이너 소유자는 컨테이너를 해양수산부의 관할관청에 등록해야 한다.
> ② 컨테이너는 여러 명이 공동으로 지분으로 소유할 수 있다.
> ③ 등록과 동시에 소유권을 취득한다.
> ④ 임차인도 등록을 할 수 있다.
>
> **제4조 (저당권)**
> ① 컨테이너는 저당권의 목적으로도 할 수 있다.

---

79) 이에 대한 자세한 내용은 김인현, "2자물류회사의 법적 지위와 개선방안", 「상사법연구」 제38권 제2호(2019), 234면이 있다.

80) 우리나라의 수출입상품이 제대로 운송되기 위하여는 200만 TEU의 컨테이너 선박이 필요하다. 이를 위하여는 300만 TEU 즉 20피트짜리 컨테이너 300만개가 필요하다. 해양수산부나 선주협회의 계획에 의하면 100만개의 박스가 추가로 필요하다. 한 개의 가격을 300만원으로 잡으면 100만개이면 3조원의 자금이 필요하다. 300만개라면 약 10조원의 가치를 갖는다. 이를 잘 관리하는 제도가 필요하다.

② 제1항의 저당권의 실행은 특정동산저당법에 따른다.

제5조 (정부의 의무)

정부는 컨테이너 박스가 제대로 공급될 수 있도록 제도를 마련하여야 한다.

제6조 (예비컨테이너의 보유)

① 정부는 컨테이너 위원회가 정한 일정량의 컨테이너가 수출입화물의 안정적 수송을 위하여 예비로 보유될 수 있도록 해야 한다.

② 위원회의 설치 및 운영은 대통령령으로 정한다.

제7조 (임대업)

① 컨테이너 임대업에 대한 세제 등 지원을 할 수 있다.

② 정기외항화물운송업자 및 물류회사도 컨테이너 임대업을 할 수 있다.

제8조 (관리업)

컨테이너 관리업자에 대하여 국가는 세제 등 지원을 할 수 있다.

제9조 (의무)

컨테이너 소유자 혹은 임차인은 컨테이너가 운송물이 안전하게 운송될 수 있도록 컨테이너를 유지할 의무를 부담한다.

Ⅵ. 결 론

필자는 오래전부터 정기선 운항에서 컨테이너 박스도 선박만큼이나 중요한데 법적인 보호장치가 부족함을 느껴왔고 개선의 방향을 찾아왔지만 쉽지 않았다. 상법에서 컨테이너 박스도 물적 설비로 격상하고 제공 주체와 반납에 대한 법률관계를 분명하게하면 개품운송(정기선 운항)의 효율적인 운용에 기여할 것이다.

상법상 해상기업의 물적설비로서 컨테이너 박스를 추가하고 운송인의 컨테이너 박스 제공의무, 수하인의 반납의무를 임의규정으로 추가할 것을 제안하였다. 선박과 같이 등록제도를 두어 소유권의 취득과 저당권의 설정을 공시에 의하도록 한다. 담보가 제도로 작동하도록 고안해보았다.

컨테이너 선박이 대형화되면서 거점항에만 기항하게 되었다. 이로 인하여 목적지까지 컨테이너 박스의 이동이 더 필요하게 되었고, 피드선이 필요하므로 더 많은 컨테이너 박스가 필요하게 될 것이다. 충분한 혹은 여유분의 컨테이너 박스의 확충에는 제작자금이 필요한데 정기선사에게만 맡기기에는 합리적이지 않다.[81] 2자 물류회사도 컨테이너 박스를 공유하는 것이 좋을 것이다.

---

81) 또한 대형화된 컨테이너 선박을 항만이 충분히 수용할 수 있어야 한다. 항만이 대형선을 처리할 준비가 되지 않은 상태라서 컨테이너 선박이 대기를 많이 하게 된다면 이미 정기선으로서의 기능

컨테이너 운송은 수출입화물의 이동에 지대한 영향을 미치는 공적인 개념이다. 어쩌면 이들은 전 세계적인 문제이므로 해결을 위해서는 각국 정부들이 외교회의를 개최하고, 각국의 선화주들이 힘을 모아야 할 필요도 있다. 단기적으로는 우리나라 정기선사, 정부, 2자 물류회사 등 관련자들은 컨테이너 박스를 신속하게 제작하여 부족한 컨테이너 박스의 공급에 나서야 할 것으로 본다. 해상법학자들은 이를 뒷받침할 법적 제도적 장치의 마련에 나서야 할 것은 물론이다.

을 다하지 못하는 것이 된다. 코로나19와 같은 사태에는 하역과 내륙수송을 담당하는 인력 공급에 차질이 생겨 하역작업이 늦어진다. 이들 이유로 인하여 컨테이너 박스의 회수가 늦어져서 수출지에서는 여유분의 컨테이너 박스가 없다면 수출입에 지장을 주게 된다. 최근에 발생하는 컨테이너 부족사태는 이런 영향도 있다.

제 6 장

우리나라 선박금융 공급시장에 대한 연혁적 고찰과 과제*

이경래 덕성여자대학교 국제통상학전공 겸임교수

Ⅰ. 우리나라 선박금융의 연혁

우리나라의 선박금융의 역사는 정부의 공적자금을 중심으로 시작되었고, 해운 시황이 어려운 시기마다 공적 영역의 자금 또는 금융이 선박금융으로 활용되었 다. 해방 직후 외국의 원조자금 또는 정부보유 외화를 대여해 주면 선주가 직접 해외에서 선박을 도입하였다.

이후 선박금융은 해외 상업기관 연불금융 등 재원이 다양화되면서 해운사는 선복량 확대를 꾀할 수 있었다. 해외 상업기관의 선박금융 공급으로 금융의 가용 성은 확대되었지만 신용기간 및 이자율 측면에서 불리한 금융조건이었으며, 노후 비경제 중고선 도입에 이 금융이 충당되었다.

1976년에 시작된 계획조선은 국제 조선시장의 설비과잉과 두 차례의 석유파동 으로 위기에 처한 조선산업과 선복량 확충이 필요한 해운산업을 동시에 지원하는 정부정책이었다. 정부는 산업은행을 통해 국내 조선소에 신조발주를 내는 국내 해 운사에 국민투자기금, 일반설비자금, 외화표시 원화자금을 선박금융으로 공급하였 다. 1990대 초까지 시행된 계획조선에 의해 약 2조 1,699억 원의 선박금융이 집 행되었다. 일본은 전후(戰後) 계획조선 제도를 시행하면서 일본개발은행이 선박금 융을 공급하였는데 일본개발은행의 선박금융 공급조건 중의 하나로 시중은행의 선박금융 참여 비율을 20%~30%로 설정[1]하여 선박금융 공급액을 확대하였다.

---

* 본고는 필자가 선박건조금융·법연구 제35회(2019. 10. 21.)에서 발표한 내용을 정리한 것임.
1) 해양한국, "일본 선박금융의 변천과 현황", 「월간 해양수산」 (12), 1985, 82-84면.

계획조선 시행과 같은 해에 수출입은행이 개설되면서 수출신용기관으로서 수출선박에 대한 선박금융을 공급하였고, 2003년부터는 국내 해운사에 선박구매자금을 지원하기 시작하여 우리나라 외항선사의 선대확충에 기여하였다.[2] 수출신용기관인 무역보험공사도 2010년에 국내 해운사에 선박금융을 공급하는 수출기반보험을 도입하였다.

한편, 아시아 외환위기에 의한 IMF 구제금융 조건으로 부채비율 200% 룰이 도입되고 은행은 BIS비율 유지를 위해 선박금융을 꺼리는 상황이 되면서 다수의 국적 선박이 해외에 매각되었다.[3] 이에 정부는 독일의 K/G펀드와 노르웨이의 K/S펀드 제도를 참조하여 자본시장의 유동성을 선박투자로 유도하기 위해 2002년 5월 선박투자회사법을 제정하여 2003년에 최초로 선박펀드를 출시하였다. 제도 정착을 위해 각종 세제혜택을 제공하였다. 선박투자회사의 도입은 우리나라 선박금융의 원천이 정책금융기관과 시중은행의 대출 등 간접금융에 의존하던 시대에서 투자자로부터 직접 선박금융을 조달하는 직접금융의 시대로 이전하는 계기가 되었다.

중국 요인에 의해 역사상 최고의 시황을 기록한 국제 해운산업은 2008년 국제금융위기 이후 시황이 급격히 악화된 후 2016년에는 최악의 불황에 직면하였다.[4] 이에 정부는 캠코와 산업은행을 통해 해운산업에 유동성을 공급하며 구조조정을 진행하였으나 한진해운이 2016년 8월 31일에 법정관리를 신청하기에 이른다.

정부는 한진해운 사태 발생시기 전후에 대규모 선박금융 지원정책을 수차례 발표하였다. 해운사가 신조선박을 발주할 수 있도록 선박신조 지원프로그램 2.4조 원을 운영하기로 하였고, 캠코 선박펀드의 중고선 매입 규모를 당초 1조원에서 1.9조원으로 2019년까지 확대하기로 하였다.[5] 이 밖에도 한국선박회사가 해운사의 중고선박을 시가에 매입하여 같은 해운사에 대선(Charter-out)하는 S&LB 사업도 실시하기로 하였다. 수출입은행과 산업은행이 각각 10억 달러씩 운영 중인 선박펀드와 한국해양보증(주)의 대출보증까지 고려하면 선박금융을 위한 정책자금의 규모는 한진해운이 법정관리에 들어가기 전에 가지고 있던 선박가치 약

---

2) 한국수출입은행, 「한국수출입은행 30년사」, 2006, 99면.
3) 오학균, 한국해운의 국제경쟁력과 선박금융제도, 한국해양대학교 박사학위논문, 2000, 43면.
4) Clarksea Index가 2007년 7월에 U$48,491(day, 월간기준)으로 역대 최고를 기록하였으나 2016년에는 U$9,441(day, 연간기준)으로 역대 최저 수준을 기록하였다.
5) 정부 보도자료, 한진해운 회생 절차 현황 및 후속조치 추진 관련(금융위, 기재부, 해수부), 2017. 2. 16.

5조 원을 훨씬 상회하는 대규모 정책자금의 동원이었다. 해운산업을 위한 '정책자금의 양적확대'라고 할 수 있다.

한진해운 사태는 해운·금융 정책당국이 해운산업의 중요성을 간과한 데서 비롯되었다고 해운전문가들은 인식하고 있다.[6] 해운전문가들은 한진해운 구조조정 논의 과정에 1983년의 해운산업합리화 조치 시행과정과 같이 해운정책 논리와 금융정책 논리가 혼선을 일으켰다[7]고 인식하는 측면이 있다. 그동안 금융과 해운이 유기적으로 연계되지 못하고 불황기에 오히려 금융이 위축되었고, 해운산업 경쟁력 강화를 위한 여러 금융지원 프로그램을 도입하였으나, 각 프로그램이 여러 정책금융기관들로 분산·운영되다 보니 전문성과 지속성, 유연성을 갖춘 해운 안전망 구축에 한계가 있었다는 인식을 바탕으로 한국해양진흥공사가 선박금융 전담기관으로 설립(2018. 7. 5.)되었다.[8]

〈표 1〉 국내외 선박금융 연혁 비교

	국제 해운시황	국제 선박금융 공급	국내 상황
해방 후	Bretton Woods 협약의 효과로 국제교역이 폭발적으로 확대되었고 대부분의 선박이 장기용선에 묶인 상황에서 추가 운송수요 증가	용선계약이 선박금융의 필수 담보로 필요했고 은행은 높은 레버리지비율로 금융제공	조선과 해운산업 태동 및 정부의 존 선박금융 시기이며, 파격적으로 양호한 금융조건
1960년대			경제개발 5개년계획으로 수송량이 폭증하고 해운기업이 77개사로 증가. 선박금융은 정부보유 외화자금은 물론 해외 상업차관 도입 등 원천 다원화. 해운기업이 경쟁적으로 노후비경제 중고선을 상업차관으로 도입하여 해운산업 경쟁력을 손상
1970년대	Spot시장 과열이 나타났고 인플레이션으로 선가는 증가	선주는 장기용선을 회피하고 은행은 선박 담보만으로 금융제공. 은행의 선박금융 확대가 신조발주를 견인하고 선복량 Bubble 창출	계획조선에 의해 신조발주가 증가하였고 국내외 상업금융기관 자금 활용. 1976년 수출신용 개시. 해운경기 하강하고 달러 금리는 급등
1980년대	두 차례의 Oil-shock이 해운업 불황 초래	대규모 선박금융 부실 발생. 거액의 대손상각이 발생하고 다수 국제상업	해운산업합리화 과정 및 계획조선 자금 및 운영자금 상환 유예 WTO 및 OECD 가입으로 해운규

---

6) 연합뉴스, 해운전문가 3명 중 1명 "한진해운 사태 원인 정부에", 2017. 8. 30.

7) 이상철, "1980년대 한국 해운산업구조조정정책 연구: 정책의 입안과 조정과정을 중심으로," 「경영사학」 제30권 제2호(통권 74호), 2015, 47~48면.

8) 한국해양진흥공사법안 제안 이유 및 주요내용(의안번호 8663), 2017. 8. 24.

		은행이 선박금융시장 이탈	제 완화 및 해외 상업금융 활용 용이. 계획조선제도 사실상 소멸
1990년대	선박의 수요와 공급 Gap 축소되고 해운경기 회복 기미	다양한 선박금융 Source 참여: 협조융자, IPO, K/S, K/G, 사모발행, 벤처투자 등	외환위기 발생으로 다수 선박 해외 매각과 부채비율 200% Rule 도입, 은행이 BIS비율 부담으로 선박금융 비선호
2000년 이후	중국 요인으로 역사적 최고 시황과 글로벌 국제금융위기 이후 역사적 최저 시황 발현된 가운데 선박 대형화와 효율화 경쟁으로 신조발주 지속	은행은 높은 레버리지비율(70%~100%)로 금융을 제공하고 선주보증, 선박담보, 용선계약담보 등 대출심사 강화. IPO, 유상증자, Master Limited Partnership, High-yield Bond, PEF 등 선박금융 다양화	선박투자회사법 도입 선박투자회사법을 통해 시중 유동성을 선박금융으로 유치. 2009년 산업은행과 캠코를 통한 해운산업 구조조정과 유동성 공급을 위한 S&LB 실시. 한진해운 파산(2017.2.17.) 이후 해양진흥공사 설립 등 정책금융 기능 강화

출처: 오학균(2000); 이경래(2016).

Ⅱ. 우리나라의 선박금융 공급

1. 정책금융기관의 선박금융 공급

1) 한국수출입은행

수출입은행이 국내외 해운사에 제공하는 선박금융과 관련한 금융서비스를 개관하면 아래 〈표 2〉와 같다. 수출입은행이 해외 해운사를 위해 제공하는 수출기반자금 대출은 해외 선주가 우리나라 조선소 앞으로 발주한 선박을 수입해갈 때, 수입결제용 자금을 금융으로 지원하여 우리나라 조선소의 선박수출을 확대하기 위한 금융서비스이다.

〈표 2〉 수출입은행의 선박금융 서비스 제도

금융서비스	해외 해운사(선주)	국내 해운사(선주)
대출	수출기반자금대출	해외사업자금대출 현지사업자금대출
보증	대외채무보증 대외채권보증	선박채권보증
투자	Eco-ship Fund	

출처: 수출입은행 홈페이지, 수출입은행 보도자료.

국내 해운사를 위해 제공하는 대출서비스 중 해외사업자금대출은 차입가 국내 해운사인 경우의 대출과목이고 현지사업자금대출은 차입자가 국내 해운사의 해외 SPC인 경우의 대출이다.

수출입은행이 연간 신규로 공급하는 선박금융 규모는 2~3조 원정도로 추산(「Marine Money」 각호 참조)되는데 조선산업의 불황으로 신조발주가 감소하면서 점차 선박금융 공급규모가 축소된 것으로 보인다.

수출입은행이 제공하는 대외채권보증(선박채권보증)[9]은 국내 해운사가 국내 조선사에 발주한 선박구매자금을 조달하기 위해 채권(Bond)을 발행할 경우, 수은이 이 채권의 원리금 상환을 보증하는 제도이다. 채권보증제도는 영국, 미국 등 해외에서 항공기 구매를 위한 수출신용에 활발하게 적용되고 있는 금융서비스인데 2013년 10월 수출입은행이 선박 도입에 적용할 수 있도록 제도를 개발하였다.

대외채권보증(선박채권보증)은 국내외 자본시장의 유동성을 선박금융에 활용할 수 있는 새로운 대안이 되는 동시에 선박을 도입하는 해운사는 자본시장의 상황을 고려하여 보다 양호한 금융조건으로 선박을 확보할 수 있는 새로운 방안이 될 수 있을 것이다. 수출입은행의 대외채권보증(선박채권보증) 제도를 통해 국내외 해운사가 선박금융을 조달한 사례가 서너 건에 이른다.

수출입은행은 이 밖에도 Eco-ship Fund를 조성하여 국내외 선박도입 프로젝트에 투자자금을 공급하고 있다. 국내외 해운사들이 연료효율을 높인 친환경 선박을 도입할 경우 후순위 채권 등을 인수하는 방식으로 선박구매에 필요한 투자자금을 공급하는 제도이다. 수출입은행이 이미 Eco-ship Fund를 여러 건 성사시킨 사례가 확인되고 있다.

2) 한국무역보험공사

무역보험공사는 선박금융과 관련해서는 해외 해운사를 위한 중장기수출보험 및 해외사업금융보험과 국내 해운사를 위한 수출기반보험 등 세 종목의 보험을 운영하고 있다.

중장기수출보험은 해외 해운사가 우리나라 조선소에서 건조되는 선박을 구매하기 위해 조달하는 상환기간 2년 초과의 금융계약을 체결한 후 원리금을 상환

---

9) 선박채권은 채권대금 지급의 대상이 되는 선박에 투자자가 제1순위 저당권을 설정하고 발행되는 채권을 의미하며 기업의 신용을 바탕으로 발행·인수되는 회사채와 구분된다.

할 수 없게 됨으로써 금융기관이 입게 되는 손실을 보상하는 보험제도이다. 해외 해운사가 선박구매자금을 금융기관으로부터 원활하게 조달할 수 있게 하여 우리 나라 조선소에 선박을 발주하게 함으로써 우리나라의 선박수출을 촉진하기 위한 수출 진흥수단이다. 중장기수출보험은 수출입은행이 대출과 보증의 형태로 해외 해운사에 제공하는 선박금융과 함께 우리나라의 선박수출을 장려하는 공적인 수 출신용제도이다.

<표 3> 무역보험공사의 선박금융 지원제도

차입자 구분	무역보험공사 제도		금융 목적	대상 선박
해외 해운사	중장기수출보험	대출	차입자(선주)의 선박 구매자금 조달	국내 조선소에서 건조
		채권		
	해외사업금융보험			국내 조선소의 해외법인에서 건조
국내 해운사	수출기반보험			국내 조선소에서 건조

출처: 해양금융종합센터 홈페이지.

무역보험공사는 선박금융 조달재원을 확대하기 위해 자본시장에서 채권발행을 통해 선박구매대금을 조달하는 거래를 지원하는 중장기수출보험(채권) 제도를 2013년에 도입하였다. 국제 선박금융시장에서 주된 대출 공급원이었던 유럽의 국제 상업은행이 국제금융 위기와 유럽의 재정위기가 진행되던 기간에 선박금융 공급을 축소해 나가는 조짐을 보이기 시작하였다. 이에 무역보험공사는 선박금융 공급재원을 다양화하기 위해 중장기수출보험(채권)을 도입하였다.

국내 해운사에게 제공되는 수출기반보험은 외화획득의 효과가 있을 것으로 예상되는 설비를 도입하는 사업자가 금융기관과 상환기간 2년을 초과하는 금융계약을 체결하는 경우 원리금 상환을 보장하는 보험제도이다. 현재 수출기반보험 대상이 되는 설비는 선박에 국한되고 있다. 선박운항의 국제성에 의해 해운산업이 대표적인 외화획득 산업이기 때문에 무역보험공사는 선박을 수출기반보험의 가입대상 상품으로 인정하고 있다.

무역보험공사가 연간 새롭게 공급하는 선박금융 규모는 연간 30억 달러 내외인데 최근의 해운산업 불황기를 지나면서 신조발주 부진으로 연간 공급규모가 크게 감소하였다. 무역보험공사의 2018년말 기준 선박금융 보험 유효계약액은 121

억 달러[10]로 무역보험공사의 총 유효계약액 대비 약 15% 수준으로 무역보험공사에서 선박금융의 비중이 매우 높은 편이다.

3) 산업은행

산업은행은 1970년대에 우리나라의 계획조선 정책에 따라 선박금융을 공급하면서 선박금융제도를 국내 최초로 시행한 금융기관이라고 할 수 있다. 이 후 지금까지 선순위 및 후순위 대출, 자본투자 등 다양한 형태로 국내 해운사의 선박도입에 선박금융을 공급하는 주요한 금융기관의 역할을 담당하였다. 산업은행은 1976년부터 1990년까지 15차례에 걸쳐 시행된 계획조선 정책에 따라 국내 해운사에 연간 1,500억원 내외의 선박금융을 공급하여 총 2조 1,699억원에 이르는 자금을 집행하였다.[11]

또한 정부의 1984년 산업합리화 조치에 의한 해운업 구조조정과 2008년 금융위기 이후 불황에 빠진 국내 해운사 지원 과정에 산업은행이 중심적인 역할을 하였다. 한진해운 파산 이후 정부와 해운업계가 추진 중인 신조선박 확보에도 산업은행은 자본금 투자, 후순위 자금 공급 등을 통해 주요한 자금원 역할을 맡고 있다.

산업은행은 과거 해운산업에 대한 산업합리화 과정에서 선박금융을 공급한 사례와 유사하게 2008년 국제금융 위기 발생 직후 우리나라 해운산업의 구조조정을 지원하고 해운기업에 유동성을 공급하기 위해 우리나라 최초로 공적인 선박펀드 Let's Together Fund를 출시하였다. 2014년 11월에 Fund 운용을 종료하기까지 41척의 벌커와 탱거에 10억 달러의 유동성을 공급하였다.[12]

산업은행은 Let's Together Fund를 2014년에 종료하고 2015년에 Ocean Value-up Fund를 조성하여 최대 10억 달러 공급을 목표로 신조발주와 중고선 매매에 후순위 선박금융을 공급하고 있다. 우리나라에서 대부분의 펀드가 프로젝트 펀드로 운영되는 관행에 비해 Ocean Value-up Fund는 Blind Fund로 운영되기 때문에 대상 선박프로젝트 선정과 투자에 자율성과 유연성이 있는 장점을

---

10) Weltman, G., "Should I Stay or Should I Go," *Marine Money*, Vol.35 No.3, p.5, April/May 2019.

11) 오학균, 전게논문, 39면.

12) 산업은행, Current Ship Finance in Korea-Challenges and Opportunities (Marine Money Forum (부산) 발표자료), 2016. 11. 2.

보유하고 있다.

산업은행의 선박금융 공급잔액은 50억 달러 내외로 선박금융 전문저널인 Marine Money의 선박금융 공급 금융기관의 League Table에 매년 이름을 올리고 있다. 산업은행의 선박금융 잔액이 수출입은행과 무역보험공사에 비해 작지만 산업은행이 공급하는 선박금융의 대부분은 국내 해운사가 수혜를 받고 있다는 점에서 산업은행은 국내 해운사를 위한 선박금융에 있어서 최대 공급원이라고 할 수 있다.

4) 캠 코

캠코는 2009년 3월과 4월에 정부가 발표한 해운업 구조조정 추진 방향에 따라 자산관리공사법에 의한 구조조정기금을 투입하여 국내 해운사로부터 중고선박을 매입한 후 재용선(S&LB)하는 사업을 시행하였다. 캠코는 선박투자회사를 통해 2009년 7월부터 2011년 11월까지 한진해운, 현대상선, 대한해운, 흥아해운, 동아탱커, 대보, 장금 등 7개사로부터 33척을 간접 인수한 후 재용선하였다.

구조조정기금을 재원으로 한 캠코의 중고선박 S&LB 사업이 2014년 말에 종료한 후에도 국제 해운산업의 불황이 지속하고 해운기업의 수익성과 재무건전성이 악화되는 상황이었다. 이에 캠코는 해운산업의 경쟁력을 높이기 위해 총 1.9조원의 예산을 동원하여 선박은행 조성사업을 진행하였다.[13] 캠코는 자체자금으로 선박에 투자하여 선박은행 기능을 수행하는 캠코선박펀드를 2015년 5월에 첫 출시하여 2019년 3월까지 총 56개의 선박투자회사를 설립하였다.

캠코가 자기자금으로 시행하는 Tonnage Provider 사업은 종전 구조조정기금으로 시행하였던 중고선박 S&LB 사업의 짧은 용선기간과 비교하여 BBCHP 기간이 대부분 10년이다. 따라서 해운사는 캠코의 선박은행 기능을 통해 장기적으로 안정되게 선박금융을 확보하는 효과를 누리게 될 것으로 예상된다.

세계 최대 컨테이너선 전문선주(Non-operating Owner)인 캐나다의 Seaspan Corporation이 2018년 말 현재 112척을 보유하고 있고,[14] FOSI(영국), Quantum Pacific Shipping(싱가포르) 등 국제적으로 유력한 다른 전문선주의 보유 선박이 120척 내외인 점을 고려하면 캠코가 이들 전문선주 선대의 절반에 육박하는 선

---

13) 금융위원회, 금융위원장 관계기관과 조선 해운업 구조조정 현안점검(보도자료), 2016. 11. 14.
14) Seaspan Corporation, 2018 annual report, 2019, p.14.

박자산을 확보하게 됨으로써 Tonnage Provider의 기능을 수행하는 기반을 확보했다고 할 수 있다.

5) 한국해양진흥공사

해양진흥공사는 후순위 선박금융을 활성화하기 위해 설립되었던 한국해양보증보험과 Tonnage Provider로 출범한 한국선박해양을 통합하여 설립된 만큼 선박금융 공급에 있어서 통합 전 두 기관의 업무를 수행하고 있다. 선박금융을 통해 해운기업들의 안정적인 선박 도입과 유동성 확보를 지원하기 위해(한국해양진흥공사법 제1조) 두 선박금융기관을 통합하여 해양진흥공사를 발족한 것이다. 이를 바탕으로 해양진흥공사의 업무를 정리하면 〈표 4〉와 같다.

〈표 4〉 해양진흥공사 선박금융 개요

업무종류	업무 개요
선주사업 (S&LB)	해운사가 보유하고 있는 중고선박을 시장가액 대비 적정한 투자비율을 적용한 금액으로 선박을 매입 후 재용선(S&LB)하고 향후 적정한 가격으로 재매각(BBCHP)하는 프로그램
자본확충	위의 선주사업에서 공사에 선박을 매각하면서 처분손실이 발생하면 공사가 보통주 유상증자 참여 또는 영구전환사채 인수를 통해 자본을 확충하는 사업
신조선 투자사업	해운사가 신조선 확보 시 후순위 등 형태로 선박금융을 공급하여 신조선 확보 지원
채무보증	해운사가 선박을 도입하기 위해 금융기관으로부터 선순위 또는 후순위 대출을 받는 때에 금융기관에 원리금 상환보증을 제공

출처: 한국해양진흥공사 홈페이지.

해양진흥공사는 선박투자회사를 설립하여 해운사로부터 매입한 선박을 대선하는 선주사업을 통해 해운기업이 기존 선박금융의 만기를 연장하는 효과를 누리게 하고 현금흐름을 개선하도록 지원하고 있다. 선주사업이 선순위 대출기관의 백펀딩(Back Funding) 없이 해양진흥공사의 자체 자금만으로 시행된다는 점은 동일한 목적을 가진 캠코의 중고선박 매입후 재용선 사업(S&LB)과 비교되는 부분이다.

해양진흥공사의 자본확충 사업은 선가가 역사적 저점인 상태에서 해운사가 선박을 해양진흥공사에 매각하면서 불가피하게 발생하는 자산매각손실을 자본금 투자로 보충함으로써 해운사의 재무구조를 개선하도록 지원하게 된다. 자본확충 사업은 선박금융의 범주에 포함되지는 않지만 선박금융 공급과정에서 발생한 재무적 손실을 보전한다는 측면에서 선박금융의 보조적 조치라고 할 수 있다.

　신조선 투자사업은 한진해운 파산결정에 대응하여 우리나라 선복량을 신속하게 복원하기 위해 한국선박해양(주)를 통해 2.4조원의 대규모 자금을 집행하고자 했던 계획을 해양진흥공사가 승계한 것이다.

　해양진흥공사의 채무보증 사업은 한국해양보증보험(주)가 2015년 8월에 보증보험업(계약상 채무불이행(금융) 보험)을 영위하는 보험업 허가를 받고 시작된 사업으로, 후순위 대출에 대한 원리금 상환을 보증하는 후순위 대출 보증에 주력하였다. 선박투자자들이 해운불황기에 경기역행적으로 선박을 매입할 수 있도록 후순위 투자를 활성화하고, 동시에 금융기관의 선순위 대출을 유도할 목적으로 후순위 대출에 보증을 제공하는 구조로 채무보증 사업이 운영되었다.[15]

2. 민간 금융의 선박금융 공급

1) 시중은행

　우리나라 시중은행의 선박금융 참여 규모는 연간 3~4천억원 수준이었으나 2016년 한진해운 파산시기에 2,121억원으로 축소된 이후 더욱 감소하여 연간 1천억원 수준으로 축소되었다.

　우리나라 시중은행의 선박금융 공급을 요약하면 총량이 매우 낮은 가운데 점차 축소되고 있는 상황이라고 할 수 있다. 국제 해운산업의 장기불황에 따라 국제 상업은행의 선박금융 공급액도 국제금융위기 이후 축소되었으나 우리나라 시중은행의 선박금융 축소는 국제 상업은행보다 훨씬 더 급격하게 이루어지고 있다. 2015년 이후 본격적으로 시작된 현대상선과 한진해운의 구조조정 파고가 시중은행의 선박금융 공급을 위축시켰고, 2017년에 있었던 한진해운 파산결정은 대출 심사자들 사이에 선박금융은 '부실위험이 큰 자산'이라는 확신을 심어주었을 것으로 추정된다.

　한편 선박프로젝트에 우량한 COA가 첨부되거나 신용이 양호한 해운사가 추진하는 선박프로젝트는 외국계 금융기관이 낮은 이자율 등 경쟁적인 금융조건을

---

15) 더벨, "선주협회, 해운보증기구에 직접 출자한다," 2015. 1. 20.; 해양한국, '한국해양보증보험(주)' 공식 출범, 2015. 9, 26-27면.

내세우며 선별적으로 선점하기 때문에 시중은행의 선박금융 참여는 더욱 축소되고 있다고 할 수 있다.

2) 자산운용사

해운산업이 대표적인 사이클 산업이기 때문에 선박투자의 위험성이 높게 인식된 가운데 2008년 국제금융위기와 2017년 한진해운의 파산을 거치면서 투자손실이 발생함에 따라 자산운용사의 선박금융 참여는 크게 위축된 상태이다. 그럼에도 불구하고 우리나라의 자산운용 규모가 1,000조 원을 상회하는 풍부한 유동성을 힘입어 자산운용사의 선박투자 수탁고는 시중은행의 선박금융 잔액보다 더 많은 3조원 내외인 것으로 추산된다.

현재는 대부분의 자산운용사가 선박금융 참여를 중단한 상태로 이해되지만 우량한 선박투자 프로젝트를 확보한 자산운용사는 오히려 선박투자 수탁고를 증가시키고 있는 것으로 확인된다. 해운산업에 대한 전문성을 확보하고 우량한 선박투자 프로젝트를 선점할 수 있는 역량이 있는 자산운용사는 여전히 선박투자를 기회로 여기고 있다고 이해된다. 선박금융 수탁고가 상대적으로 높은 자산운용사 5개사를 대상으로 실시한 전화면접(2019. 7.)한 내용을 요약하면 다음과 같다.

선박금융 실적을 가진 대부분 자산운용사의 선박금융 투자 비중은 전체 수탁고의 5~10% 수준에 불과함. 한 자산운용사는 10조 원의 수탁고 가운데 선박투자가 1조 원을 차지할 정도로 선박금융 자산 비중이 높은 사례도 있으나 대체로 자산운용사의 선박금융 자산 비중은 낮은 편임. 선박금융 자산 수탁고를 가진 자산운용사는 20개사 내외에 불과하며, 이들 자산운용사의 선박금융 자산 규모는 많은 경우 3,000억 원 내외이고 대체로 1,000억 원 미만의 수탁고 수준임. 자산운용업계의 선박금융 총 수탁고는 3조 원 내외일 것으로 추산.

---

3. 직접금융에 의한 선박금융 공급

1) 선박투자회사

2003년에 출시한 선박투자회사의 양적인 성과를 보면 2017년 말까지 민간펀드가 130개 이상 조성되어 약 10조원의 펀드자금이 투입되었으며 이를 통해 총 204척의 선박이 도입되었다.[16) 선박투자회사제도 도입 초기에 선박펀드의 수익률을

6% 수준에서 확정배당형으로 설계하였고, 배당소득 비과세 또는 분리과세, 주식의 양도차익 비과세 등의 과세특례를 적용하였기 때문에 투자성과는 시장평균보다 높으면서 투자위험은 낮았으므로 거액의 선박투자 자금을 유치할 수 있었다.

선박투자회사법에 의한 선박펀드 투자에 대해 여러 과세특례가 적용되어 6% 수준의 확정배당형은 실제 8% 정도의 수익을 실현했던 것으로 추산되고 있다.[17] 그러나 2008년 국제금융 위기와 함께 찾아온 해운불황으로 당초 약정한 배당수익률을 시현하지 못하고 청산되는 사례가 발생하였다. 더욱이 2016년에 이르러서는 모든 과세특례가 소멸됨에 따라 자본시장법에 의한 선박펀드와 비교하여 경쟁우위는 사라지고 몇 가지의 규제요소만 잔존하게 된 상황이다.

전문투자자들이 투자회사의 지분을 취득하는 것을 선호하지 않는다는 측면에서 보면 선박투자회사가 설립형태를 주식회사로 한정한 점은 투자기반을 취약하게 만드는 규제요소라고 볼 수 있다. 선박투자회사가 공모를 기반으로 하여 다수의 일반 투자자를 유치하기 용이하다는 장점이 있으나 해운시황이 장기간 침체된 시장에서는 공모를 통한 자금모집이 불가능하다. 선박투자회사법에 의한 선박펀드에 전문투자자를 유치하기 위해 전문투자자에 대한 우선주 발행을 허용하고 차입한도를 완화하는 내용으로 법개정(2017. 10. 31.)[18]이 있었으나 전문투자자들은 근본적으로 투자회사의 지분을 취득하는 것을 꺼려하므로 이와 같은 법개정이 선박투자회사법에 의한 선박펀드의 활성화를 가져오지 못했다.

선박투자회사법에 펀드 존립기간과 선박 대선기간에 대한 규정을 두는 것은 해상운송에서 일반적으로 발생하는 장기운송계약 또는 장기용선계약을 고려하면 당연한 내용이라고 할 수 있으나 투자자의 시각에서 보면 자산운용을 경직되게 하는 요인이라고 할 수 있다. 전문투자자의 자산을 운용하는 자산운용사 중에서 선박투자 실적을 가진 자산운용사의 대부분은 자본시장법에 의한 선박펀드 구성을 선호하는 것으로 파악되고 있다.

2) 자본시장(채권 및 증권)

국내 해운사가 자금조달원으로 채권시장을 활발하게 이용하고 있으나 대부분

---

16) 해양수산부, 선박투자회사 운영 현황(2017. 12. 31. 기준).

17) 신장현, "선박투자회사법과 자본시장법에서의 선박펀드비교에 관한 고찰", 「한국해법학회지」 제39권 제2호, 2017, 295-296면.

18) 국회 농림축산식품해양수산위원회의 선박투자회사법 일부개정법률안 심사보고서, 2017. 6. 30.

무담보 선순위의 채권발행으로 조달된 자금이므로 선박 구매에 활용되는 선박채권이라고 보기는 어렵다. 예를 들면, 2011년 한 해 한진해운, 현대상선, STX 팬오션, SK해운 등이 18억 9천만 달러에 달하는 채권을 발행하였다.[19] 2012년 들어서도 20억 달러 이상의 채권이 발행된 것으로 추정된다. 이들 채권의 만기구조는 대체로 3년~5년으로 비교적 짧은 편이다.

이 시기는 대부분의 해운사가 해운불황에 의해 구조조정을 단행하던 시기이므로 채권으로 조달된 자금이 선박구매에 활용되기 어려운 시기였다. 채권의 만기구조를 보더라도 채권으로 조달된 자금이 선박금융으로 조달되었다고 보기 어렵게 만든다. 실제로 채권으로 조달된 자금이 2009년 이후 채권 조달액의 약 7%만 선박구매자금에 사용된 것으로 추정된다.[20] 해운사가 발행한 채권은 대부분 운전자본 용도로 쓰인 것으로 해석된다.

주식시장을 통한 선박금융 조달 역시 채권시장과 비슷한 실정이다. 160개사에 달하는 우리나라 외항선사 중 증권시장에 상장된 회사는 6개에 불과하다. 가장 최근에 주식시장에 상장된 회사가 한진해운(2009년 상장)이었으므로 우리나라 해운사는 2009년 이후 주권상장(IPO)를 통한 선박금융 조달실적이 없었다고 해석된다.

우리나라 해운사가 최근의 해운산업 불황기에 증권시장에서 3조원 이상의 유상증자(Follow-on Offering)가 있었는데 유상증자 건당 금액이 200~300억 원의 소액이거나 현대상선과 파산 전 한진해운 등이 구조조정에 필요한 자금을 조달한 실적이었기 때문이 유상증자 대금이 선박금융으로 활용되었다고 보기 어렵다.[21]

III. 국내 선박금융 공급관련 과제

1. 정책금융기관 주도의 선박금융 공급시장

우리나라 선박금융의 공급은 정책금융기관에서 주도하고 있으며, 최근의 장기 해운산업 불황기를 거치면서 정부의 선박금융 확대 정책으로 국내 선박금융시장

---

19) Wong, R., "The Bond Addiction: Big Bucks, No Sweat", *Marine Money*, Vol.28 No.5, 2012, pp. 18-20.
20) 강영민, "선박금융시장 동향 및 시사점", 「해양한국」, 2016. 1. 29.
21) 이경래, "우리나라 선박금융 활성화를 위한 국내외 선박금융시장 비교 연구," 「해운물류연구」 제33권 제3호, 2017, 614면.

에서 정책금융기관의 비중은 더욱 커졌다.

정부가 우리나라 해운산업을 구조조정하고 유동성을 공급하기 위해 캠코와 산업은행을 통해 선박펀드를 조성한 이후 국내 해운사를 위한 공적 기관의 선박금융시장 참여가 확대되었다. 한진해운 파산 이후에는 국내 해운산업의 재건과 국제 경쟁력 강화를 위해 해양진흥공사 설립 등 정부가 정책금융 공급을 확대하면서 선박금융 공급시장에서 공적 금융기관의 지배적인 역할이 더욱 공고해진 상태이다.

공적 금융기관이 선박금융 총량에 있어서 지배적인 역할을 하는 것은 물론 선박금융 종류에 있어서도 선순위 대출, 후순위 대출, 지분투자, 대출보증 및 선박채권(보증) 등 모든 종류의 선박금융을 공급하고 있다.

위와 같이 공적 영역의 선박금융 공급기관은 해운산업의 유동성 위기에 대응하여 시장의 안전판 역할을 담당하는 것은 물론 해운산업을 재건하고 국제적인 경쟁력을 높이기 위해 적극적으로 시장에 참여하여 선박금융을 공급하고 있다.

〈표 5〉 선박금융 종류별 공적 금융기관의 참여

	후순위 대출 (지분투자 포함)	선순위 대출 (보증 포함)	선박채권 (보증 포함)
국내 해운사	▲ ● □ ◆	▲ △ ● □ ◆	▲
해외 해운사	▲ ●	▲ △ ●	▲ △

주: ▲ 수출입은행, △ 무역보험공사(보증), ● 산업은행, □ 캠코, ◆ 해양진흥공사

2. 민간금융기관의 선박금융 공급시장 이탈

한편, 국내 선박금융 공급시장에서 민간 영역의 자금은 공급 총량과 선박금융 종류 측면에서 점차 축소되고 있다. 국내 시중은행은 물론, 자산운용사 등 과거 선박금융에 활발하게 참여했던 대부분의 민간 영역 금융기관들이 선박금융 공급을 축소하였다.

시중은행 등 민간영역 금융기관의 선박금융 공급 축소는 2008년 금융위기 이후 시작되었고 한진해운의 파산 과정에 선박금융 자산의 부실이 발생하면서 '선박금융은 위험한 자산'이라는 인식이 팽배한 데서 비롯된 것으로 해석된다. 이러한 상황과 인식으로 인해 국내 민간 금융기관의 선박금융 참여가 부진한 가운데

외국계 금융기관은 국내 우량한 선박프로젝트에 선택적으로 선박금융을 제공하고 있다.

외국계 금융기관이 경쟁적인 이자율과 신용기간 등 우량한 금융조건을 내세우며 우량한 선박프로젝트를 Cherry-picking으로 선점하므로 국내 민간 금융기관은 안전성 측면에서 열위에 있는 프로젝트를 대상으로 심사하게 되므로 민간 금융기관의 선박금융 참여는 더욱 위축될 수밖에 없다.

그러나 시중은행의 적극적인 선박금융 참여 없이는 국내 해운사의 선대유지 또는 확장을 위한 선박금융의 총량을 확보하는 데에는 한계가 있으며, 자산운용사, 리스사 등 그 외 민간 영역의 금융기관으로부터 선박금융을 조달하지 못하면 지분투자 자금, 후순위 대출 등 선박금융의 종류를 다양화하기 곤란하고, 순환론적으로 은행의 선순위 대출의 참여를 견인할 수 없으므로 선박금융 공급 위축은 악순환 속에 머물게 된다.

〈표 6〉 선박금융 종류별 민간영역 자금의 선박금융 참여

	후순위 대출 (지분투자포함)	선순위 대출 (보증 포함)	선박채권 (보증 포함)
국내 해운사	▦	○ ■ ▦	▦
해외 해운사	▦	■(국내 발주)	N/A

주: ○ 국내 시중은행, ■ 외국 금융기관, ▦ 자산운용사

3. 정책금융기관과 민간금융기관의 공조 필요

공적 영역의 선박금융 공급만으로는 국내 선박금융 수요를 지속적으로 충족할 수는 없으므로 장기적으로 국내에 민간 금융회사가 참여하는 선박금융시장을 조성해야 한다는 측면에서 공적 영역의 정책금융기관이 민간 영역의 선박금융 참여를 견인하는 역할을 수행하여야 한다. 전후 일본의 계획조선을 위해 일본개발은행이 민간 금융기관과 함께 선박금융을 제공한 사례가 좋은 본보기이다.

공적 영역의 정책금융기관이 국내외 해운사에 선박금융을 공급하면서 국내 민간 영역의 금융기관을 동반하면 국내의 선박금융 공급 총량을 확대하고 장기적으로는 국내 선박금융 공급 기반이 확장되는 효과를 기대할 수 있을 것으로 예상된다.

정책금융기관이 적극적으로 민간 금융기관을 견인하면서 프로젝트별로 다수의 금융기관이 참여함으로써 참여자 간에 위험을 폭 넓게 공유하면서 개별 프로젝트 단위의 위험을 분산하게 되기 때문에 개별 프로젝트의 자금조달이 원활하게 성사될 수 있고, 정책금융기관과 민간 금융기관의 협조가 시간이 경과하면서 공조사례가 누적됨으로써 민간 영역의 개별 금융기관 내에 다수의 선박프로젝트 pool이 구성될 수 있으므로 선박금융 위험을 평준화할 수 있는 기회를 갖게 될 것으로 판단된다. 결과적으로 국내 선박금융 공급 총량을 확대하고 선박금융 공급시장의 생태계를 장기·안정적으로 조성하게 될 것으로 예상한다.

제 7 장

선박금융을 위한 매각 후 재용선(Sales and Leaseback; S&LB)의 법적 연구*

윤민석 한국해양진흥공사 투자보증심의위원

Ⅰ. 매각 후 재용선(S&LB)의 법적 성질

1. S&LB 계약의 개요 및 법적성질

1) S&LB 개요

해운사는 해상화물을 운송하며 세계 경제 상황 및 그로 인한 무역 물동량의 부침에 직접적인 영향을 받는다. 국제 금융위기 또는 팬데믹 등 특수한 외부충격으로 국제물동량이 급격히 줄어들고 기존 선복량은 과잉되어 운임수입이 최소화되는 시장위험에 노출되면 해운사는 결국 도산위험에 직면하게 된다. 이는 2008년 서브프라임 모기지 사태 이후 국내외 금융권이 해운사 앞 유동성 공급을 극도로 자제하는 상황에서 한진해운 등 여러 해운사가 파산하며 경험한 바 있다.[1]

S&LB계약은 기업이 소유권을 보유하고 사용중인 자산을 제3자에게 매각하고 그로부터 다시 장기간 재임차하는 계약이다.[2] 해운사의 영업용 핵심자산은 선박으로 선박확보를 위하여는 선박의 현금흐름과 선박 그 자체를 담보로 한 선박금융이 활성화되어야 한다. 하지만 경기 악화로 유동성이 없고 신용 능력이 저하된 해운사에 자금 대여를 진행하기는 쉽지 않다. 또 해운사의 구조조정과 기업회생

---

* 본고는 필자가 선박건조금융법연구 제42회(2021. 6. 14.)에서 발표한 내용을 정리한 것임.
1) 연합뉴스 기사, '세계 7위' 한진해운 결국 파산선고 … 한국해운업 '반토막', 2017. 2. 17.
2) Kyle Wells and Ryan Whitby, "Evidence of Motives and Market Reactions to Sale and Leaseback", *Journal of Applied Finance*, No.1. 2012, p. 1.

신청이 있는 경우 민간금융은 불가능한 상황이 된다. 결국 S&LB는 이러한 금융사의 우려를 선박매각과 함께 소유권을 해운사와 분리하여 자금지원이 가능하게 하고 해운사는 선박매각 후 다시 그 선박을 임차하여 사용한다는 점에서 양쪽에 득이 되는 실질적인 유동성 공급방식을 제공하게 한다.

2) S&LB 계약의 법적성질

선박금융과 관련한 S&LB 계약은 매도인이 매수인(또는 매수인이 지정한 회사)에게 보유한 선박의 소유권을 이전하여 선박매각대금을 지급 받고 그 선박을 재임대하는 거래이다.[3] 소유권 이전 후 최초 매각한 가격으로 선박을 다시 매입해 올 수 있다는 점에서 매도담보의 법적 성격을 가진다.[4] 또한 선박을 재임대한다는 점에서 임대차 계약도 준용한다. 결국 S&LB계약은 매도담보라는 소유권 이전 승계형식을 띤 비전형담보계약의 성격과 임대차계약이 조합된 특수한 계약형태로 볼 수 있다.[5][6]

선박금융 S&LB계약은 자기명의로 선박을 매도하고 매입하는 상법 제4조의 당연상인 간의 거래에 해당하며, 동법 제46조 각호에 따른 선박의 매매, 임대차를 준용하여 기본적 상행위를 구성한다.[7] 결국 상법의 적용을 받으므로 선박매입 당시 추후 매도인이 선박을 다시 인수할 가격과 이자를 당사자간 자유롭게 정함에 있어 이견이 없다. 다만, 실무적으로는 선박매입자가 해운사에 긴급자금을 공여하는 공공기관의 해외 SPC가 되는 경우가 많고 최초 매입 당시의 가격을 넘어서는 매도금액으로의 계약은 진행하지 않고 있다. 즉, 선박매입자 SPC는 임대차계약으로 용선계약기간 동안 선가 상환을 위한 원리금과 동일한 용선료를 수취하며 용선계약 기간 만료시 선박소유권을 해운사에게 다시 넘겨주는 계약을 진행하고 있다.[8]

---

3) 선박의 소유권은 보통 파나마, 마샬아일랜드, 라이베리아 등 편의치적국에 선박별 해외 특수목적법인(SPC, Special Purpose Company)를 설립하여 이전 받고 있으며 이는 후술하게 되는 금융기관의 선박자산 편의의 법적한계와 해운사 신용위험과의 분리를 위함이다.

4) 매도담보는 관습상 담보제도로 이용하던 방식으로 민법의 질권 및 근저당권과 같은 법률용어로는 존재하지 않으며 다만 채권적 방법을 규정한 민법 제590조의 환매조항을 준용하고 있다. 두산백과 사전 참조.

5) 비전형담보계약은 소유권 그 자체를 담보도구로 사용하는 계약으로 소유권의 변동 없이 물권에 담보권을 설정하는 전형담보계약과 구분된다. 명순구, 민법학원론(박영사, 2017), 484면.

6) 차상휘 외 1인, "Sales & Leaseback을 활용한 중소기업 구조조정 활성화에 관한 법적 연구", 전북대학교 법학연구소, 「법학연구」 통권 제50집(2016. 11.), 226면.

7) 김정호, 상법총칙·상행위법(법문사, 2014), 34-45면.

〈표 1〉 환매와 재매매의 예약의 비교

구분	환매	재매매의 예약
목적물	부동산, 동산, 채권, 무체재산권등 인정	
성립시기	매매 계약과 동시 환매특약	제한 없음
금액의 제한	특약이 없으면 매매대금과 매매비용에 한정, 단 민법607조, 608조에 따라 다른 재산권으로 상환시 거래당시 정한 차용액과 이자를 초과하면 안됨	제한 없음 실질적으로는 매매대금, 이자 및 매매대금을 초과하지 않음.(무효가능성 높음)
존속기간	부동산 5년, 동산 3년	제한 없음, 단, 예약완결권은 형성권으로 10년 제척기간 도과시 소멸함
등기여부	매매등기와 동시에 환매특약 등기	청구권 보전 가등기 가능

선박의 높은 가격으로 매도인이 매입 선가를 기간별로 전액 납입하려면 임대차 기간이 보통 5년 이상의 장기간을 요하는 경우가 많아 기간제한이 있는 환매보다는 존속기간의 제한이 없는 재매매의 예약과 임대차계약의 결합이 조금 더 합리적인 법적해석이 될 수 있다.[9]

2. 선박금융 S&LB의 당사자

1) 선박매도자

(1) 해운사

해운사란 선박의 소유권을 가진 자이다. 통상 선박의 소유권자는 선박을 사용하고 수익하며 처분권능까지 가진 자를 말한다.[10] 선박의 소유권자는 선박의 소유와 이용에 있어 자신이 선박을 소유하는 자선의장자와 그 선박을 이용까지 하는 타선의장자로 구분할 수 있다.[11] 또 광의의 개념으로 타인의 선박을 임차하여 재용선 하는 선박용선자도 선박소유주로 볼 수 있다.

---

8) 선박소유권을 이전하지 않는 S&LB 계약 체결도 가능하다. 가령 선박매각 후 용선계약기간 동안만 선박을 사용하고 소유권 이전 없이 선박을 SPC에게 다시 돌려주는 구조를 만들 수 있다.
9) 차상휘 외 1인에 따르면 매도담보 계약시 구체적으로 법적 효력에 관한 내용을 확정해서 계약을 진행하므로 환매와 재매매의 예약에 큰 차이가 없음을 논의하고 있으나, 본고는 선박이라는 높은 가격으로 원리금 상환에 장기간이 필요하므로 재매매의 예약이 더 합리적인 법적 성질을 가진다고 논의함. 차상휘 외 1인, 전게논문, 227면.
10) 김인현, 해상법(제6판, 법문사, 2020), 66면.
11) 최종현, 해상법상론(박영사, 2014), 44면.

S&LB 계약에 있어 선박매도자 해운사란 선박의 소유권 유무에 상관없이 처분 권능을 가진 자이면 족하고 반드시 선박의 이용 또는 사용수익의 권한을 가질 필요는 없다.[12] 해운사가 S&LB 계약을 체결하는 주요 사유는 회사 유동성의 확보인 경우가 대부분이다.

(2) 조선소

조선소는 선박 발주자로부터 선박건조계약을 수주하여 선박을 제작하거나 수리하는 것을 영리활동으로 하는 자이다. 조선소는 발주자의 대금 납입 실패로 선박건조가 중단되거나 완성된 선박을 인도받지 않는 경우 선박처분 방법으로 S&LB 계약을 검토해 볼 수 있다. 즉, 조선소는 S&LB 계약을 통하여 선박소유권을 그와 관련된 SPC로 이전하고 선박 발주자에게 선박을 재용선하여 장기간 원리금을 상환 받는 구조를 택할 수 있다. 조선소는 선박매각 손실을 만회하는 기회를 가질 수 있고 반대로 선박발주자는 자금 납입의 부담을 경감하고 선박을 운용하여 선박대금을 상환한다는 점에서 상생의 이점을 가질 수 있다.

(3) 금융기관

금융기관은 업무용 부동산 외 투자 부동산 등을 가질 수 없다. 가령 은행법 제38조 2항(금지업무), 보험업법도 제105조(금지 또는 제한되는 자산운용), 여신전문 금융업법 제49조4항(부동산의 취득제한)은 투자부동산을 보유할 수 없도록 하고 있다.[13] 다만, 저당권 및 담보권실행인 경우 부동산을 소유할 수 있다. 하지만 금융기관은 부실자산을 소유할 경우 자사 건전성에 악영향을 미치게 되므로 실무적으로는 그런 자산을 보유하지 않는 경향이 있다. 결국 부실 해운사가 있는 경우 해외 SPC[14]를 설립하고 해운사는 선박을 SPC에 매각하여 재용선하는 계약을 진행해 볼 수 있다. 결국 금융기관은 차주를 신규 SPC로 변경하고 선박을 매입하여 채권의 정상화[15]를 도모해 볼 수 있다.

---

12) 선박금융 구조상 해외 SPC를 통하여 선박을 간접적으로 점유하는 경우가 많기 때문이다.
13) 증권사의 경우 증권업감독규정 제2-32조(경영개선권고) 제3항 제1호에 따라 부동산 취득에 따른 영업용순자본감소행위가 있는 경우 이를 금지토록 이행권고하고 있다.
14) 해외 SPC는 금융기관 또는 그 임직원이 설립할 경우 회계적 연결이슈가 발생하므로 보통 운용사, 해운사 등이 설립한다.
15) 금융기관내 해운사와 SPC금융의 신용평가 방법이 상이하다. 해운사는 개별기업에 따른 평가모형을 적용하여 회사가 원리금 연체 또는 기업회생신청 등 이슈가 있는 경우 부실등급으로 하향된다. 하지만 SPC금융은 차주가 SPC인 프로젝트 금융으로 선박의 현금흐름과 담보가치가 우량한 경우 이들 모두를 고려하여 정상 신용등급을 부여할 수도 있다.

2) 선박매입자

(1) 공기업

선박매입 공기업은 한국자산관리공사와 한국해양진흥공사가 있다. 공기업은 선박투자회사법에 따른 선박투자회사 및 자본시장법에 따른 집합투자기구를 통하여 해외 SPC를 설립하고 S&LB를 진행하고 있다.

(2) 선박운용사

선박운용사는 선박투자회사법에 따라 국내 증권시장의 상장을 전제로 한 공모방식과 상장 없는 사모방식으로 투자자금을 모집하고 있다.[16] 선박도입 및 대선은 주로 사모방식의 출자 형태가 많으며,[17] 해운시황 불황이 계속되는 경우 주로 공기업의 투자자금으로 해운사 보유 선박을 S&LB 계약을 진행하고 유동성을 공급하는 경우가 많다. 반면 불황이 없다면 수익사업으로 S&LB 계약을 만들어 일반 투자자 및 기관을 대상으로 사업자금을 모집할 수도 있다.

(3) 자산운용사

자산운용사는 자본시장법에 따라 집합투자업[18] 등록한 자로 선박 S&LB 관련 특별집합투자기구(특별자산펀드)를 만들고 자산의 구분과 배분의 안전성을 위하여 신탁업자와 자산위탁 보관 계약을 체결한다. 자산운용사는 특별자산펀드 내에서 선박뿐만 아니라 선박외 기타 우량자산도 같이 투자할 수 있어 선박 S&LB 계약의 위험을 분산할 수 있는 장점을 가진다. 다만, 선박운용사와 대비하여 선박의 특성 및 해운규제사항을 이해하는 데 전문성이 떨어진다는 비판도 있다.[19]

---

16) 선박 공모방식은 2002년부터 정부의 배당소득 비과세 및 양도소득세 감면 등 강력한 혜택이 있어 활성화되었으나 2008년 그 혜택이 폐지되고 이후 2억 이하 배당소득에 관한 분리과세 혜택까지 있었으나 2016년 1월부로 그 혜택이 모두 폐지되었고 공모 선박펀드는 현재 출시되지 않고 있다. 신장현, "선박투자회사법과 자본시장법에서의 선박펀드에 관한 고찰", 「한국해법학회지」 제39권 제2호(2017. 11.), 309면.

17) 선박투자회사는 사채 발행 및 투자자 인수의 방식으로도 투자자금 확보가 가능하다. 동법 제25조 제2항에 따르면 자본금의 10배를 초과하여 발행이 불가하도록 되어 있으나 동법 제53조 제2항에 의거 전문투자자일 경우 10배 초과 발행도 가능하도록 되어 있다. 실제 한국해양진흥공사는 S&LB 목적으로 후순위 선박금융을 진행하는 경우 선박투자회사가 발행한 사채를 인수하여 투자한 바가 있다.

18) 자본시장법 제6조 제1항에 따르면 집합투자업자는 이익을 얻을 목적으로 계속 반복적으로 투자자로부터 자금을 모집하고 일상적 운용지시를 받지 않으며 모집자금으로 자산에 투자하고 그 투자자산의 취득 및 처분, 운용에 따른 결과를 배분하는 자이다.

19) 신장현, 전게논문, 306면.

3) 선박용선자

선박용선자는 선박매입자 또는 그 SPC로부터 선박을 용선하는 자로 통상 최초 선박을 매각한 해운사가 된다. 한편 해운사와 같이 선박매도자로 분류된 조선소와 금융기관은 직접적인 선박용선자의 역할은 하지 않으며 선박건조계약과 대출계약에 근거하여 해운사가 선박 S&LB 계약의 용선사가 되도록 하고 있다.

3. 선박금융 S&LB의 활용방안

1) 유동성 공급

선박매입자가 선박을 매입하는 경우는 통상 선박의 시장가격이 대출잔액을 초과하는 경우이다. 이때 대출잔액을 초과하는 금액은 해운사의 유동성 자금으로 사용될 수 있다. 선박매입은 보통 선박의 시장가격과 선박의 현금흐름을 반영한 수익가치 중 작은 값을 적용하는 경우가 많으며 순수 시장가격으로만 인수하는 경우도 있다. 특이한 점은 우량 화주사와 장기용선계약이 있는 경우 수익가치가 높아 시장 매입가격 또한 높아지므로 유동성 공급이 커지는 장점이 있을 수 있다.

2) 신용등급의 제약 완화

선박 S&LB계약은 선박매각으로 제3의 해외 SPC가 대출차주로 변경되는 구조이므로 해운사의 신용등급과는 별개로 선박의 시장가치와 현금흐름을 담보로한 신규 계약을 체결할 수 있다. 해운사 자체적인 금융이 어렵거나 불가능한 경우 적극 고려해 볼 수 있는 계약인 것이다.

3) 선제적 구조조정

금융회사 입장에서는 대출차주 해운사의 워크아웃 또는 기업회생 이슈가 발생될 것으로 예상되는 경우 선박매각을 통하여 해운사가 선제적인 구조조정을 취하게 할 수 있다. 일반적인 자산매각은 회사의 미래 수익을 담보할 수 없는 방법이지만 선박 S&LB 계약은 선박을 임차 후 그대로 사용하는 계약으로 회사의 영리활동에 지장이 없게 되는 장점이 있다.

4) 선박소유와 운영의 분리

선박을 소유하는 방법은 단독소유와 공동소유로 구분할 수 있다. 통상 단독소유는 1인이 소유권을 가지는 구조이며 공동소유는 2인 이상이 선박을 소유하는 방법으로 상법 제756조의 선박공유방법[20]을 사용할 수 있고 선박투자회사법 및 자본시장법상 펀드를 구성하여 공동투자 후 수익을 배분받는 형태를 진행할 수도 있다.

선박 S&LB계약은 이들 선박투자자의 자금으로 SPC가 선박을 소유하게 하고 해운사가 선박을 임차하여 운용한다는 점에서 선박의 소유와 운영의 분리를 꾀할 수 있다. 해운사는 선박을 임차하는 경우 통상 소유권이전부 선체용선계약(Bareboat Charter Hire Purchase, 이하 'BBCHP')을 체결하게 된다. 해운사는 BBCHP계약 기간동안 선가의 할부 원리금에 해당하는 용선료를 SPC에 지급하고 용선계약기간 만료시 선박의 소유권을 다시 가져오게 된다. 반면, 해운사는 순수 선박용선만 하는 선체용선계약(Bareboat Charter, 이하 'BBC') 또는 정기용선계약(Time Charter, 이하 'Time Charter 또는 T/C')을 체결할 수도 있다. 이때 선박용선계약 완료 후 선박의 매각과 그 차익이 있는 경우 동 수익은 모두 해운사가 아닌 선박투자자가 배분받게 된다.

II. S&LB 선박금융의 현황 및 유형

1. S&LB 선박금융 지원 현황

국내 선박금융은 2008년 리먼사태와 2011년 대한해운 2013년 STX팬오션의 기업회생신청 및 2016년 한진해운 파산을 기화로 민간 선박금융은 저조한 가운데 한국자산관리공사 및 한국해양진흥공사 등 이른바 공적 금융기관의 S&LB 선박금융이 활성화되고 있다.[21] 두 기관 모두 해운사의 보유자산인 선박을 시장가에 매입하여 재임대하는 유동성공급을 주목적으로 하고 있다. 매입의 주목적이 국내 선박자산의 국외반출을 방지하고 해운사를 재건하는데 있는 만큼 일반 시중

---

20) 선박공유제도는 지분관계에 따른 의결권을 가진다. 다만 선박공유제도의 선박공유자는 선박 소유권에 있어 단체성만 있고 권리능력이 결여된 조직이며 상법 제764조 제1항에 따라 선박관리인을 선임하여 대리권을 수여하여야 한다는 점에서 일반 선박펀드와 차이점이 있다.

21) 정우영, "한국 선박금융 패러다임의 전환", 「BFL」 제90호(2018. 7.), 7면.

은행의 대기업 선호 정책과 보수적인 신용평가 시스템은 적용되지 않는다. 즉, 해운사가 일정 부분의 신용능력을 보유하면 선박 자체의 사업성과 환가성 등을 기반으로 선박매입을 진행하게 된다.[22]

2. S&LB 선박금융 지원 절차

해운사의 선박 S&LB거래는 다음과 같은 주요 절차를 거친다. 첫째, 공사는 S&LB 지원을 공고한다. 해운사가 직접 공사에 접수를 하며 선박운용사가 해운사와 접촉하여 접수하도록 마케팅 하기도 한다. 둘째, 선박평가 및 실사, 금융을 구조화 한다. 선박의 평가는 시장가치를 반영하나 자산관리공사는 선박의 수익적 가치를 반영하는 평가도 병행하여 특이점이 있다. 보통 매입가격은 시장가로 수렴하나 해운사는 높은 시장가를 요구하고 매입자는 외부기관의 보수적 가격을 제시하여 이해관계가 충돌 할 수 있다.[23] 선박의 실사는 매입하는 선박의 감항성[24] 여부를 점검한다. 아울러 해운사의 용선이행 능력과 선박의 운항수지 분석을 위한 사업성 평가도 병행한다. 또한 금융조건제안서를 해운사에 송부하고 해운사의 Mandate를 받는 경우 로펌을 통하여 금융약정서 작성을 시작한다.

셋째, 각 공사 내부의 선박투자와 관련한 위원회[25]에서 그간의 실사, 선박평가 및 사업성 평가자료 등을 근거로 선박의 매입여부를 결정한다.

넷째, 선박투자가 결정되면 선박투자회사 설립에 관한 해양수산부 인가를 받으며 국내 은행과 자산보관계약을 체결하고 해외 SPC 설립에 따른 자금 관리 계좌를 개설하고 외국환신고 업무도 진행한다.

마지막으로 선박대출약정을 체결하고 선박투자회사 앞으로 선박매입대금을 출자한다. 이후 선박투자회사는 SPC에 대출금을 집행한다. SPC는 대출금으로 해운사 선박을 매입하고 다시 해운사와 BBCHP, BBC 또는 Time Charter 계약을 완료한다.

---

22) 두 기관 모두 국내외 신용정보기관의 기본정보는 참조하고 있으나 시중은행과 같은 재무능력 위주의 평정시스템을 적용하지는 않고 있다. 다만, 양 기관 모두 사전실사(due diligence)와 사업타당성 조사(feasibility study)를 통하여 선박의 적정매입가치와 사업성 등을 종합하여 매입지원을 검토한다.
23) 한재준, "중소기업 구조조정과 세일앤리스백에 대한 검토", 「캠코리뷰」 제5호(2015. 3.), 56면.
24) 감항성(Seaworthiness)이란 선박의 정상적인 항해가 가능한 상황으로 보통 선체 및 기관에 이상이 없고 선장과 선원에 결원이 없으며, 연료와 청수 등도 준비되어 운항 준비가 완벽하게 된 상태를 말한다. 해양수산용어사전, 해양수산부 기획재정담당관실, 2016. 6.
25) 자산관리공사는 리스크관리위원회 및 이사회를 개최하고 해양진흥공사는 투자보증심의위원회를 개최한다.

3. S&LB 선박금융의 유형

[그림 1] S&LB 금융구조도[26]

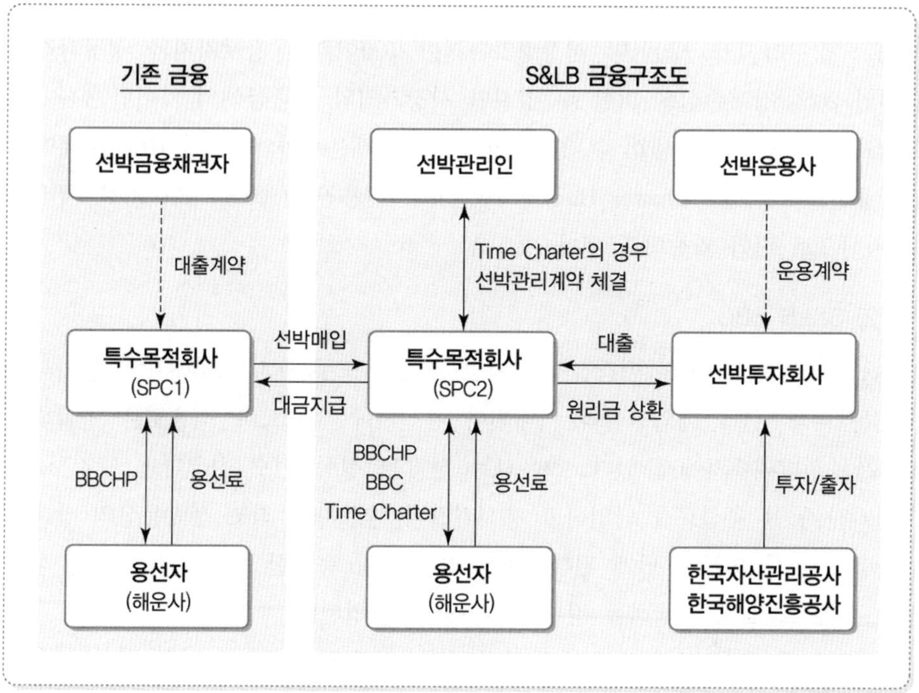

(1) S&LB BBCHP

해운사는 SPC1을 통하여 BBCHP로 선박을 보유중이거나 국적선으로 자체 소유중인 선박이 있는 경우 S&LB를 위하여 설립된 SPC2에 선박을 매각한다. 공사는 선박투자회사에 선박매입대금에 해당하는 금원을 출자하며 선박투자회사는 SPC2에 선박매입대금을 대출한다. SPC2는 선박을 매입하고 해운사와 BBCHP계약을 다시 체결하며 관련 용선료를 전액 상환하면 용선사에게 선박 소유권을 이전한다.

선박을 매각하는 경우 선박매각 금액과 기존 해운사 재무제표에 계상된 선박장부가치금액의 차이가 발생할 수 있다. 선박매매가격이 장부가치보다 높다면 해운사의 유동성 자금으로 사용이 가능한 장점이 있지만 반대라면 장부가치 훼손을

---

26) 정우영, 전게논문, 12면 [그림 5] 참조 각색.

피할 수 없다.[27] 또한 SPC1으로부터 매입하는 매매계약금액을 대출금액만큼만 약정한다면 장부가치 대비 해운사의 장부상 손실이 과다해질 수 있다. 그러나 해당 선박은 시장평가가격으로 재평가 된 것이 있는 만큼 시장선가로 매매계약을 체결하면 장부상 손실을 줄일 수 있는 것이다. 가령, 선박투자회사의 대출금액이 70이고 장부가치가 120이며 시장평가가격이 100이라면 장부가치와 시장가격의 차이인 20의 장부손실은 피할 수 없지만 시장가격과 대출금액의 차이인 30은 재무제표의 자산으로 계상할 수 있다. 30은 보통 해운사와 SPC2간 BBCHP계약의 선급용선료(Advance Charter Hire)나 해운사의 신용공여(Seller's Credit)로 처리하면 자산으로 편입 가능하게 된다.

(2) S&LB BBC

S&LB BBC는 선박의 매각절차와 자금 조달은 모두 S&LB BBCHP와 동일하나 BBC는 추후 선박 매입권리와 기대권이 용선사에 없으므로 소유권은 명확하게 SPC2인 선박매수자에게 있다. 해운사는 선박을 정상 인수 하였다면 단지 BBC 약정기간 동안 용선료를 납입하고 용선기간이 만료하면 최초 선박용선의 상태로 선박을 반환할 의무만 남게 된다. 다만 BBCHP와 동일한 선박매각 방식이 사용되므로 매각손실이 발생하는 경우 재무제표에 반영된다.

한편 BBC 용선료는 BBCHP와 같이 대출 원리금에 상응한 선가 상환의 용선료 약정이 아닌 시장운임에 연동한 용선료를 책정한다. 가령 시장운임이 100이고 선박운항비가 60이라면 40의 범위 내에서 용선 해운사의 적정 이윤 및 물가상승률 등을 공제하고 BBC용선료를 협상하는 것이다. 주의할 점은 용선료 지급시 선박사용에 따른 임대소득에 관한 원천징수세가 발생한다는 점이다.[28] S&LB BBC는 선박매각에 있어 BBCHP와 같은 초기 신용공여의 부담이 없으며 선박투자회

---

27) 선박매각가격이 장부가치보다 높은 경우 회계처리는 한국채택국제회계기준 제1116호 IE11, '사례 24. 판매후 리스거래'를 참조.

28) 법인세법 제98조(외국법인에 대한 원천징수 또는 징수의 특례) 제3항 제1호에 따라 국내원천 선박 임대소득은 2.2%(지방세 0.2% 포함)를 부과한다. 다만, 과거 2013년 법인세법 제98조 제1항과 국제조세조정에 관한 법률 제29조의 개정으로 해외 조세 체약국가와 국내 장비사용료중 낮은 세율을 적용하여 세금을 부과한 적이 있었다. 이는 임대소득으로 간주하는 것이 아닌 장비사용료에 관한 세금으로 파나마 같은 경우 3%의 BBC 원천세가 부과된 적이 있다. 조세의 부과기준이 항시 변경 될 수 있는 만큼 주기적인 세금납입의 점검이 필요하다. 한편 BBCHP는 법인세법 시행령 제68조 제3항의 장기할부매매계약으로 분류하여 사업소득으로 간주하여 별도 원천징수가 없으며 Time Charter의 경우 법인세법 시행규칙 제62조 2항에 따라 국제운수소득에 포함하여 비과세 하고 있다. "단순BBC 잘못 용선하면 세금 폭탄맞아", 「쉬핑데일리」, 2017. 9. 12. 신문기사.

사 앞 대출금 이행 약정도 없어 해운사의 재무위험을 낮출 수 있는 장점이 있다.[29] 또한 해운사는 선박의 감가상각을 부담하지 않는 장점이 있다. 반면 선박의 가격이 상승하는 경우 선가 차익을 향유할 수 없는 것은 단점이 된다.

(3) S&LB Time Charter

S&LB Time Charter계약은 선박의 매각절차와 매각 손실 발생시 손실금을 재무제표에 반영하는 것은 BBCHP 및 BBC 금융과 동일하다. 또한 선박의 소유권도 BBC와 같은 사유로 SPC에 있다. 다만 선장 및 해원의 고용이 해운사가 아닌 선주사인 SPC2에게 책임이 있고 선박운항과 관련한 해기사항의 과실책임도 선박매수인 SPC2에게 있으므로 선박운항에 경험 없는 SPC2는 외부의 전문 선박관리사와 선박관리계약을 체결하게 된다. 선박관리계약은 선원의 채용과 교육에 국한된'선원 송출형 선박관리', 선박의 선원송출에 선박의 정비, 유지 및 기술적 감독까지 실행하는'기술적 선박관리'및 선박의 선원 및 기술적 선박관리에 더하여 선박의 운송까지도 계약을 체결하는 '상업적 선박관리'로 구분할 수 있다.[30]

S&LB Time Charter계약은 선박매도인이 정기용선계약자가 되므로 별도의 영업 위탁계약이 필요하지 않다. 즉 제3자와 상업적 선박관리계약이 아닌 기술적 선박관리계약을 통하여 선박 운항상의 관리와 보험유지 등 해상위험에 대비할 필요가 있다. 아울러, 선박의 사용에 관한 상사적 사항은 선박용선자인 선박매도인에게 책임이 있는 만큼 정기용선자의 권리사항 중 선장지휘권, 선하증권 발행에 관한 대리권 및 선원행위 시정 요구권 등은 용선사의 요청대로 따르도록 하며 반면 용선자의 의무사항인 안전항 지정의무, 적법화물 운송의무 및 선박반환의

---

29) 보통 BBCHP계약은 SPC2와 선박투자회사 간 대출약정의 Event of Default가 발생하는 경우 용선계약도 동일하게 해지 사항이 구성되게 하여 결국 해운사가 SPC2 앞으로 대출 손실금에 해당하는 금액만큼을 손해배상을 하도록 Cross-default 조항을 삽입하고 있어 사실상 해운사가 선박투자회사 앞으로 연대채무를 지도록 한다.

30) 선원 송출형 선박관리는 대리인인 선박관리사가 선박소유주 명의로 선원과 고용계약을 체결하는 계약이다. 선박관리인은 단지 선원 송출과 관련한 부분을 책임지고 그 책임 범위를 벗어나는 행위가 있는 경우 민법 제130조에 따른 무권대리가 형성되므로 선박 소유주는 책임이 없게 된다. 기술적 선박관리는 운항과 관련하여 위임인인 선박소유주가 수임인인 선박관리사에 선박의 물리적 관리를 위탁하는 계약으로 민법 제681조에 따라 수임인인 선박관리사가 선량한 관리자로서의 의무를 다하는 계약이 된다. 선박의 위임범위에 하자가 있는 경우 수임인은 그 범위를 조정요청 할 수 있다는 점에서 앞선 대리계약과는 차별화된다. 마지막으로 상업적 선박관리는 상법 제113조와 동법 제102조에 따른 준위탁매매인으로서 선박관리사가 선박관리를 기본으로 선박소유주의 계산으로 운항계약까지 체결하여 수수료를 제외한 부분을 모두 선박소유주에게 귀속하도록 하는 계약이다, 양석완, "선박관리회사의 대내외적 법률관계", 「국제거래법연구」 제24권 제1호(2015. 7.), 197-217면.

의무 등에 있어 위반사항이 있다면 선박관리사로부터 즉시 보고받도록 하여야 한다.[31]

Ⅲ. S&LB 선박금융의 주요계약

1. 대출계약

S&LB 대출계약은 선박을 매입하는 투자자가 선박투자회사 또는 특별집합투자기구에 출자, 채권매입 또는 대출금으로 자금을 공여하며 이들 투자자금은 해외 SPC에 비거주자 선박금융 대출을 진행한다. 선박금융 대출은 아래와 같이 일반적인 국제금융계약서에 준하는 내용이며 다만 선박이 신조선 또는 중고선인 경우 선박인도전과 인도후로 나누어 금융을 진행한다. 대출계약서 제14조 채권보전에서 선박인도전은 주로 선수금환급보증서를 담보로 선박인도후는 건조 완료된 본선 담보, 용선계약 양도, 해상보험 및 자금관리계좌 질권설정 등의 채권보전을 취하게 된다.

〈표 2〉 선박금융 대출계약서 주요목차[32]

1조 해석 - 용어정의	10조 세금 등 - 차주의 조건 없는 세금 납입 및 추가지급
2조 대출약정 및 사용목적 - 선박인도전 금융 / 선바인도후 금융	11조 차주의 진술 및 보증 - 법인격 및 자격, 법적능력 및 권한 - 차입 등의 승인, 인허가 - 정보제공의 진실성 확인 - 법령의 준수 및 부도, 소송 없음 확인
3조 인출 - 최초인출의 선행조건, 선박인도일의 선행조건 - 공통된 선행조건 - 인출요청의 취소불가능 - 대출약정의 실효	
	12조 적극적 의무이행사항 - 재무제표 제공, 제세공과금 납입 - 인허가 및 사업의 유지 - 통지(기한이익상실 사유 발생시 즉시 통지) - 추가담보의 제공(LTV위반 등 발생시) - 선가 및 선급유지의무, 보험의무
4조 이자 - 이자기간 및 계산	
5조 상환과 조기상환 - 자발적 조기상환, 비자발적 조기상환	13조 소극적 의무이행사항 - 차주 구조조정 제한

---

31) 선박용선자의 중요한 의무인 용선료 지급의무 및 운항상의 비용분담 의무는 선박관리의 물리적 부분보다는 선박운용상의 관리라 판단되므로 SPC를 대신하여 선박운용사가 그 이행을 지속 점검하여야 한다.

32) 선박금융은 은행거래기본약관 및 계약서를 사용하지 않고 개별약정을 한다. 로펌마다 계약서 양식이 조금씩 상이하나 기본적인 내용(대출조건 및 주요 준수사항에 관한 내용)은 위와 같이 대동소이하게 형성된다.

6조 수수료 및 비용
  - 금융주선수수료, 설정비용, 집행비용, 세금
7조 변제의 충당
  - 충당순서(비용 → 연체이자 → 이자 → 원금)
  - 영업일(한국, 뉴욕, 계좌개설 국가등 반영)
8조 법률의 변경
  - 위법(대주의 위법사항 발생시 대출 불가통지)
  - 추가비용(변경된 법률비용 차주가 보상)
9조 시장붕괴
  - 시장붕괴 정의
  - 대체기준금리 합의 및 결정
  - 취소와 조기상환
  - 신용조사 및 부채비율등 재무적 준수수항

  - 사업서류 및 본건 선박의 변경 제한
  - 우선권의 유지 (선순위 담보제공금지)
14조 채권보전
15조 기한의 이익상실
  - 기한의 이익상실사유 및 권리와 구제
16조 연체이자 및 손해배상
17조 양도와 영업점
  - 차주(차주변경 금지)와 비밀유지
18조 대리은행과 대주들
19조 준거법 및 관할
20조 통지
21조 기타

2. 선박매매계약

대출계약 이후 해외 SPC는 선박을 매입하게 된다. 이때 사용되는 S&LB 선박매매계약서는 보통 해운실무에서 사용하는 노르웨이 선박매매계약서(NSF: Norweigian Sale Form)나 일본 선박매매계약서(NIPPONSALE)가 아닌 로펌의 개별 약정서를 사용하고 있다. 매매계약의 주요 내용은 아래와 같이 선박매도자로서 선박사용에 법적 제한사항 및 비용 등의 문제를 해결해 주어 선박매입자가 선박의 소유권을 획득하고 선박의 사용에 문제가 없도록 하는데 있다. 선박매매대금 지급일자는 특정일자 또는 특정기한내로 정하는 경우가 많으며 대금 지급일이 확정되면 해당일자에 특정장소를 정하여 양 당사자가 모여 선박과 관련한 소유권 이전 작업을 선박매매대금의 지급과 함께 마무리한다.

〈표 3〉 S&LB 선박매매계약 주요내용

구분	계약 내용
매매계약 당사자	· 선박매도자 : 해운사 또는 해운사 보유 해외 SPC · 선박매입자 : 선박투자회사 또는 집합투자기구 설립 해외 SPC
매매대상 선박	· 선박의 주요 명세 기재(IMO 번호, 선박 DWT, 크기 등 특정)
매매계약 내용	· 선박매매가격 · 선박용선계약(선박매입자 앞 선박 인도시 즉각 체결) · 체결 예정 용선계약 : BBCHP, BBC, Time Charter 중 선택 · 당사자간 선박의 인수도 서류(PODA) 작성

	· 선박인도일 및 인도장소 지정(이하 'Closing') · Closing시 선박매도자의 주요 제공 의무 - 선박 Bill of Sale 제공, 선박 근저당 등 모든 담보 해제 등
선박매도자의 진술 및 보장	· 선박 관련 각종 등록, 채무 및 제한 사항등을 모두 해제 · 선박 관련 각종 소송, 중재 및 정부의 조치사항 등 없음 · 선박과 관련한 기국의 세금 및 각종 비용 등을 지급 완료 · 본 계약과 관련한 중대한 사실에 거짓이나 누락이 없음
선박매도자의 준수사항	· 선박매입자가 합리적으로 요청하는 서류 제공에 협조할 의무
선박매도자의 손해배상	· 선박매도자는 본 계약상의 (a) 진술 및 보장을 위반하거나 (b) 주요 의무사항을 위반하여 선박매입자 앞으로 손해(클레임, 벌금, 법적소송등)를 발생시키는 경우 전액 배상하여야 함

3. 선박임대차계약

해외 SPC가 선박을 매입한 이후 선박매도자이자 용선사인 해운사와 선박임대차계약을 체결하게 된다. 선박임대차는 보통 BBCHP계약을 주로 체결한다. 본 BBCHP계약은 일반적으로 대출계약에 연동되어 SPC가 수취하는 선박용선료를 대출원리금에 상환토록 하며 SPC가 대출계약에서 준수하는 모든 의무를 선박용선사가 이행하도록 하고 있다.[33) 또한 용선사는 SPC의 동의 없이 선박과 관련한 어떠한 변경 또는 법적 제한사항을 실행하지 못하도록 하고 있다.

임대차 계약을 BBC 또는 Time Charter로 하는 경우 아래 BBCHP와 달리 용선사의 대출계약 이행의무가 없는 내용을 주로 담는다. 다만 선박의 중요한 변경사항은 SPC의 동의 없이 실행하지 못하도록 하며 용선료 미지급시 손해배상 책임을 지는 것은 동일하다. 반면 선박의 임대차계약이 종료하는 경우 BBCHP계약과 달리 SPC 앞 선박 반선의무를 두도록 하며 이때 선박은 선박이 처음 인도되던 상태로 반선하도록 하고 있다.

---

33) 대출계약에 기한이익상실사유가 발생하는 경우 임대차계약도 모두 해제되도록 하며 반대로 임대차계약 해지사유도 대출계약의 기한이익상실사유를 구성하게 된다.

〈표 4〉 S&LB BBCHP 계약의 주요 체결내용[34]

구분	조항	내용
1조	정의 및 해석	계약의 주요 용어의 정의
2조	진술 및 보증	선박소유주의 진정한 소유주임을 확약하며 저당권 설정에 법률적 제약이 없음을 확인
3조	임대차합의	선박은 용선자에게 소유권 이전부로 용선계약 됨을 확인
4조	용선료 지급	용선료 지급에 상계 등이 허용되지 않음, 절대적 의무사항임
5조	용선개시 선행조건	대출약정서에 명시되는 대출금 인출선행 조건을 모두 기재함
6조	선박의 인도	선박의 인도장소와 방법, 절차 등을 기술
7조	선박의 등기 및 등록	용선사가 선박소유자인 SPC를 위하여 선박의 등기등록 절차를 거침
8조	보험	대출약정을 참조하여 해상보험의 가입, 갱신, 추가보험을 가입하는 등 주요조건을 정함
9조	선박의 손실 및 징발	선박의 전손이 있거나 나포되는 경우 용선주의 의무를 규정함
10조	선박과 부속물의 사용	용선자는 채무 불이행이 없는 한 선박을 완전히 사용할 권한을 가짐, 다만, 선박의 소유권 침해 및 불법적인 행위가 없어야 함
11조	선박의 유지 및 운영	선박은 선주의 동의 없이 구조변경 될 수 없음 용선사는 적정 선급유지, 보험가입 및 수리 등 관리의무가 있음
12조	선박 유치권 및 보상	용선사는 선박에 담보설정이나 법정담보를 행사할 수 없음 선박의 나포가 있는 경우 1개월내 해결하여야 하며 이와 관련하여 선주에 손해가 있는 경우 모두 보상하여야 함
13조	용선료 지급	대출약정상 SPC가 대주에 지급할 모든 금원
14조	용선계약 해지	용선계약상 채무불이행 사유 열거, 대출계약의 준수사항을 반영함
15조	선박매입 옵션	용선자가 선박 매입을 할 수 있는 권리를 기재한다.
16조	용선계약 종료전 옵션	용선기간 만료전이라도 15조에 따른 선박매입의 권리를 가짐 만약 용선계약상 손실금이 있는 경우 모두 선주에게 지급하여야 함
17조	용선사의 계속되는 의무	용선계약이 만료후에도 용선계약에 따른 선주 앞 미지급금이 있는 경우 계속적인 지급 의무가 있음
18조	연체료	대출금의 연체이자와 연동
19조	양도	선주 허락없이 용선계약의 지위 양도는 불가하며 용선자의 권리를

---

34) S&LB거래의 BBCHP계약서는 해운업계의 Barecon과 같은 실무 용선계약이 아닌 금융계약에 준한 계약서를 가정하였으며 실무에서 사용하는 기본 계약적 내용을 참조하였다. 정우영 외 2인, 전게서, 384면.

		선박금융채권자에게 양도할 수 있음
20조	세금	지급용선료는 원천징수 등 모든 세금을 용선자가 부담한 후 금액임
21조	중대사정 변경	법령 및 세금의 변경, 대출약정에 따른 이자부담의 증가 등이 있는 경우 모두 용선사가 부담함
22조	배상	어떠한 사유로든 선주가 손해를 입으면 용선사가 배상함
23조	기타	통지방법, 준거법과 관한재판지 설정
별첨	-	용선료 상환표

Ⅳ. 선박금융과 S&LB 선박금융의 비교

선박금융과 S&LB 선박금융의 가장 큰 차이점은 금융목적으로 일반 선박금융은 수익목적을 S&LB 선박금융은 해운사의 유동성지원이 주요 목적이다. 자금지원시 일반 선박금융은 해운사의 신용등급에 주안점을 두게 되고 S&LB 선박금융은 선박의 현금흐름에 주안점을 두게 된다. 물론 일반 선박금융도 BBCHP계약과 용선 해운사의 장기운송계약이 있는 경우 프로젝트파이낸스 방식[35]을 통하여 선박현금흐름을 더 중요시 할 수 있으나 금융기관의 보수적 문화로 해운사의 신용능력은 금융지원의 필수적 요소로 인식된다. 아울러 금융의 지원방식은 양 금융방식 모두 대동소이하나 S&LB 선박금융의 경우 용선계약을 BBC 또는 Time Charter 계약(이하 'T/C')도 가능하여 조금 더 다양한 금융구조를 만들 수 있다.[36] 아울러 선박의 담보권 집행시 기존 해운사를 배제하고 새로운 해운사에 재용선하는 선호는 모두 같다. 하지만 BBCHP계약의 경우 기업구조조정 촉진법 또는 기업회생의 대상이 되는 경우 상황에 따라 선박처분이 자유롭지 못할 수도 있으며 선박을 사적매각으로 진행하여도 해운사의 선박 점유이전에 관한 저항도 만만치 않으므로 선박경매를 선호하게 된다. 반면 S&LB 선박금융은 BBC와 Time Charter 용선계약 체결도 가능한 만큼 선박소유자에 준하여 선박을 SPC앞으로 환취하여 해운시장에서 사적매각을 검토해 볼 수 있다.

---

35) 프로젝트 파이낸스(Project Finance)는 특수목적회사(SPC)를 설립하여 제공되는 금융으로 프로젝트 자체의 현금흐름을 상환재원으로 하고 프로젝트의 주요 자산을 담보로 하되 사업주에게는 소구권(溯求權)을 제한하거나 완화하는 금융을 의미한다. 반기로, 「프로젝트 파이낸스」, 한국금융연수원, 2013, 5면.

36) 일반 선박금융도 BBC 또는 Time Charter 계약을 체결을 용인하는 경우도 있으나 일반적이지는 않다.

〈표 5〉 일반 선박금융과 S&LB 선박금융의 비교

구 분	선박금융	S&LB 선박금융
금융목적	대출이자 및 수수료 획득	해운사 유동성 및 자산재구조화 지원
지원기관	금융기관	공기업(자산관리공사, 해양진흥공사등)
신용평가	내부 신용평가	신용평가 실시 여부 유동적
평가순위	1. 해운사 신용능력, 2. 선박현금흐름	1. 선박현금흐름, 2. 해운사 신용능력
지원결정	심사위원회	선박 인수관련 위원회
대주	금융기관, 협조융자	선박투자회사 또는 집합투자기구
차 주	해외 SPC 또는 해운사	해외 SPC
선박평가	시세평가 또는 감정평가	시세평가 또는 수익평가
대출비율	선박감정가의 50%~70%	선박가치평가의 60%~95%
대출순위	상업은행: 단독투자 또는 선순위투자 캐 피 탈: 단독투자, 후순위투자, 리스	단독투자 또는 후순위투자
용선계약	BBCHP 또는 해운사 직접운항	BBCHP, BBC, T/C
담보관리	담보수탁은행(Security Agent) 지정	선박운용사 또는 자산운용사
담보집행	협조융자시 대주단 2/3동의	단독의사결정, 후순위투자자는 선순위에 종속
특이사항	- 대출 및 용선계약 Cross-Default[37)] - 선박의 물리적 관리 미약 - 담보실행시 재용선 또는 경매 선호 - 선박매각시 차익 수취 없음	- 대출계약과 용선계약 별개 계약 가능 - 선박소유주에 준한 선박관리 - 담보실행시 재용선 또는 사적매각 선호 - 선박매각시 BBC, T/C 차익 수취 가능 - T/C계약시 선박관리사 지정 필수

Ⅴ. S&LB 선박금융의 법적 쟁점사안

1. 국내 선박등록 및 근저당 설정

S&LB 선박금융의 주요 당사자가 모두 국내 회사인 경우 계약체결, 분쟁해결 및 담보권 실행에 있어 법적판단의 예측력을 높이기 위하여는 국내법 적용이 중요하다고 판단되나 현실적으로는 대부분 해외 SPC를 사용하고 있다. 그 주요 사

---

37) Cross-Default(교차채무불이행)는 앞서 살펴본 바와 같이 대출계약의 주요 준수사항 및 기한이익 상실사유를 BBCHP계약에 반영하여 BBCHP계약 위반시 자동으로 대출약정도 기한이익상실사유가 구성되도록 하는 것이다. 반면 S&LB는 BBC와 T/C의 경우 대출약정의 주요 내용을 선박 임차인인 용선사에 강요할 수 없으므로 용선료의 미지급, 용선계약 해지 또는 종료 사유만 대출약정의 기한 이익상실 사유로 정하게 된다.

유는 채권보전상 국내 기업구조조조정촉진법(이하 '기촉법')과 채무자 회생 및 파산에 관한 법률상 채권단에 SPC가 편입되지 않게 하기 위함이다. 국내 SPC는 국내법 적용으로 기촉법상 선박처분 제한에 관한 채권단의 결의 또는 법원의 회생 담보의 판단이 있는 경우 선박의 처분에 있어 자유로울 수 없을 가능성이 높다. 이는 해운사의 신용위험을 분리를 어렵게 하여 결국 선박 S&LB계약 활성화에 제약이 된다.

2. 국제회계기준(K-IFRS) 도입에 따른 영향

2019년 1월 K-IFRS 제1116호 발효로 해운사의 1년 초과 용선계약은 일괄 회사의 리스부채로 인식하게 하도록 강제화되었다. 물론 중소기업은 배제되고 상장사 및 그 계열사에 한정되는 회계기준이지만 BBC와 Time Charter와 같이 소유권 이전이 없는 명백한 선박임대차 계약의 용선료도 회사의 비용으로 처리하지 못하는 단점이 생기게 되었다. 결국 법인비용으로 처리 가능한 용선료를 모두 부채로 인식하게 됨에 따라 해운사의 재무능력이 저하되었다. 결론적으로 동 회계기준 발효로 기존 금융리스 및 전액 부채로 인식되던 BBCHP보다 유리한 회계상 이점을 누릴 수 없게 되므로 S&LB 선박금융은 S&LB BBCHP 일변도로 금융의 다양성에 제한을 가하게 되었다.

VI. 제   언

S&LB 선박금융 계약은 2008년 글로벌 금융위기 이후 국내 해운사의 도산이 계속되는 시점에 유동성 위험이 있는 해운사의 선박자산을 시장가에 매입하여 회사에 유동성을 공급하며 해운사는 매각한 선박을 다시 운용하여 계속기업으로서의 활동을 지속하게 하는 중요한 자금공여 수단으로 자리매김 해오고 있다. 다만 계속되는 해운시장의 부침에 민간 선박금융의 활력은 떨어지고 현재는 국내 공기업에서만 S&LB계약이 진행되고 있어 아쉬움을 더하고 있다. 아울러 국내 SPC 활용의 어려움과 국제회계기준의 용선계약 일괄 부채인식으로 S&LB 계약의 다양성을 찾기 어려운 점이 있어 왔다. 향후 국내 SPC도 해외 SPC와 같이 회사 위기시 신용위험을 분리할 수 있는 방안을 마련하여 S&LB계약상의 각종 분쟁발생시 그 해결등에 법적 예측력을 높일 필요가 있어 보인다. 아울러 국제회계기준상의

문제점은 S&LB BBC와 S&LB Time Charter 계약이 자기자금 부담이 없고 선박 가치의 감가상각이 없는 장점 등을 부각하며 필요한 경우 선박매각시 매각차익을 해운사도 공유할 수 있는 계약구조를 제공한다면 S&LB 계약의 다양성은 충분히 마련될 수 있을 것이라 예상된다.

제 8 장

HMM 전환사채(CB) 및 영구전환사채*

이상석 한국해양진흥공사 항만물류금융팀장

I. 머리말

1. 개   요

HMM의 최대주주는 현재 20.7%를 보유한 산업은행(이하 '산은')과 19.7%를 보유한 한국해양진흥공사(이하 '해진공')이다. 주식과는 별개로 두 기관의 영구전환사채도 약 2조 6,798억원이 남아있다. 이를 모두 전환하게 되면 두 기관의 보유지분도 약 74.08%로 급등하게 된다.

2021년 10월 소액주주들은 해진공 본사 사무실에서 대규모 집회를 진행했다. 집회 사유는 영구전환사채의 주식전환 청구권을 행사하지 말라는 내용이었다. 소액주주들이 주장하는 내용이 무엇인지 왜 그런 주장을 하는 것인지, 해진공과 산은은 왜 소액주주들의 반대에도 전환권을 행사한 것인지에 대해 금융기관 종사자의 형사상 책임과 관련하여 알아본다.

2. HMM의 주식가치

HMM은 현재 창사 이래 최대의 영업실적을 올리고 있다. 올해 상반기에만 6조원를 넘는 영업이익을 기록하고 있고, 올해 말까지 11조의 현금보유가 예상된다.[1] 그럼에도 현재 시가총액은 12조원에 불과하며, 주가수익비율(PER)[2]은 1.96

---

* 본고는 필자가 선박건조금융법연구 제44회(2021. 11. 5.)에서 발표한 내용을 정리한 것임.
1) 2022년 상반기 매출 9조 9,527억원, 영업이익 6조 858억원(한국거래소 공시자료).
2) Price earning ratio: 주가가 그 회사 1주당 수익의 몇 배가 되는가를 나타내는 지표로 주가를 1주 당 순이익(EPS: 당기순이익을 주식수로 나눈 값)으로 나눈 것이다.

배(2022년 3월 기준)로 영업 실적이 주가에 반영되지 못하고 있다. 같은 기간 글로벌 경쟁 선사의 PER가 20배인 것을 비교하면 크게 저평가 되어 있다. 또한 글로벌 컨테이너 선사와 비교해도 역시 낮은 수준인 것을 알 수 있다.

〈표 1〉 글로벌 컨테이너선사 Peer Group(2021년 11월 기준)

구 분	시가총액 (백만달러)	PER	PBR[3]	EV/EBITDA[4]	ROE[5]
HMM	10,512	2.4	1.0	2.2	46.8
머스크	56,376	3.7	1.1	3.0	33.2
하팍로이드	43,114	5.8	2.2	4.1	48.5
COSCO	35,041	4.6	1.3	2.8	26.2
OOCL	11,536	2.4	1.0	1.6	44.3
에버그린	22,277	3.8	1.6	2.8	42.3
완하이	13,699	6.4	2.0	3.7	42.2

출처: Bloomberg

Ⅱ. 전환권 행사 관련 쟁점

1. 상법상 전환사채 등

우리 상법 제2장은 주식회사를 규정하며 사채 중 특수한 사채로 전환사채(이하 'CB'), 신주인수권부사채(이하 'BW'), 기타 특수한 사채를 규정하고 있다. 또한 상법 이외의 규정에 의한 사채도 있다. 전환사채란(Convertible Bond) 사채로 발행되나 일정 기간이 지나면 채권 보유자의 청구가 있을 때 미리 결정된 조건대로 발행회사의 주식으로 전환할 수 있는 특약이 있는 사채를 말하며(상법 제513조 제3항. 제418조 제2항), 신주인수권부 사채란(Bond with Warrant) 발행회사의 주식을 매입할 수 있는 권리가 부여된 사채로 미리 약정된 가격에 따라 일정한 수의 신주 인수를 청구할 수 있는 사채를 말한다[6](상법 제418조 제1항). 기타 특

---

3) Price Book value ratio: 장부가에 의한 한 주당 순자산(자본금＋자본잉여금＋이익잉여금)으로 나누어서 구한다. 주가／주당순자산[(총자산－총부채)/발행주식수].

4) Enterprise Value／EBITDA 시장가치를 세전영업이익으로 나눈 값으로, 기업 가치를 세금과 이자를 내지 않고 감가상각도 하지 않은 이익인 EBITDA로 나눈 값이다.

5) Return on equity: 투입한 자기자본으로 어느 정도의 이익을 올리고 있는가를 나타내는 기업의 이익창출능력이다. 당기순이익/자기자본×100.

수한 사채로는 이익참가부사채, 교환사채, 상환사채가 있다. 이익참가부 사채는 사채권자가 이자를 받는 이외에 이익배당에도 참가할 수 있는 사채이며, 교환사채·상환사채란 발행회사가 보유하는 유가증권으로 교환 또는 상환할 수 있는 사채를 말한다. 종래 자본시장법에서 규정하던 것을 2011년 상법 개정으로 상법에 발행 근거를 두게 되었다[7](상법 제469조 제2항 제1호 내지 제2호). 상법 이외에 담보부사채신탁법에 의한 담보부사채, 자본시장법에 의한 조건부 자본사채 등도 있다. 이하에서는 상법에 규정하고 있지 않은 신종자본증권에 대해 알아본다.

2. 신종자본증권

1) 개 념

신종자본증권이란 주식과 채권의 중간적 성격을 가지는 혼성증권으로 일정한 자본적 안정성 요건을 충족하여 은행감독당국이 은행의 기본자본으로 인정하는 증권으로 정의할 수 있다.[8] 또한 주식과 회사채의 특성을 동시에 지닌 유가증권으로 일반기업이나 은행의 자본 확충의 목적으로 발행되는 증권으로 정의하기도 한다.[9] 신종자본증권은 채권의 성격이 강하면서도 회계 처리상 자본으로 인정되는 특징을 가지므로, 지분율 변동 없이 자본금을 확충하고자하는 기업에서 주로 발행한다. 통상 만기가 30년 이상이고, 발행사가 발행일로부터 5년 후 조기상환 청구권(콜옵션)을 가지며, 상환권을 미행사하는 경우 가산금리(Step-up)를 부과하여 조기상환을 유도한다. 주로 자본 확충의 목적이 강하며 금리수준, 만기, 대주주 지분율 등 조건을 다양하게 고려하여 발행이 가능하다.

2) 발행 근거

상법에서 규정하지 않는 신종자본증권의 발행 근거는 금융위원회와 금융감독원의 감독규정이다. 당초 취지의 도입 목적은 은행들의 BIS자기자본 확충을 돕기 위해서였다. 2002년 11월에 은행업감독규정, 2003년 4월 은행업감독업무시행세칙 개정을 통해 신종자본증권이 기본자본(Tier 1)으로 인정되어 시중은행 중심으로 발행이 증가하였다. 기업회계기준(K-GAAP)[10]에서는 계약의 실질에 따라 자

---

6) 송옥렬, 상법강의(홍문사, 2017), 1164면.
7) 상게서, 1173면.
8) 고창현, "신종자본증권", 「민사판례연구」 제27권(2005. 2.), 870면.
9) 김동우, "신종자본증권의 이해와 시장 동향", 「KB daily」 (2012. 11. 27.), 1면.

본과 부채를 분류했기 때문에 부채로 분류되나, 국제회계기준(K-IFRS)[11])에서는 자본으로 분류됨에 따라 일반 기업의 신종자본증권 발행 근거가 마련되었다. 다만 신용평가기관마다 일정 부분을 부채로 인정하는 경우가 있으며, Basel III[12])에서는 요건 강화로 자본성 인정이 쉽지 않을 수 있다는 우려가 제기되고 있다.[13])

3) 특징 및 장단점

은행업감독업무세칙에 따르면 신종자본증권의 특징으로 총 6가지를 들고 있다. 만기의 영구성, 후순위성, 배당정지, 배당시기 결정권, 배당 지급 결정, 5년 내 상환금지이다. 만기의 영구성은 영구 우선주 또는 채권 형태로 30년 이상의 만기를 가지며 동일 조건으로 만기 연장이 다시 가능해야 한다. 또한 기한부 후순위 채권 및 기타 회사채 등 보다 후순위이어야 하고, 부실금융기관으로 지정되는 등 사유 발생 시 배당이 정지되어야 한다. 또한 은행이 배당시기와 규모를 결정할 수 있는 권리를 가지고 있어야 하며, 발행 당시 배당 지급 기준이 확정되어야 하고 배당률이 은행의 신용상태에 영향을 받지 않아야 한다.

신종자본증권의 발행자 입장에서는 BIS 자기자본이 증가하며, 장기간으로 안정적으로 자금을 운용할 수 있다. 또한 지분관계의 변화가 적으며 조달비용에서 신주발행보다 유리하다. 무엇보다 K-IFRS상의 기준자본으로 인정이 가능하다. 다만, 향후 Step-Up으로 인한 높은 금리 상승구간 진입 시기인 5년 후에는 상환의 필요성이 크다. 투자자 입장에서는 높은 절대금리를 취할 수 있으나, 30년 이라는 긴 기간의 유동화가 어렵고, 거래가 쉽지 않으며 다른 채권에 비해 변제가 늦다는 단점이 있다. 일반적으로 발행자에게 많은 권한이 주어지며 그렇기에 자본으로 인정받을 수 있기 때문에, 실투자자는 Step-Up의 금리를 5년 후 대폭 높임으로써 발행자의 상환을 유도한다.

4) 타사 대비 HMM 발행실적

신종자본증권은 일반 회사채 대비 투자자 입장에서는 리스크가 크기 때문에

---

10) 일반기업회계기준으로 주식회사의 외부감사에 관한 법률의 적용대상기업 중 K-IFRS를 적용하지 않는 기업이 적용해야 하는 기준으로 주로 비상장사, 중소기업이 채택한다.
11) 한국채택국제회계기준으로 모든 상장기업이 채택하며, 연결재무제표 공시가 의무화되었으며, 부동산 자산 등에 대해서는 공정 가치로 평가한다.
12) 국제결제은행(BIS)산하 바젤은행감독위원회(BCBS)가 발표한 신국제은행자본규제 기준으로 은행자본규제였던 바젤2를 대폭 강화하였으며 2013. 12. 국내에 도입되었다.
13) KB금융지주경영연구소, "신종자본증권의 이해와 시장 동향", 3면.

은행이나 신용도가 높은 기업에서 발행된다. HMM의 제192회 CB 및 제193회 BW의 인수 당시 신용등급은 BB인 투기등급이었다. 일반적으로 신용도가 AA이상의 은행들이나, 대기업 계열사가 어려운 계열사를 위해 지주사 등을 통해 인수하는 등 특수한 목적 외에 고정여신 이하 신용등급의 회사에 3% 금리로 영구채를 인수한다는 것은 매우 이례적이라 할 수 있다. 아래 표와 같이 HMM보다 신용등급이 높은 기업이 HMM대비 조달 규모가 매우 작음에도 모집에 실패한 사례를 쉽게 찾을 수 있다.

구조조정 중인 HMM에 부채 비율의 상향 없이 신규 자금을 투입하기 위해 고육지책으로 생각해 낸 방식이 바로 신종자본증권의 인수이다. 당시 HMM은 낮은 신용등급과 높은 부채비율로 인해 제1금융권이나 제2금융권 모두 대출이 어려운 상황이었으며 유동성은 부족하였다. 국내 유일의 국적원양선사를 재정적으로도 건전하게 만들고 또 시장에서 자금 조달을 스스로 할 수 있게 하기 위해서 해진공이나 산은은 HMM의 부채비율 관리도 해야 했다. 그렇다면 신종자본증권을 인수하는 방법, 증자를 하여 신주를 인수하는 방법 두 가지 정도 밖에 없었다. 먼저, 두 번째 방법인 증자를 진행하려 하면 해진공, 산은만 신주를 인수하는 제3자 배정 유상증자[14]로 진행해야 하는데, 정관에 달리 정하고 있지 않으면 먼저 주주배정방식으로 진행 후 실권주[15]를 인수해야 한다. 또한 정관상 수권자본[16] 주식수를 높이기 위해서는 주주총회 특별결의도 필요했다.

그렇다면 첫 번째 방법인 신종자본증권을 인수하는 방법으로 진행해야 하는데 일반CB·BW는 보통 만기가 3년이라 roll over 기간이 너무 빠르고 부채비율도 올라갈 수밖에 없으므로 결국 신종자본증권 인수를 선택할 수 밖에 없었다. 당시에 언론은 "밑 빠진 독에 물붓기", "혈세 먹는 하마"라며 해진공과 산은을 강하게 비난했었다. 반대 여론에도 불구하고 기간 산업의 보호라는 정책적 고려로 지원 할 수 밖에 없었고, 금융 제공으로 인한 두 국책금융기관의 재정건전성의 악화가 우려되어 결국 50% : 50% 방식으로 인수를 진행할 수밖에 없었다.

---

14) 회사의 특정 연고자에게 신주 인수권을 부여하는 것으로 회사의 경영권 및 기존 주주의 이해관계에 중대한 영향을 주기 때문에 정관에 특별히 정하거나 상법 제434조 주주총회 특별결의가 필요하다.
15) 기존주주들이 인수하지 않았거나 인수하였어도 자본금을 납입하지 않아 인수되지 않은 잔여주식을 말한다.
16) 주식회사가 정관에 최대한 발행할 수 있는 주식의 수를 말한다. 또한 주식과는 별도로 CB, BW 역시 발행 근거와 총 수를 정관에 규정해야 발행 할 수 있다. 단 총수에서 일부만 발행해도 무관하다.

〈표 2〉 국내 금융기관 및 기업 신종자본증권 발행 현황

발행사	발행일	증권등급	발행금리	발행물량	비고
신한은행	18.10.15	AA −	3.70%	2,000억	
대구은행	18.11.06	AA −	4.09%	1,000억	
하나금융	18.11.08	AA −	4.04%	2,960억	
아시아나항공	20.12.29	BBB	7.30%	3.6억	
CJ CGV	21.02.02	BBB +	5.00~5.50%	293억	모집실패
롯데손해보험	21.12.08	BBB	6.20~6.80%	0억	모집실패

출처 : 전자공시시스템

〈표 3〉 HMM 신종자본증권 발행 현황

구분	발행일 / 만기일	금액	인수기관	전환가액 / 주식수	비고
제191회CB	17.03.09~47.03.08	6,000억	해진공	7,173/83백만	전환권행사完
제192회CB	18.10.25~48.10.25	4,000억		5,000/80백만	·1~5년차이자 연3% ·6년차부터 연 6% ·7년차부터 매년 0.25%인상
제193회BW	18.10.25~48.10.25	6,000억		5,000/120백만	
제194회CB	19.05.24~49.05.24	1,000억	해진공 /산은 각50%	5,000/20백만	
제195회CB	19.06.27~49.06.27	2,000억		5,000/40백만	
제196회CB	19.10.28~49.10.28	6,600억		5,000/132백만	
제197회CB	20.04.23~50.04.23	7,200억		5,000/144백만	

출처 : 전자공시시스템

5) 액면미달 발행과 전환권의 행사

(1) 액면미달 발행

상법 제330조에 따르면 주식은 액면미달가액으로 발행하지 못한다고 되어 있고 제417조에 의해서만 제한적으로 가능하다고 하는데, 제434조의 규정에 의한 주주총회의 특별결의와 법원의 인가를 얻는 경우에만 가능하다. 제434조는 주주총회의 특별결의 사항으로 매우 예외적으로만 허용하겠다는 의미로, 상법이 이렇게 규정하고 있는 이유는 근본적으로 자본충실의 원칙 때문이다. 만약 액면가보다 낮게 발행되면 자본충실의 원칙에 반하여 회사가 부실화되기 때문이다. 해진공과 산은이 제192회 CB 및 제193회 BW를 인수한 금액 1조이다. 인수당시 시

가가 1주당 약 3,780원 정도였다. 하지만 액면가인 5,000원으로 발행하였으며, 해진공과 산은은 인수한 즉시 주당 1,220원이 회계 상 결손(파생상품평가손)으로 잡혔다. 쉽게 말하면, 액면미달 가격으로 인수할 수 없었기에 현재 3,780원의 공정 가치를 5,000원의 가치로 사주는 방식으로 진행한 것이다.

액면미달주식, 정확하게는 액면가 미달의 영구CB 및 영구BW의 인수가 금융기관 종사자들에게 아래에서 살펴보는 바와 같이 업무상배임의 이슈가 있음에도 진행이 가능했던 것은 해진공 및 산은이 갖는 역할 때문이다. 해진공법 제1조는 우리나라의 해운 경쟁력을 강화하여 국가경제에 이바지함을 목적으로 하고 있으며, 산은법 제1조는 금융 산업 및 국민경제의 건전한 발전에 이바지함을 목적으로 하고 있다. 이에 따라 산업경제부장관 회의에서 신규 유동성 공급을 의결하였고, 해진공과 산은은 기간산업 보호라는 명목아래 금융 기준에 반하는 정책금융을 제공한 것이다.

금번 전환권 행사에 이슈가 된 2017년 인수한 제191회 영구전환사채는 HMM의 선박 10척 S&LB 지원 시 선박 처분손실의 보전 및 부족 유동성 확보, 자본확충 지원 목적이었으며, 영구전환사채 6,000억원을 해진공의 전신인 한국선박해양이 100% 인수하였다. 전환가액 7,173원으로 83,647,009주 취득이 가능하였다. HMM은 주식전환할 경우 자본유지 및 현금유출 없으며, 이자비용(45억원/분기) 절감을 위해 Step-up 도래 전 선제적 조기상환을 결정하였다.[17]

〈표 4〉 191회차 CB 전환 시 채권단 보유 HMM 지분율 변화

구분	191회차 영구CB 전환 후(현재)			영구채 전체 전환 시		
	전환 주식수	주식수(백만)	비율	전환 주식수	주식수(백만)	비율
산은	–	101.2	20.7%	268.0	369.2	36.02%
신보	–	24.5	5.0%	–	24.5	2.39%
해진공	83.7	97.6	19.96%	351.7	365.5	35.67%
소계	83.7	223.3	45.7%	619.7	759.2	74.08%
기타	–	265.7	54.3%	–	265.7	25.92%
합계	83.7	489.0	100.0%	619.7	1,024.9	100.0%

---

17) HMM의 조기상환 결정 후 해진공에 통보하면, 해진공은 전환권 행사 여부를 HMM에 통보함.

(2) 전환권의 행사

이렇게 어렵게 발행한 신종자본증권의 만기가 돌아왔고, 산은은 2021년 6월 3,000억원의 CB를 전환하였고, 해진공은 같은 해 10월 191회차 영구전환사채를 전환하였다. 따라서 각 지분율은 20.69%, 19.96%가 되었으며, 해진공은 약 1조 8,592억원, 산은 약 2조 4,750억원의 회계상 수익을 달성하게 되었다. 당시에 Covid-19로 인해 당초의 우려와는 반대로 해운경기가 살아나고 있었으며, 시장에서 주가는 오르고 있었다. 이렇게 주가가 상승하자 해운업중 유일한 원양선사인 HMM에 주주들이 관심을 갖기 시작하였고 많은 소수주주가 주식을 매입했다. 그러나 아래에서 살펴보듯 오버행 이슈들로 인해 주가는 계속 조정을 받고 있었으며, 최대 실적을 올리고 있음에도 주가와 괴리가 발생한다고 판단한 주주들은 전환권 행사를 하지 말 것을 주장하며 집회 및 시위를 진행하였다. 구조조정 기업에 신규자금을 투입하고 있던 국책금융기관들이 법과 정책에서 위임받지도 않은 전환권을 미행사해야 한다는 소수주주의 주장은 납득하기 어렵다.

3. Overhang Issue

1) 개 념

오버행이란 주식시장에서 언제든지 매물로 나올 수 있는 과잉 대기 물량을 의미하는 용어로 일반적으로 해당 종목의 현 주가가 교환 가격을 웃돌아서 주식으로 전환 될 가능성이 높아질 경우로 통상 주가에 악재로 작용한다.[18] 일반적으로 잠재적으로 시장에 매물이 급격하게 풀릴 수 있는 경우로는 1년의 보호예수기간이 종료되는 경우, Mezzanine(신종자본증권 포함)으로 발행된 채권의 전환가격이 시장가치보다 하회하는 경우 등이 있을 수 있다.

2) 투자자의 자기책임

판례에 의하면 "은행 등 금융기관과 금융상품 거래를 하는 고객은 그 거래를 통하여 기대할 수 있는 이익과 부담하게 될 위험 등을 스스로 판단하여 궁극적으로 자기의 책임으로, 그 거래를 할 것인지 여부 및 거래의 내용 등을 결정하여야 하고, 이러한 자기책임의 원칙은 장외파생상품 거래와 같이 복잡하고 위험성

---

18) 기획재정부 용어 정의.

이 높은 거래라고 하여 근본적으로 달라지는 것이 아니다.",[19] "우리의 증권시장 질서는 은행거래와는 달리 투자자가 자기책임의 원칙에 따라 손실을 부담할 각오로 증권투자에 참여함을 전제로 하는데, … 중략 … 금융시장에서의 공정한 가격 형성을 저해하고, 건전한 금융질서 내지 제도를 문란케 하는 부당한 결과를 초래한다."[20]라 하여 자기책임을 인정하고 있다.

또한 자본시장과 금융투자에 관한 법률(이하 '자본시장법') 제3조 제1항에서 금융투자상품의 기본적인 성질 중 투자성이라는 개념으로 지급하거나 지급하였어야 할 금전 등의 총액이 그 권리로부터 회수하였거나 회수할 수 있는 금전 등의 총액을 초과하게 될 위험이라 정의하며, 동 법 제55조에서는 금융투자업자는 제1호에서 투자자가 입을 손실의 전부 또는 일부 보전 사전 약속 금지, 제2호에서 사후 보전행위 금지, 제3호에서 사전이익보장 금지, 제4호에서 이익 사후 제공 금지를 규정하여, 자기책임의 원칙을 뒷받침하는 규정이 있다.

3) HMM의 경우

증권의 발행 및 공시 등에 관한 규정 제2~12조 제2항은 전환사채권, 신주인수권부사채권 또는 교환사채 발행 관련 그 가액에 대해 신고서를 제출할 것을, 제3항은 채무증권발행 시 발행가액과 이자율에 대해서 신고서를 제출할 것을 규정하며, 제4항에서는 발행가액 또는 인수인이 확정된 때는 정정신고서를 제출할 것을 규정하여 증권신고서 기재로 공시 의무를 규정하고 있다. 이에 따라 HMM은 상장회사이기 때문에 전환사채 등이 발행될 때마다 위와 같은 내용을 기재하여 증권신고서 및 정정신고서를 제출하였고 공시하였다. 투자자는 자기책임 원칙에 의하여 투자를 결정하였고, 신종자본증권의 투자자가 전환권 행사 할 수 있음은 공개된 정보로 소수주주는 이를 알고 투자한 것이다. 다시 말해 오버행 이슈는 새롭게 등장한 것이 아니며, 발행 할 때마다 공시로 시장에 공개된 정보였다.

그럼에도 불구하고 소수주주는 만약 해진공과 산은이 주식으로 전환하면, 자신들의 주식 가치가 희석되어 주가가 떨어지므로 전환권을 행사하지 말 것을 요구하였고, 해진공은 발행주식 수 증가에도 불구하고 실제 유통주식 수 제한으로 주가하락이 억제된다는 점 및 공사 지분 증대는 안정적 HMM 경영관리에 긍정

---

19) 대법원 2013. 9. 26. 선고 2013다26746 전원합의체 판결.
20) 서울지방법원 1996. 11. 14. 선고 95가합79338 판결.

적 기여 기대 할 수 있다는 점으로 설득하였다. 정책금융기관들의 전환권 행사라는 결정이 소수주주를 위한 것인지, 국가 기간산업을 받치고 있는 유일한 국적원양선사 HMM의 이익을 위한 것인지 생각해봐야 할 것이다.

〈표 5〉 HMM 191회 전환사채 처리 가능방안

구 분	주식전환	조기상환	차환발행

해진공	· 지분율 증대
	  (3.44% → 19.96%)
	· 경영관리 안정성 제고
		· 전환권 미행사 시 실
		  현가능이익 포기 (배
		  임 소지 논란)
			· 주식전환수익 포기
			  (전환가액 상승)

HMM	· 현금유출 없음
	· 자본감소 없음
	· 긍정적 영향 불구, 전환권
	  미보유
	· 재무 불확실성 해소, 신용
	  평가에 긍정적
		· 현금 유출
		· 자본감소
		· 부채비율 증가
		· 이자비용 절감
			· 보유현금 동일
			· 자본변동 없음
			· 이자율 상승

시 장	· Step-up 논란 불식 · 발행주식 증대로 주식가치 희석	· Step-up 논란 불식 · 발행주식수 동일	· Step-up 논란 불식 · 발행주식수 동일

비 고	· 해진공 경영관리안정적 기
	  반 마련에 기여
		–	· 해진공/HMM 모두 불
			  이익 높아 실현 가능성
			  낮음

Ⅲ. 금융기관 종사자의 책임(업무상 배임)

1. 개 요

2021년 6월 당시 산업은행 이동걸 회장은 HMM 전환사채 전환권 행사와 관련하여 이익의 기회가 있는데 그걸 포기하면 배임이라며 전환을 안 할 수가 없다. 국민 세금으로 돈을 벌 기회가 있는데 그걸 안 하는 건 있을 수 없는 일이라며, 이렇게 거둔 수익이 정책금융 재원이 되기에 당연히 CB전환을 해야 한다고 설명했다. 그렇다면 구조조정의 책임이 있는 해진공과 산은은 왜 배임죄를 말하고 있는지, 어떠한 처벌의 위험이 있기 때문인지 알아본다.

2. 형법상 책임

1) 경영판단의 원칙

형법 제356조 및 제355조 제2항에 따르면 업무상 배임죄는 타인의 사무를 처리하는 자가 그 임무에 위배하는 행위로써 재산상의 이익을 취득하거나 제삼자로 하여금 이를 취득하게 하여 본인에게 손해를 가하였으며, 주관적으로 고의가 존재하는 경우에 10년 이하의 징역 또는 3천만원 이하의 벌금에 처해진다. 또한 판례에 따르면 경영판단 원칙에 의하여 회사 경영자나 임원이 관리자의 임무를 다하고 권한 내에서 기업의 이익을 위해 어떤 행위를 하였다면 그 행위가 기업에 손해를 가져왔더라도 그들에게 손해에 대한 책임을 물을 수 없다고 하여 '기업의 경영에는 원천적으로 위험이 내재하여 있어서 경영자가 아무런 개인적인 이익을 취할 의도 없이 선의에 기하여 가능한 범위 내에서 수집된 정보를 바탕으로 기업의 이익에 합치된다는 믿음을 가지고 신중하게 결정을 내렸다 하더라도 그 예측이 빗나가 기업에 손해가 발생하는 경우가 있다고 하여 이를 적용하고 있다.[21] 경영판단 원칙은 미국 판례법에서 발전되어 온 원칙으로 사실상 민사상 손해배상 책임을 경감시켜주는 기능을 하는 것으로 평가되고 있다.[22]

2) HMM의 경우

해진공 및 산업은행의 임직원은 타인의 사무를 처리하는 자로 신분범에 해당한다. 주관적 요건으로 배임의 고의, 즉 임무 위배의 인식과 자기 또는 제3자가 이익을 취하고 본인에게 손해를 가한다는 인식이 있어야 하는데, 전환권 미행사로 제3자인 소수주주들에게 이익이 되고, 타인의 사무의 주체인 해진공에 손해가 되므로 성립된다. 또한 전환권 행사 여부는 수 차례 검토되어 임무위배 인식이 없다고 할 수 없다. 손해란 재산상 실해 발생의 위험을 초래한 경우도 포함되고, 손해의 유무에 대한 판단은 법률적 판단에 의하지 아니하고 경제적 관점에서 파악한다.[23] 경제적 관점에서 전환권 행사 후 주식을 시장에 매각하는 것이 주당 약 29,400원이고, 전환가액이 7,173원이므로 주당 22,227원의 손해가 발생한다.

---

21) 대법원 2004. 7. 22. 선고 2002도4229 판결 등.
22) 구회근, "업무상 배임죄와 경영판단원칙", 「법조」 54-11(2005. 11.), 51면.
23) 대법원 2017. 10. 12. 선고 2017도6151 판결 등.

총 전환주식 수가 83,647,009주이므로 1조 8,592억의 손해가 발생한다.

경영판단의 원칙이 인정되는 경우로 선의에 기하여 충분한 정보로 기업 이익에 합치한다는 인식이었으나 즉 최선을 다해 해진공의 사무를 처리하였으나 부득이 손해가 발생한 경우 예외적으로 적용하는 원칙을 말하는데, 해진공이 전환권을 행사하지 않기로 한 결정에 이러한 경영판단 원칙이 적용되긴 어려울 것이다.

3. 특정경제범죄 가중처벌법상 책임

특정경제범죄 가중처벌법(이하 '특경법')은 제1조에서 건전한 국민경제윤리에 반하는 특정경제범죄를 가중 처벌하도록 하여 경제 질서를 확립하고 국민경제 발전에 이바지함을 목적으로 한다. 특경법 제3조 제1항은 형법 제 356조 업무상배임으로 제1호 이득액이 50억원 이상일 때 무기 또는 5년 이상의 징역을, 제2호 이득액이 5억원 이상 50억 미만일 때 3년 이상의 유기징역, 제2항에서는 이득액 이하 상당하는 벌금을 병과 하도록 되어 있다. 특별법 우선 적용의 원칙에 따라 제3자가 받는 이익액이 50억원 이상으로 판단되면 형법이 아닌 특경법이 적용되어 가중처벌 된다. 금액의 규모에 따라 가중처벌하는 것은 금액이 크면 사회 경제적 침해가 크다고 판단하여, 벌금형은 없고 징역형만을 규정하고 있는 것이다.

HMM의 경우 제3자인 소수주주 등이 얻을 수 있는 이익은 제3조 제1항 제1호의 금원을 충분히 넘을 것이 예상되어 해진공 및 산은의 임직원에게 중형의 위험이 있으므로 전환권 미행사라는 결정을 할 수가 없는 것이다.

Ⅳ. 시사점 및 결론

소수주주가 주장하는 바에 따르면 해진공, 산은은 정책금융기관이기 때문에 주주 보호 및 HMM의 발전을 위해 전환권 행사를 하지 말 것을 요구하였다. 위에서 살펴본 바와 같이 전환권의 미행사는 해진공, 산은의 임직원에게 업무상배임 이슈가 있으며, 투자자는 오버행 관련 정보 포함 모두 공개된 내용을 참고하여, 자기책임의 원칙 하에 투자를 결정한 것이다. 전환권 행사가 HMM발전의 걸림돌이라는 주장 역시 근거가 없다. 국가기관은 기간산업과 기업을 보호해야 하는 의무가 있는 것이지 개별 주주의 직간접 손해를 방지할 의무가 있는 것은 아니다. 그럼에도 불구하고 자신들의 주가가 하락하는 원인을 정책금융기관에 돌리며 금융기관 종사자로 합리적인 결정에 부당하게 영향력을 행사하려는 이러한 집단행동은 시장경제질서를 근간으로 하는 대한민국 제도를 침해하는 부적절한 행동이라 생각한다.

다만, 주주가치의 극대화라는 HMM내부의 의사결정을 위해 소수주주를 포함한 주주 전체를 위하여 회사 스스로가 자사주의 매입 후 소각 등의 절차 등은 결정할 수 있을 것이다. 배당가능이익의 범위 내에서 발행주식 수를 일정부분 줄여서 주가를 견인하는 역할을 할 수 있다. 무상감자의 경우 상법 제438조에서 제434조를 준용하여 주주총회 특별결의가 필요하며 결손 보존을 위한 감자는 주주총회 보통결의가 필요하지만, 배당가능이익 범위 내에서 자사주를 취득한 후 무상감자를 진행하는 경우는 주주들에게 피해가 되는 것이 아닌 오히려 이익이 되므로 주주총회 절차가 불필요하며 이사회 결의로도 가능하다. 즉, 자본금 감소가 이루어지지 않는 주식 소각만 이사회 결의로 가능하고, 자본금 감소가 이루어지는 감자의 경우 무상이더라도 상법 제438조에 따라 주주총회 결의가 필요하다.[24]

HMM의 실적 대비 주가가 낮다고 판단한다면, 이것은 HMM의 경영진이 판단할 문제이지 대주주인 해진공이나 산은이 다른 방식으로 해결할 수 있는 사안이 아니다. 소수주주들은 본인들의 의결권을 모아서 회사법이 정한 방식인 회사를 상대로 한 주주제안권, 회계장부열람권, 임시주총소집청구권, 검사인 선임청구권 등을 이용하여 법과 절차에 의하여 행동하는 것이 필요할 것이다.

---

24) 주식의 소각에는 크게 자본금 감소의 방법으로 소각하는 경우와 주주에게 배당할 이익으로써 자기주식을 취득하여 소각하는 경우 두 가지가 있다. 주식소각은 보통 그 주식에 상응하는 회사 재산의 감소를 수반하는 데 동일한 금액이 감소되더라도 자본금이 감소되는 경우와 그렇지 않은 경우는 차이가 있다. 자본금이 감소된다는 것은 채권자의 이익을 침해하는 것이므로 채권자보호절차를 거쳐야 하나, 자본금이 그대로 유지되는 경우에는 채권자보호절차를 거칠 필요가 없다. 정찬형, 상법강의(상)(박영사, 2019), 830면; 송옥렬, 상법강의(홍문사, 2019), 894면.

선박건조·금융법 연구회 발표목록

[제1권]

1. 제1회   2012. 1. 12.
   - 발표자: 김지선 부장(삼성화재)
   - 제 목: 선박건조보험

2. 제2회   2012. 3. 30.
   - 발표자: 권성원 변호사(법무법인 여산)
   - 제 목: 선박건조관련 담보제도

3. 제3회   2012. 5. 31.
   - 발표자: 김인현 교수(고려대학교)
   - 제 목: 선박건조표준계약서(SAJ)에 대한 설명

4. 제4회   2012. 9. 7.
   - 발표자: 이철원 변호사(김&장 법률사무소)
   - 제 목: 선박건조계약과 해사중재

5. 제5회   2012. 11. 2.
   - 발표자: 김창준 변호사(법무법인 세경)
   - 제 목: 선수금반환환급보증의 법적 성질과 판례소개

6. 제6회   2013. 2. 2.
   - 발표자: 김찬영 차장(고려해운)
   - 제 목: 실무자가 경험한 선박건조계약 작성과 주의점

7. 제7회   2013. 3. 4.
   - 발표자: Jonathan Kemp 변호사(영국 Keates Ferris)
   - 제 목: SAJ 서식과 BIMCO NEWBUILCON의 비교

8. 제8회   2013. 5. 3.
   - 발표자: Wang Xin 교수(중국 대련 해사대학)
   - 제 목: 중국 상해선박건조계약서식

9. 제9회   2013. 6. 21.
   - 발표자: 현용석 선박금융팀장(한국산업은행)
   - 제 목: 해운기업의 자금조달방법의 한계와 새로운 법제도

10. 제10회 2013. 8. 29.
    - 발표자: 김형태 부장(삼성중공업 경영지원팀)
    - 제 목: 다양한 해양구조물의 용도, 제작, 설치 및 운용에 대한 소개

11. 제11회 2013. 11. 20.
    - 발표자: 정우영 변호사(법무법인 광장)
    - 제 목: 선박인도전 금융에서 선주 조선소의 계약상 위험관리

12. 제12회 2014. 10. 17.
    - 발표자: 정우영 변호사(법무법인 광장)
    - 제 목: 해운보증기구의 법적 쟁점

13. 제13회 2015. 6. 25.
    - 발표자: Mark Davis 변호사(영국 Davis & Co)
    - 제 목: 선수금환급보증(RG)

14. 제14회 2015. 8. 26.
    - 발표자: 윤희선 변호사(김&장 법률사무소)
    - 제 목: 조선사, 해운사의 workout, 도산이 선박건조금융에 미치는 영향

15. 제15회 2015. 9. 24.
    - 발표자: 이창희 교수(한국해양수산연수원)
    - 제 목: 해양플랜트계약의 쟁점

16. 제16회 2016. 3. 18.
    - 발표자: 김인현 교수(고려대학교)
    - 제 목: 선수금환급보증서(RG)의 독립성과 권리남용의 법리적용
           (대법원 2015. 7. 9. 선고 2014다6442 판결)

17. 제17회 2016. 4. 29.
    - 발표자: 양경석 변호사(김&장 법률사무소)
    - 제 목: BBCHP(국취부 나용선) 선박금융 및 PE 투자구조

18. 제18회 2016. 6. 17.
    - 발표자: 서성진 변호사(김&장 법률사무소)
    - 제 목: 선박건조계약 분쟁의 주요 쟁점(특히 Offshore Project에 관하여)

[제2권]

19. 제19회 2016. 10. 7.
   - 발표자 : 권도중 변호사(대우해양조선)
   - 제 목 : 해양구조물계약의 주요내용 – Change Order를 중심으로

20. 제20회 2017. 2. 4.
   - 발표자 1 : 김인현 교수(고려대학교)
   - 제 목 : 선박투자회사법상 선박운항중 책임의 주체와 채권자 보호
   - 발표자 2 : 신장현 차장(수협은행)
   - 제 목 : 선박금융의 실무
   - 발표자 3 : 홍정호 변호사(김&장 법률사무소)
   - 제 목 : 한진사태와 선박금융

21. 제21회 2017. 3. 17.
   - 발표자 : 정우영 변호사(법무법인 광장)
   - 제 목 : 한국선박해양

22. 제22회 2017. 5. 26.
   - 발표자 1 : 박성목 실장/장세호 팀장(KDB 산업은행)
   - 제 목 : 선박신조 프로그램관련 금융구조 및 절차상 유의사항
   - 발표자 2 : 김인현 교수(고려대학교)
   - 주 제 : Sale & Charter Back 선박금융에서 법적책임의 변화와 대책

23. 제23회 2017. 7. 21.
   - 발표자 1 : 김인현 교수(고려대학교)
   - 제 목 : 스텔라 데이지호 침몰사고에 대한 법적 쟁점
   - 발표자 2 : 김의중 변호사(GS그룹)
   - 제 목 : 선박건조중 화재사건의 처리

24. 제24회 2017. 9. 29
   - 발표자 : 이연호 회계사(회계법인 다산)
   - 제 목 : 해운회사, 선박금융의 세무와 회계

25. 제25회 2017. 12. 16.
   - 발표자 1 : 홍석환 변호사(현대중공업)
   - 제 목 : 선박건조계약상의 쟁점
   - 발표자 2 : 윤희선 변호사(김&장 법률사무소)
   - 제 목 : 선박금융법의 2017년 쟁점(기촉법상 BBCHP 중심으로)

26. 제26회   2018. 2. 10. (대주제 「여객선에 대한 선박건조·금융법 쟁점」)
    - 발표자 1: 전작 전무(한중카페리협회)
    - 제 목: 최근 한중여객선 건조현황
    - 발표자 2: 김인현 교수(고려대학교)
    - 제 목: 여객선 선박금융시 저당권자인 은행의 해상법상 지위

27. 제27회   2018. 5. 18. (대주제 「컨테이너박스를 둘러싼 법적 쟁점」)
    - 발표자 1: 전병진 사장(Box Join)
    - 제 목: 컨테이너박스와 정기선해운의 관계
    - 발표자 2: 김인현 교수(고려대학교)
    - 제 목: 컨테이너박스의 해상법/선박금융법적 쟁점

28. 제28회   2018. 7. 6. 현장견학 「대한조선(전남 해남소재)」
    - 발표자 1: 권도중 변호사(법무법인 다빈치)
    - 제 목: 선박건조계약과 해양구조물계약의 비교
    - 발표자 2: 김인현 교수(고려대학교)
    - 제 목: 조선소의 불법행위책임과 보호수단

29. 제29회   2018. 9. 28.
    - 발표자: 신장현 차장(수협은행)
    - 제 목: 대선회사(tonnage bank)의 장단점과 법적 시사점

30. 제30회   2018. 12. 28.
    - 발표자: 임용환 과장(HIS 보험중개)
    - 제 목: 해양플랜트(오프쇼어) 제작 계약의 특징과 시사점

31. 제31회   2019. 2. 25.
    - 발표자: 민세동 변호사 / 정환 변호사(법무법인 광장)
    - 제 목: 현대중공업-대우조선해양 회사 합병에 따른 법리 및 법적 쟁점

32. 제32회   2019. 4. 26.
    - 발표자: 김인현 교수(고려대학교)
    - 제 목: 동아탱커의 회생절차에 대한 법적쟁점

33. 제33회   2019. 6. 24.
    - 발표자: 장세호 단장(한국산업은행)
    - 제 목: 해양산업에 대한 산업은행의 금융지원방향

34. 제34회   2019. 8. 31.
    - 발표자 1: 최병열 애널리스트(한진중공업)
    - 제 목: LNG밸류체인

- 발표자 2 : 이연호 회계사(다산회계법인)
- 제　목 : 선박관련 회계일반과 리스의 처리

35. 제35회　2019. 10. 21.
 - 발표자 : 이경래 부장(한국무역보험공사)
 - 제　목 : 우리나라 선박금융 공급시장에 대한 연혁적 고찰과 과제

36. 제36회　2020. 2. 29.
 - 부산 소재 대선조선 방문을 통한 선박건조 작업 견학
 * COVID-19 발발로 취소

37. 제37회　2020. 5. 3. [웨비나 개최]
 - 대주제 : 「상반기 선박금융 이슈 및 코로나 사태 대처방안 토론회」
 - 발표자 : 서기원 사장(한국선박금융, 제목 : 최근 금융시장관련 경제상황)
　　　　　　김인현 교수(고려대학교, 제목 : 일본 연구결과 보고)
　　　　　　장세호 단장(한국산업은행, 제목 : 선박금융시장 동향)
　　　　　　정우영 변호사(법무법인 광장, 제목 : 최근 금융정책제도)

39. 제39회　2020. 11. 20. [웨비나 개최]
 - 주　제 : 선주사의 종류와 정의, 선주사의 필요성, 성공적 선주사가 갖추어야
　　　　　　할 요건, 정기용선자 확보 방법, 선주사 육성방안
 * 제2차 선주사 육성을 위한 연구모임 병행

40. 제40회　2020. 12. 4. [웨비나 개최]
 - 발표자 1 : 강병태 교수(한국해양대학교, 전 무역보험공사 부사장)
 - 제　목 : 그리스와 중국의 선주업
 - 발표자 2 : 김인현 교수(고려대학교)
 - 제　목 : 선주사 육성에 대하여

41. 제41회　2021. 4. 3. [웨비나 개최]
 - 발표자 : 마쯔다 교수, 김인현 교수, 김정균 차장
 - 제　목 : 컨테이너 박스의 부족 현상과 대책

42. 제42회　2021. 6. 14. [웨비나 개최]
 - 발표자 1 : 정석주 상무(조선해양플랜트 협회)
 - 제　목 : 선박건조동향
 - 발표자 2 : 윤민석 지점장(수협은행)
 - 제　목 : 선박 매각 후 재용선(Sales & Lease Back)의 법리

43. 제43회　2021. 8. 14. [웨비나 개최]
 - 발표자 : 오창봉 본부장(대선조선)
 - 제　목 : 선박건조과정 및 대선조선 소개

  * 제32회 바다, 저자 전문가와의 대화 병행

44. 제44회 2021. 11. 5. [웨비나 개최]
  − 발표자 1: 이상석 팀장(한국해양진흥공사)
  − 제 목: HMM 전환사채(CB) 및 영구전환사채
  − 발표자 2: 정우영 변호사(법무법인 광장)
  − 제 목: 한국해양진흥공사 선주사업 용역결과 소개

45. 제45회 2022. 2. 28. [웨비나 개최]
  − 발표자 1: 김현수 인하공전 교수(전 조선학회 회장)
  − 제 목: 바다, 저자 전문가와의 대화 발표 주제 11강 요약 설명
  − 발표자 2: 이동해 부사장(전 산업은행 해양금융본부장)
  − 제 목: 바다, 저자 전문가와의 대화 발표 주제 5강 요약 설명

찾아보기

편집대표 겸 집필

김인현

한국해양대학교 항해학과
고려대학교 법학학사 · 법학석사 · 법학박사
전, 일본 산코라인 항해사 및 선장
　한국해법학회 회장
현, 고려대학교 법학전문대학원 교수
　선박건조금융법정책연구회 회장

》》 저서 / 논문
- 해상법 제6판(법문사, 2021)
- Transport Law in South Korea(Kluwer, 2017)
- The Sewol Accident and its Legal Implication
　(Hong Kong Law Journal Vol. 45, 2015) 외
　다수

집 필 진

강병태

동국대학교 경제학과 졸업
한국해양대학교 경영학 박사
전, 무역보험공사 부사장
현, 해양진흥공사 비상임이사
　한국해양대학교 해양금융대학원 초빙교수

》》 저서 / 논문
- 선박금융대출의 가산금리 결정요인에 대한 실증
　연구(2017)
- 신디케이트론 차입(2016, NCS교재 게재) 외
　다수

권도중

성균관대학교 법학과 졸업
City University London LLM
성균관대학교 상법전공 박사
전, 성균관대학교 법학전문대학원 겸임교수
　대우조선해양 법무팀
현, 법무법인 정률 파트너 변호사

》》 저서 / 논문
- 감사위원회 및 분리선임제도의 문제점 및 개선
　방안(2020. 6, 경희법학 게재)
- 해양시설 용어 정의 및 분류체계에 관한 일고찰
　(2017. 5, 수산해양교육연구 게재) 외 다수

신장현

한국해양대학교 해양경찰학과
미국 피츠버그대학교 행정학석사
고려대학교 법학석사 · 법학박사

전, 현대상선 항해사, 창명해운 기획실, 수협은행
　선박금융팀
현, 한국해양진흥공사 선주사업팀장

》》 저서 / 논문
- 국적취득조건부선체용선에서 특수목적법인의 채
　무자회생법 적용에 대한 법적 고찰(2021), 한국
　해법학회 외 다수

오창봉

인하대학교 항공우주공학과 졸업
전, 디섹 영업부 부사장
현, 대선조선 영업본부 본부장

윤민석

한국해양대학교 해운경영학 학사
고려대학교 법학석사
전, 수협은행 마린시티지점장
현, 수협은행 지속경영추진부 ESG경영팀장
　한국해양진흥공사 투자보증심의위원

》》 저서 / 논문
- 선박금융을 위한 매각 후 재용선(Sales and
　Leaseback)의 법적 연구(2021)

윤희선

서울대학교 사법학과 법학석사
University of Pennsylvania LLM
현, 김&장 법률사무소 변호사

》》 저서 / 논문
- 금융소비자 관점에서 본 소비자금융의 규제방안
- 신용카드채권 양도거래의 법률적 문제(2007)

이경래

전남대학교 경영학과 학사
Manchester Business School, MBA
성균관대학교 경제학박사
전, 한국무역보험공사 선박금융부장
현, 덕성여자대학교 국제통상학전공 겸임교수

》》 저서 / 논문
- Analytic Comparisons of Shipbuilding Com-
　petitiveness between China and Korea(2019)
　외 다수

이상석

명지대학교 법학과 졸업
강원대학교 로스쿨 졸업
고려대학교 법학과 박사 수료
전, 한화투자증권
현, 한국해양진흥공사 항만물류금융팀장

■ 이연호

연세대학교 경제학과 학사·경영학 석사
전, 국세청 국세심사위원
　　해양진흥공사 비상임감사
현, 다산회계법인 파트너 회계사

》》 저서 / 논문
　– 법인세법 해설(2022)
　– 선박금융의 회계와 세무(2022)

■ 전　작

한국해양대학교 항해학과 졸업
전, 현대상선 선장 및 임원
　　한중카페리협회 전무
현, 국제해사기구 자문위원

■ 최병열

연세대학교 경영학사
연세대학교 공학대학원 인공지능 석사
고려대학교 법학전문대학원 전문연구과정 수료
전, 한진중공업 조선기술사
현, 프라이스워터하우스쿠퍼스컨설팅 컨설턴트

》》 저서 / 논문
　– 바다, 저자와의 대화 1(2021) 외 다수

선박건조·금융법 연구 Ⅱ

2023년　1월　5일　초판 인쇄
2023년　1월　10일　초판 발행

편집대표　김　　　인　　　현
발 행 인　배　　　효　　　선

발행처　도서출판　法　文　社

주　소　10881 경기도 파주시 회동길 37-29
등　록　1957년 12월 12일/제2-76호(윤)
전　화　(031)955-6500~6 FAX (031)955-6525
E-mail (영업) bms@bobmunsa.co.kr
　　　　(편집) edit66@bobmunsa.co.kr
홈페이지 http://www.bobmunsa.co.kr

조　판　법　문　사　전　산　실

정가　25,000원　　　ISBN 978-89-18-91361-2